Die lieferbaren Bände:
Ägypten (3728)
Algarve · Lissabon (3733)
Andalusien (3737)
Barcelona · Costa Brava (3721)
Berlin (3703)
Bodensee (3714)
Brasilien (3762)
Bretagne (3749)
Budapest (3722)
Capri · Ischia (3745)
Côte d'Azur (3727)
Dresden · Leipzig (3768)
Düsseldorf (3757)
Elsaß (3713)
Englands Süden (3738)
Finnland (3754)
Florida (3765)
Frankfurt (3751)
Hamburg (3712)
Ibiza · Formentera (3743)
Indiens Norden (3758)
Irland (3715)
Israel (3706)
Kalifornien (3761)
Kanarische Inseln (3705)
Kenia (3756)
Köln · Bonn (3726)
Korsika (3730)
Kreta (3724)
Kykladen (3717)
Leningrad (3755)
London (3702)
Madrid (3752)
Mainfranken (3720)
Mallorca (3707)
Malta · Gozo (3748)
Marokko (3741)
Mexiko (3753)
Moskau (3746)
München (3708)
New York (3701)

Norwegen (3759)
Paris (3700)
Peking · Nordchina (3747)
Piemont · Ligurien · Lombardei (3770)
Portugal (3766)
Prag (3723)
Provence (3729)
Rhodos · Dodekanes (3760)
Rom (3711)
Sardinien (3736)
Schleswig-Holstein (3719)
Schottland (3716)
Schweden (3740)
Sizilien (3750)
Spaniens Nordküste (3767)
Sri Lanka (3735)
Südtirol (3710)
Sylt · Amrum · Föhr (3744)
Tessin (3742)
Toskana (3709)
Türkei (3732)
Tunesien (3739)
Venedig (3718)
Venetien · Friaul (3763)
Wien (3704)

In Vorbereitung:
Australien (3769)
Bordeaux · Atlantikküste (3772)
Dänemark · Bornholm
Deutsche Ostseeküste (3771)
Indonesien
Madeira · Azoren
Nord- und Ostschweiz
Ungarn
Zentral- und Westschweiz (3764)

dtv MERIAN reiseführer

Sri Lanka

Klaus Bötig
Bernd Schiller

Deutscher
Taschenbuch
Verlag

dtv-MERIAN-Redaktion, München
Lektorat: Gundula Klawitter, Susanne Kranz-Pluth,
für die 2. Auflage Andrea Sach
Bildredaktion: Andrea Sach
Umschlagfoto: Teepflückerin
Foto Seite 1: Buddhistische Mönche unter Palmen

Originalausgabe
1. Auflage Januar 1987
2., aktualisierte und überarbeitete Auflage Februar 1993
Deutscher Taschenbuch Verlag GmbH & Co. KG,
München
© Gräfe und Unzer Verlag GmbH, München
© Deutscher Taschenbuch Verlag, München
Umschlaggestaltung: Celestino Piatti / Klaus Bäulke
Umschlagfoto: Arend Vollers
Produktion: Verlagsbüro Walter Lachenmann, Schaftlach
Karten: Kartographie Huber, München
Gesamtherstellung: Manz AG, Dillingen
Printed in Germany · ISBN 3-423-03735-0

Inhalt

Hinweise zur Benutzung 9

Erste Begegnung mit Sri Lanka 11
Von Bernd Schiller

Geschichte und Gegenwart 27
Von Bernd Schiller

Der gute Tip von MERIAN 53
Von Klaus Bötig und Bernd Schiller

Treffpunkte 55
Tee und etwas mehr im Galle Face Hotel 55 · Unawatuna 56

Zu besichtigen 58
Toddy-Gewinnung und -Verarbeitung an der Westküste 58 · Brief Garden bei Bentota 60 · Pettah – die Altstadt von Colombo 60 · Elefanten-»Waisenhaus« in Pinnawela 62 · Die Teeplantagen und -fabriken 63

Museen 66
Das Nationalmuseum in Colombo 66 · Die Isurumuniya Vihara in Anuradhapura 67 · Das Dutch Period Museum in Colombo 68

Einkaufen 70
Die staatlichen Laksala-Läden 70 · Holzmasken aus Ambalangoda 70 Das Cultural Centre in Kandy 72 · Die Gewürzgärten um Kandy 74

Restaurants 75
Zum Rice & Curry in die Rasthäuser 75 · Beach Wad ya in Wellawatte 76 Alt-Heidelberg in Colombo 77 · Lunchbuffet im Restaurant Akase Kade in Colombo 78 · Silva's Beach-Restaurant bei Negombo 78

Für den Abend 79
Diskos in Colombos Luxushotels 79

Hotels 80
Das Mount Lavinia Hotel bei Colombo 80 · New Oriental Hotel in Galle 81 · Das Tissawewa Resthouse in Anuradhapura 83 · St. Andrew's in Nu-

wara Eliya 84 · Die Safari-Hotels am Yala-Nationalpark 85 · Das Hotel Sigiriya Village in Sigiriya 86 · Das Hotel Closenberg nördlich von Galle 87
Das Hotel Triton in Ahungalla 89 · Die Villa bei Bentota 90

Kultur- und Kultstätten 91
Mihintale 91 · Der Sri-Maha-Bodhi-Baum in Anuradhapura 92 · Gal Viha-
ra in Polonnaruwa 93 · Die Höhlentempel von Dambulla 95 · Die Nalanda Gedige 97 · Die Wolkenmädchen von Sigiriya 99 · Der Tempel des heiligen Zahns in Kandy 101

Feste 103
Die Kandy-Perahera 103 · Das Kataragama-Fest 105

Ausflüge 108
Die Buddha-Statue von Wewurukannala bei Dikwella 108 · Die Buddha-
Statue von Aukana 110 · Eine Fahrt auf die Horton Plains bei Nuwara
Eliya 110 · Die alte Königsstadt Yapahuwa 112 · Botanische Gärten bei
Kandy und Nuwara Eliya 113

Wanderungen und organisierte Rundreisen 115
Der Adam's Peak im zentralen Hochland 115 · Mit dem Viceroy Special
durch Sri Lanka 117 · Trekking und Rafting in tropischen Regenwäldern
119

Sri Lanka von A bis Z 121
Von Klaus Bötig und Bernd Schiller

Informationen für ganz Sri Lanka 122

Anreise 122: Mit dem Flugzeug 122 · Mit dem Schiff 122 **Apotheken**
123 **Archäologische Stätten** 123 **Bettelei** 124 **Diplomatische
Vertretungen** 125 **Einreise** 125 **Essen und Trinken** 126: Preiskategorien 126 · Getränke- und Speisenlexikon 134 **Feiertage** 136 **Fotografieren** 137 **Fremdenführer** 138 **Fremdenverkehrsbüros**
138 **Geld** 139: Banken 139 · Kreditkarten 139 · Rücktausch 140
Schecks 140 **Gesundheitsvorsorge** 140: Impfungen 140 · Ernährung 140 · Krankheiten 140 · Versicherungen 141 **Hotels und andere
Unterkünfte** 141: Preiskategorien 141 **Kinder** 143 **Kleidung**
143 **Klima und Reisezeit** 144 **Kunst** 144: Epochen der ceylonesischen Kunst 144 · Die Klosteranlage als wichtigster Baukomplex antiker
und mittelalterlicher ceylonesischer Kunst 145 · Buddha-Statuen 148
Stilelemente der ceylonesischen Architektur 149 **Leihfahrzeuge**
149 **Literatur** 150 **Maße und Gewichte** 151 **Medizinische Hilfe**
151 **Museen** 152 **Nationalparks** 152 **Öffnungszeiten** 152 **Polizei** 153 **Post** 153 **Radio und Fernsehen** 153 **Reisen im Land**

153: Mit dem Bus 153 · Mit der Eisenbahn 154 **Religionen** 155: Der Buddhismus 156 · Der Hinduismus 158 · Der Islam 160 · Das Christentum 160 **Sicherheit – wohin kann man fahren?** 160 **Souvenirs** 161 **Sport** 161 **Sprachen** 162: Das Singhalesische 162 · Das Tamilische 163 · Das Englische 163 **Strände** 163 **Stromspannung** 164 **Taxi** 164 **Telefonieren** 164 **Tempelbesuche** 165 **Tierwelt** 165 **Trinkgeld** 166 **Zeitungen** 166 **Zeitunterschied** 167 **Zoll** 167

Orte und Landschaften Sri Lankas 168

Anuradhapura 168
Archäologische Stätten 171 · Essen und Trinken 177 · Feste 177 Hotels und andere Unterkünfte 177 · Museen 178 **Ziele in der Umgebung:** *Habarana* 179 · *Nillakgama* 179 · *Ritigala* 179 · *Sesseruwa* 180 *Sigiriya* 180 · *Wilpattu-Nationalpark* 182

Colombo 182
Auskunft 185 · Banken 186 · Einkaufen 186 · Essen und Trinken 186 Feste 187 · Gottesdienste 187 · Hotels und andere Unterkünfte 187 Leihfahrzeuge 189 · Medizinische Hilfe 189 · Museen und Galerien 189 Notruf 190 · Öffentliche Verkehrsmittel 190 · Polizei 190 · Post 190 Sehenswürdigkeiten 190 · Stadtrundfahrten 193 · Stadtviertel und Postbezirke 193 · Strand 193 · Telefonieren 193 **Ziele in der Umgebung:** *Alutgama* 194 · *Avissavela* 194 · *Bentota* 194 · *Beruwala* 195 · *Chilaw* 195 · *Dedigama* 195 · *Gampaha* 195 · *Hendala* 196 · *Kalutara* 196 · *Kelaniya* 196 · *Negombo* 196 · *Nittambuwa* 197 · *Pancuvas Nuwara* 197 *Puttalam* 197 · *Ratnapura* 198

Galle 199
Auskunft 199 · Essen und Trinken 199 · Öffentliche Verkehrsmittel 200 Sehenswürdigkeiten 201 · Souvenirs 201 **Ziele in der Umgebung:** *Ambalangoda* 201 · *Ambalantota* 201 · *Buduruvagala* 202 · *Dondra* 202 *Hambantota* 202 · *Hikkaduwa* 202 · *Kataragama* 203 · *Matara* 203 *Tangalla* 203 · *Tissamaharama* 204 · *Weherahena* 204 · *Weligama* 205 *Wirawila* 205 · *Yala-Nationalpark* 205

Jaffna 205
Hotels und andere Unterkünfte 206 · Museum 207 · Sehenswürdigkeiten 207 **Ziele in der Umgebung:** *Delft* 207 · *Elephant Pass* 207 · *Kantadorai* 207 · *Karaitivu* 207 · *Kayts* 207 · *Keerimalai* 208 · *Mannar* 208 *Nainativu* 208 · *Point Pedro* 208 · *Talaimannar* 208 · *Tolagatty* 208

Kandy 208
Auskunft 211 · Einkaufen 212 · Essen und Trinken 212 · Feste 212 · Hotels und andere Unterkünfte 212 · Markt 213 · Medizinische Hilfe 213

8 *Inhalt*

Museen 213 · Post und Telefon 213 · Sehenswürdigkeiten 213   **Ziele in der Umgebung:** *Alu Vihara* 215 · *Ambanpittiya* 215 · *Degaldoruwa Vihara* 215 · *Embekke Devale* 215 · *Gadaladeniya Vihara* 215 · *Hanguranketa* 215 · *Lankatilaka Vihara* 215 · *Medawala Viharaja* 216

Nuwara Eliya 216
Hotels und andere Unterkünfte 217 · Märkte 218 · Öffentliche Verkehrsmittel 218 · Sehenswürdigkeiten 218 · Sport 218   **Ziele in der Umgebung:** *Badulla* 218 · *Bandarawela* 219 · *Diyaluma Falls* 219 · *Dowa Vihara* 219 · *Ella* 219 · *Sita Eliya* 220

Polonnaruwa 220
Archäologische Stätten 223 · Hotels und andere Unterkünfte 225 · Museum 226 · Öffentliche Verkehrsmittel 226   **Ziele in der Umgebung:** *Dimbulagala* 226 · *Giritale* 226 · *Medirigiriya* 226

Trincomalee 227
Hotels 228 · Öffentliche Verkehrsmittel 228 · Sehenswürdigkeiten 228 **Ziele in der Umgebung:** *Batticaloa* 228 · *Gal-Oya-Nationalpark* 229 *Kalkudah* 229 · *Nilaveli* 229 · *Pottuvil* 229 · *Tiriyay* 229

Glossar 230

Der gute Tip von MERIAN nach Orten 232

Register 233

Karten und Pläne

Umschlagkarten: Sri Lanka · Colombo · Colombo: Stadtviertel Fort und Pettah Galle · Kandy

Im Text: Dagoba-Grundtypen 146 · Statuenhäuser 147 · Buddha-Statuen 148 Anuradhapura 169 · Sigiriya, Lageplan 181 · Jaffna-Halbinsel 206 · Polonnaruwa 221 · Polonnaruwa: Quadrangle 224 · Trincomalee 227

Hinweise zur Benutzung

Was Sie erwartet:

Erste Begegnung mit Sri Lanka Das bedeutet Einstimmung auf
die Reise und erste Fühlungnahme mit einer Insel, die es über das
Klischee hinaus zu entdecken gilt.

Geschichte und Gegenwart Hier werden Zusammenhänge zwischen gestern und heute aufgezeigt, die zum Verständnis der gegen-
wärtigen politischen Lage Sri Lankas beitragen.

Der gute Tip von MERIAN Das sind Empfehlungen, die es bisher
in dieser Form in keinem Reiseführer gab. MERIAN stellt hier seine
Dreisterne-Objekte vor: ausgesuchte Hotels und Restaurants, Museen, Kultur- und Kultstätten, Vorschläge für Ausflüge und Wanderungen.

Sri Lanka von A bis Z Eine Fülle von Informationen, alphabetisch
geordnet und gewichtet, bringt das vierte Kapitel, das aus zwei Teilen
besteht: Der erste Teil bringt allgemeine Informationen für die Insel,
der zweite widmet sich den Städten und Ortschaften auf Sri Lanka im
einzelnen. So informiert z.B. das Stichwort »Essen und Trinken«
über die Eß- und Trinksitten sowie die Spezialitäten des Landes. Damit Sie alles Wissenswerte zum Thema »Essen und Trinken« schnell
finden, wurden die entsprechenden Seiten mit einem roten Rand ver-
sehen. Im zweiten Teil des vierten Kapitels werden die bedeutendsten Städte, Dörfer und Kulturstätten Sri Lankas im einzelnen beschrieben und die jeweils wichtigen Adressen genannt.

Wie ausgewählt wurde:
Wir haben in diesem Führer nur solche Geschäfte, Hotels und Restaurants aufgenommen, die vor den kritischen Augen und Gaumen
der Autoren bestehen konnten.

Warum Preise angegeben wurden:
Wir nennen in diesem Reiseführer nicht nur Öffnungszeiten, sondern
auch Preise und Preiskategorien. Zugegeben: Preise verändern
sich, und bei einer offiziellen Inflationsrate von zirka 5 Prozent jährlich steigen die Preise in Sri Lanka ständig. Trotzdem können sie Ihnen als erste Kalkulationsgrundlage dienen, denn ein einfaches Lokal wird nicht von heute auf morgen ein Luxusrestaurant.

Abkürzungen:

A	Fernstraße	ml	Milliliter
Aug.	August	mm	Millimeter
ca.	zirka	Mo	Montag
cbm	Kubikmeter	Nov.	November
cm	Zentimeter	Okt.	Oktober
c/o	care of (per Adresse)	öS	österreichische Schillinge
Dez.	Dezember	Pkw	Personenkraftwagen
Di	Dienstag	qkm	Quadratkilometer
Do	Donnerstag	qm	Quadratmeter
DrZ	Dreibettzimmer	Rp./Rps.	Rupie/Rupien (engl.
DZ	Doppelzimmer		Rupee/Rupees)
engl.	englisch	S.	Seite
Erw.	Erwachsener	Sa	Samstag
EZ	Einzelzimmer	Sept.	September
Feb.	Februar	sfr	Schweizer Franken
Fr	Freitag	singh.	singhalesisch
g	Gramm	So	Sonntag
geschl.	geschlossen	Std.	Stunden
ha	Hektar	stdl.	stündlich
Jan.	Januar	Str.	Street
Jh.	Jahrhundert(s)	t	Tonne
kg	Kilogramm	Tel.	Telefon
Kl.	Klasse	tgl.	täglich
km	Kilometer	US-$	US-Dollar
l	Liter	v. Chr.	vor Christus
m	Meter	Y. M. C. A.	Young Men's Christian
Mi	Mittwoch		Association
Min.	Minuten	Zi	Zimmer

Erste Begegnung mit Sri Lanka

Von Bernd Schiller

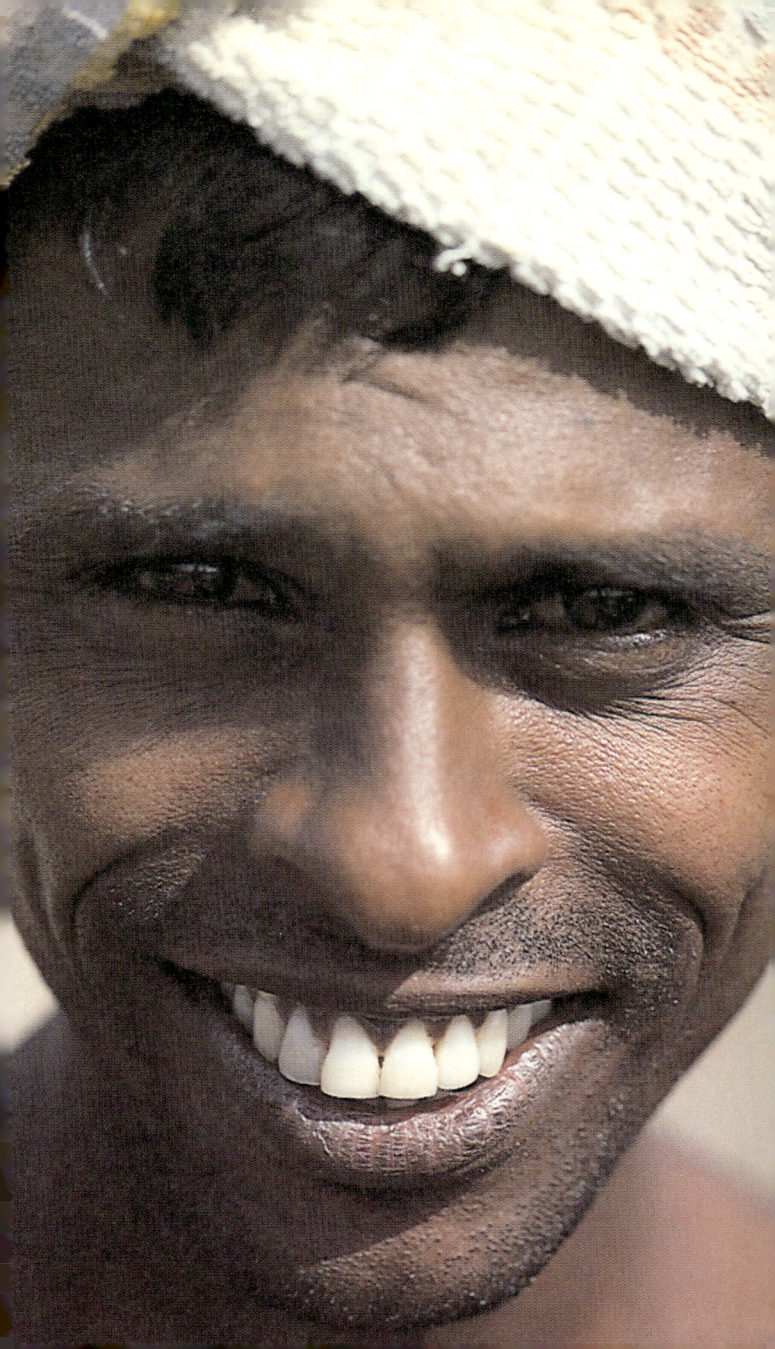

Die meisten Reisenden aus dem Westen der Welt landen morgens in Sri Lanka, auf dem Flughafen Katunayake bei Colombo. Sie sind fast immer müde vom langen Nachtflug, ihre innere Uhr hat sich noch nicht an die veränderte Zeit und die Helligkeit der Tropen angepaßt, die da draußen Tausende und Abertausende von Palmenkronen glitzern läßt. Stunde um Stunde waren die Reisenden dem Osten entgegengeschwebt, der Sonne, dem Licht – das sie jetzt blendet, das sie verwirrt, das ihnen fast weh tut. Die ersten Schritte auf dem Rollfeld, und schon klebt das Hemd am Körper. Plötzlich, vielleicht schon auf dem kurzen Weg zum Abfertigungsgebäude, erwachen alle Sinne: Was für Farben, was für Gerüche, was für Geräusche... die grellen Tupfer der Orchideen, die am Rande der Piste wuchern, die Fülle bunter Schmetterlinge, das stechende Blau des Himmels... die süßlich-schweren Düfte, getränkt von allerlei Gewürz, von Kokosöl und Früchten... die fremden Stimmen, die jetzt ans Ohr dringen, leise und eher gesungen als gesprochen.

Wer sich länger in Sri Lanka aufhält, wird diese Morgenstunden lieben lernen, in denen der warme Wind, der die Nachtwolken verweht, noch sanft über die Haut geht. Die Farben sind klar, noch nicht angesengt von der Glut des tropischen Tages. Und die Luft zwischen sechs und halb acht ist zwar schon süß und schwer, aber sie macht noch nicht träge; sie weckt die Sinne, sie schmeckt verlockend.

Aber natürlich kann das nicht nachempfinden, wer eben aus der trockenen Kunstluft eines Langstreckenflugzeugs kommt. Die Neuankömmlinge suchen nach Pässen, ihrem Gepäck, nach Bussen und Taxis. Neun bis zehn Stunden waren sie unterwegs, von Frankfurt, München, Zürich oder Wien, manchmal mit einer Zwischenlandung in Sharja oder sonstwo am Arabischen Golf. Tankwagen krochen dort unter die Flügel, Putztrupps zogen durch die Sitzreihen, und wenn es keine Chartermaschine nur für Urlauber war, stiegen überraschend viele neue Fluggäste zu, braunhäutige, ärmlich gekleidete Passagiere, mit weit mehr als dem eigentlich erlaubten einen Stück Handgepäck. Ceylonesen waren es, Gastarbeiter aus den reichen Ölländern am Golf. Sie dienen dort als Chauffeure, Handlanger,

Die offene Freundlichkeit der Bewohner Sri Lankas beeindruckt westliche Besucher immer wieder

Hausangestellte, ein, zwei Jahre lang. Dann fliegen sie zurück in ihre Heimat, Videogeräte im Gepäck, riesige Radios und die Dollarnoten, die sie noch nicht nach Hause geschickt hatten.

Die Ceylonesen auf den ersten Blick:
ein freundlich-lächelndes Volk

Charterflieger schauen erst in Katunayaka in die Gesichter der Inselbewohner – und sind nicht selten verwirrt vom Lächeln, das ihnen da gezeigt wird, von der seltsamen Freundlichkeit, die es nur auf Sri Lanka gibt: einer Mischung aus devotem Anbiedern, aus verlegener Neugier, aus einer Verklärtheit, die von innen kommt, aus offener Freundlichkeit – wie geht das alles zusammen? Und warum sprechen diese Leute so leise, warum wirken sie so entsetzlich sanft, ja »weibisch«, wie Reisende schon vor Jahrzehnten in ihren Berichten diese gleichermaßen kontemplative wie demonstrative Art der Heiterkeit nannten? Wie verträgt sich das alles mit den Gewaltausbrüchen, von denen man doch gerade in der letzten Zeit reichlich gehört hat? Skeptische Fragen auf der Suche nach dem verlorenen Paradies.

Lange, vielleicht zu lange, war diese Insel, auf der sich die Ankömmlinge gerade zögernd umschauen, der Inbegriff des Gartens Eden auf Erden. Jahrtausende bevor »das Paradies« als Ziel gängiger Reisesehnsüchte Eingang in die Fernweh-Kataloge fand, stand schon das alte Lanka unter unterschiedlichen, aber immer poetischen Namen im Zentrum Sehnsüchte weckender Legenden.

Wo die Inder in ihren uralten Epen das Paradies lokalisierten, wo sie später vom »Teich der roten Lotusblüten« sprachen, wo andere Völker des Altertums, wie Perser, Chinesen oder Griechen, vom »Land der Hyazinthen und Rubine« schwärmten, von der »Juweleninsel« und der »Insel der Götter«, da wollte man zu allen Zeiten auch hin.

Ibn Batuta, weltberühmter arabischer Reisender des Mittelalters, fand hier sein Serendib, seine »Insel des Entzückens«. Und Marco Polo berichtete: »Von der Insel Zeilan: Sie ist in ihrer Größe auch sonst die beste Insel der Welt.« Aus dem Jahre 1293 stammt dieses Zitat.

Den deutschen Forschungsreisenden der Jahrhundertwende, wie Ernst Haeckel, Wilhelm Geiger oder Emil Selenka, und etwas später

Straßenszene vor der Ul-Afar-Juma-Moschee in Colombo: Die westliche Zivilisation hat hier schon lange Einzug gehalten

den Dichtern, die auf der Suche nach der Sanftmut und Weisheit des Ostens waren, auch ihnen ging auf Ceylon das Herz über. Hermann Hesse beispielsweise weiß schon beim Einlaufen seines Schiffes in den Hafen von Colombo – ein Mitreisender hat es ihn sagen hören: »Es ist das Paradies, wahrhaftig, es ist das Paradies.«

Und selbst, als auf einmal ganz andere Nachrichten von der fernen Tropeninsel die Menschen in Europa aufschreckten, diente die Vokabel vom Traumland immer mal zur Charakterisierung der neuen Lage: »Im Paradies ist plötzlich die Hölle los.« So meldeten die Nachrichtenagenturen die blutigen Unruhen vom Sommer 1983, als Singhalesen und Tamilen, die beiden wichtigsten Bevölkerungsgruppen der Insel, damals aneinandergerieten. Auch 1984, 1985 und, mit besonderer Brutalität, im Sommer 1986 flackerten die Auseinandersetzungen wieder auf. »Das Paradies«, so hieß es nun, »hat endgültig seine Unschuld verloren.« Zu Beginn der neunziger Jahre begann sich die Lage etwas zu entspannen. Der Tourismus, der einige Jahre dramatischer Rückgänge erlebt hatte, erholte sich überraschend schnell. Anfang 1992 sprachen Hoteliers, Autovermieter und Rundreiseveranstalter sogar schon wieder von einem Boom. Aber die Probleme, die Mitte der achtziger Jahre zu den schweren Unruhen geführt hatten, sind keineswegs gelöst. Ihre geschichtlichen und politischen Hintergründe behandeln wir im nächsten Kapitel.

Natürlich war Ceylon, das seit 1972 offiziell Sri Lanka heißt, auch in früheren Jahrhunderten so wenig ein Paradies wie jedes andere Fleckchen Erde auf diesem Planeten. Ich lebe nicht in Sri Lanka; aber ich kenne die Insel und ihre Menschen sehr gut – und ich liebe sie. Deshalb schmerzt es mich, daß Sri Lanka noch immer in einigen Landesteilen von einem grausamen, immer wiederkehrenden Terror heimgesucht wird. Vor allem im Norden, wo die Tamilen bei weitem in der Mehrheit sind, herrschen weiterhin Todesangst und Mißtrauen. Diese Region, besonders die Gegend um Jaffna, war bis zur Überarbeitung dieses Buches (Herbst 1992) nicht zu bereisen. Auch die Ostküste mit ihren traumhaften Stränden bei Trincomalee und Batticaloa gehört zu diesem Zeitpunkt (und wohl auch noch auf längere Sicht) zu den unsicheren Gebieten, obwohl dort die ersten Hotels wieder geöffnet haben.

Sri Lanka ist also, wie so viele Länder in unserer Zeit, von innerer Zerrissenheit geprägt; das rohstoffarme Land trägt überdies schwer an wirtschaftlichen Bürden (die zu einem nicht geringen Teil ihre Ursa-

Zauberhafte Strände sind charakteristisch für den Süden,
der touristischen Hochburg Sri Lankas

chen in der kolonialen Ausbeutung früherer europäischer Mächte haben) – und dennoch halte ich Sri Lanka immer noch für die schönste Tropeninsel rund um den Äquator – keine andere stillt so viele Sehnsüchte; keine andere vermag mehr Reiseerwartungen zu erfüllen als eben dieses problembeladene Paradies von ehedem. Diesen Widerspruch oder, besser: diese zwei Sichtweisen, die ja durchaus zusammengehören dürfen und mit der die Liebhaber vieler Reiseländer in Asien oder Afrika leben müssen, will ich hier zu erläutern versuchen.

Sri Lanka, ein landschaftliches, ein kulturelles Erlebnis

Mit 65 610 Quadratkilometern ist Sri Lanka etwa so groß wie Bayern. Zwischen Point Pedro auf der Jaffna-Halbinsel im äußersten Norden und dem Leuchtturm Dondra Head an der Südspitze sind es rund 430 Kilometer; zwischen der Hauptstadt Colombo und der Ostküste liegen etwa 225 Kilometer. Dieses Terrain hat die richtigen Ausmaße für einen durchschnittlichen Drei- bis Vier-Wochen-Urlaub, bei dem man sich erholen, aber auch Neues, Fremdes sehen und erleben kann. (Kürzer sollte der Aufenthalt schon aus medizinischen Gründen nicht sein; die Akklimatisierung braucht ihre Zeit: Sri Lanka ist mehr 10 000 Kilometer von Deutschland entfernt, der Zeitunterschied beträgt 4½ Stunden, der Klimaschock kann besonders im Winter groß sein.)
Die meisten Besucher, die zum ersten Mal in Sri Lanka sind, staunen über die Vielfalt an Landschaften, die sich ihnen auf dieser überschaubar großen Insel vor der Südspitze Indiens bietet. Mit palmengesäumten Stränden hatten sie gerechnet, das hatten sie ja sozusagen gebucht. Reisterrassen und den buckligen Teeteppich im Hügelland werden viele wohl ebenfalls erwartet haben, auch Reste von Urwald, dichtes, dunkelgrünes Busch- und Dschungelgelände, wie es vor allem nördlich der Landesmitte, im Gebiet der historischen Königsstädte Anuradhapura und Polonnaruwa vorherrscht. Wie groß und zerklüftet das Bergland im Zentrum und südlich davon ist, verblüfft dagegen zahlreiche Sri-Lanka-Besucher, die – organisiert oder auf eigene Faust – nach Nuwara Eliya, der Stadt über den Wolken, nach Ratnapura, der Edelstein-Metropole, nach Ella, Badulla, Dickoya oder gar ans »Ende der Welt« kommen. So heißt eine oftmals nebelverhangene Stelle, an der das Hochland über 1300 Meter steil ab-

Frauen verkaufen frisches Obst und Gemüse tagtäglich auf den Märkten

fällt. Wie in den schottischen Highlands sieht es nördlich davon aus, auf den Horton Plains, einer Ebene, 2000 Meter über dem Indischen Ozean, die einst das bevorzugte Jagdrevier der britischen Kolonialherren war. Nur wenige Kilometer südlich finden sich wieder jene traumhaften Strände, die zumindest in jüngerer Zeit wohl die meisten Besucher nach Sri Lanka gelockt haben.

Die bunte Palette unterschiedlicher Landschaftsformen hat die Reisenden seit eh und je fasziniert: die tropisch-feuchtheißen und äußerst fruchtbaren Ebenen im Südwesten, das wildromantische Zentralmassiv, die Monsun- und Regenwälder im Inselinnern und die Trockenzonen des Nordens mit ihren wüstenähnlichen Dünen.

Noch vor der Natur mag aber die Kultur für viele der wichtigste Grund sein, sich in Sri Lanka umzusehen. So wie die Legenden berichten auch die großartigen Bauwerke, die Reliquienschreine, die Ruinenstädte im Urwald, die Tempel, Klöster und Andachtsstätten von zweieinhalb Jahrtausenden ungebrochener Religiosität.

Kultur auf Sri Lanka heißt Religion, und Religion bedeutet hier in erster Linie Buddhismus. Der Lehre des Erleuchteten folgen auf der Insel ausschließlich die Singhalesen, die Angehörigen der Bevölkerungsmehrheit. Die Tamilen dagegen sind Hindus. Sie schreiben eine andere Schrift, sie sprechen eine andere Sprache. Sie sehen zwar für uns aus dem Westen kaum anders aus als die Singhalesen, aber sie entstammen einer anderen Völkerfamilie, der südindischen Drawida-Sprach- und -Völkergruppe. Die Singhalesen dagegen sind indoarischen – und das heißt: nordindischen Ursprungs. Daneben gibt es kleinere christliche Gruppen (unter Singhalesen wie unter Tamilen) und Moslems (die hier Moors heißen), Nachkommen arabisch-indischer Seefahrer und Händler.

Der Alltag auf Sri Lanka wird bis auf den heutigen Tag ganz wesentlich, vielleicht sogar ausschließlich vom Glauben an die Lehre Buddhas bei den einen, vom Glauben an die unzähligen Götter des Hindu-Pantheons bei den anderen bestimmt. Die kulturellen und religiösen Wurzeln beider Bevölkerungsgruppen sind viel älter, reichen viel tiefer als unsere in Europa. Das haben sich die Weißen während der langen Herrschaft der europäischen Kolonialmächte kaum jemals bewußtgemacht. Und doch ist es so: Wir Europäer sind im indischen Kulturraum – zu dem die Insel gehört – in der Situation der Amerikaner in Europa. Unsere Maßstäbe gelten nicht in Südasien; der Besucher wird das sicher oft vergessen in Sri Lanka, aber er wird ganz gewiß häufiger daran erinnert werden.

Moderne Verkehrsmittel auf der Überholspur: Ochsenwagen werden immer häufiger von Lastwagen und Bussen verdrängt.

Ist es schwierig, sich Land und Leuten zu nähern?

Es ist nirgendwo in Asien so leicht wie in Sri Lanka. Die Verkehrssituation erleichtert es jedem interessierten Reisenden, in diese Welt einzutauchen. Die Reise mit den Verkehrsmitteln der Insel ist die unkomplizierteste und zugleich beglückendste Methode, die Insel kennenzulernen. Preiswert ist sie außerdem. Denn die Inselrepublik rühmt sich des dichtesten und billigsten Busnetzes der Welt. Sie hat Eisenbahnrouten, die das Herz von Eisenbahnliebhabern höher schlagen lassen wird. Und zu den angenehmsten Relikten der über 150 Jahre währenden britischen Kolonialepoche, die 1948 unblutig und hoffnungsvoll zu Ende ging, gehören die zahlreichen *resthouses.* Das sind staatliche Herbergen, die über die ganze Insel verstreut sind, eine Tagesreise nach früheren Maßstäben voneinander entfernt. Auch die übriggebliebenen Hotels aus jener vergangenen und heute gern verklärten Zeit machen diese Art des ursprünglichen Reisens auf Ceylon zu einer Lust.
Das »Galle Face« in Colombo gehört dazu. Auch wenn ich nicht dort wohne – auf einen Tee oder einen *sundowner,* den traditionellen Cocktail zum tropischen Sonnenuntergang, gehe ich immer in dieses

Hauptstadthotel, das in fast allen Reisebeschreibungen früherer Jahrzehnte vorkommt. Vor diesem liebenswerten alten Bau, der im übrigen renoviert wurde und innen neuzeitlichen Komfort bietet, erstreckt sich, wie eine Insel zwischen der modernen Millionenstadt Colombo und dem Indischen Ozean, ein großer Platz, Treffpunkt aller Bevölkerungsschichten. Hier flanieren die Leute aus Colombo in Sonntagsausgehkleidung, Kinder lassen bunte chinesische Drachen steigen, vor allem am Wochenende herrscht eine heiter-gelassene Atmosphäre. Und ich gehe bei jedem Colombo-Aufenthalt wenigstens einmal in den *Harbour Room* des alten »Grand Oriental«-Hotels (G. O. H.) zum Abendessen. Jahrzehnte hieß dieses Haus »Taprobane«; nach umfangreicher Renovierung, wobei das Haus leider viel von seinem Charme verlor, kehrte es zum historischen Namen G. O. H. zurück. Auch der alte *Harbour Room* wurde dem modernen, nach Meinung des Besitzers fortschrittlichen Outfit angepaßt. Geblieben ist immerhin der schöne Blick auf die Lichter des noch emsig frequentierten Hafens. Dieser Hafen besitzt freilich nicht mehr jene Bedeutung wie einst, als Sri Lanka ein wichtiger Etappenpunkt auf halbem Wege zwischen dem Suezkanal und dem Fernen Osten, zwischen Europa und dem Pazifik oder Australien war.

Liebhaber nostalgischer Unterkünfte kommen an vielen Orten auf der Insel auf ihre (geringen) Kosten: In Galle zum Beispiel, wo das »New Oriental« im Fort-Viertel und das »Closenberg«, etwas außerhalb der Neustadt, einen Besuch oder doch wenigstens einen Blick lohnen. Aber auch im Landesinnern, in den Rasthäusern, die oft nur ein, zwei Zimmer haben, macht es Spaß, mal wie die Reisenden früherer Zeiten unterm Moskitonetz zu schlafen, sich zum Frühstück die typischen *Egghoppers* (eine Art Pfannkuchen) und abends das Currygericht auf traditionell singhalesische Weise servieren zu lassen.

Solcherlei Vergnügen läßt sich sogar dort erleben, wo alle hinfahren (müssen): in den Ruinenstädten Anuradhapura und Polonnaruwa, den Wallfahrtsorten mit den Stätten einstiger singhalesischer Größe. Wer auf eigene Faust unterwegs ist, mit einem Mietwagen und einem Fahrer oder mit öffentlichen Verkehrsmitteln, sollte zum Beispiel in Anuradhapura im »Tissawewa Resthouse« übernachten: Der Blick von der Veranda im Obergeschoß auf den üppigen Garten ist herrlich, die Atmosphäre paßt zur Umgebung, zu den teilweise überwucherten Palästen und Reliquienschreinen versunkener Königreiche. Und in Polonnaruwa, wo die schönsten Steinstatuen des Erleuchteten zu bewundern sind, ist ebenfalls das alte Resthouse der von mir bevorzugte Platz.

Die eben genannten Königsstädte sind also ein Muß. Natürlich auch der Felsen von Sigiriya, wo es die berühmten Fresken zu sehen gibt, die Wolkenmädchen, wie man sie nennt. Es sind Abbildungen von Frauen, deren rätselhafte Schönheit alle Besucher seit 1500 Jahren betört – ceylonesische Mona Lisas. Und Mihintale, der Geburtsort des Buddhismus auf der Insel, gehört ebenso wie die Felsenhöhlen von Dambulla und dem Zahntempel in Kandy zu den eindrucksvollsten Sehenswürdigkeiten.

Die meisten Strandhotels liegen zwischen Negombo und Galle, besonders viele sind es bei Bentota und Beruwala und auch um Hikkaduwa herum. Dieser zuletzt genannte Ort galt einmal als Hippie-Treffpunkt, ist heute aber eher ein Ziel für Pauschalurlauber, besonders beliebt bei Tauchern und Schnorchlern. Hier liegen die wohl schönsten Korallengründe, die sich die weniger Aktiven auch vom Glasbodenboot aus anschauen können. Die vielen kleinen, familiär wirkenden Hotels ducken sich unter Palmen, sie stören noch kaum die Küstensilhouette. Der Tourismus, der bis zum Ausbruch der Unruhen von 1983 fast explodierte, hat äußerlich auf der Insel wenig Schaden angerichtet. An den Insulanern freilich ist er nicht spurlos vorübergegangen. Die Bettelei der Kinder, der Sie sich auch heute noch ausgesetzt sehen, hat zu Überlegungen auf der Insel geführt, wie sie über-

Zum Auslaufen bereit: Oruwa-Boote bei Negombo

all in der Dritten Welt angestellt werden: »Wie schaffen wir es, mit Hunderttausenden von Besuchern aus anderen Kulturkreisen zu leben, die auf uns reich und zuweilen arrogant wirken, ohne dabei unsere Würde, unsere Selbstachtung zu verlieren?« Die Auseinandersetzung mit dieser Problematik wurde nach 1991 wieder aufgenommen, als die Touristenzahlen kräftig anstiegen. Neuerdings wird endlich auch ein Problem wahrgenommen, das in früheren Jahren eher abwiegelnd oder hinter der vorgehaltenen Hand behandelt wurde – Prostitution und Aids. In Sri Lanka findet sich neben der zahlenmäßig nicht starken (und auch nicht augenfälligen) Prostitution mit Dirnen eine besonders schäbige Variante des internationalen Sextourismus: homosexuelle Prostitution mit Kindern. Polizei und Politik verfolgen inzwischen mit Härte die skrupellosen Ausbeuter von Armut und Unwissenheit, die besonders in der Negombo-Region ihr Unwesen getrieben haben.

Erlebnisse am Strand, Entdeckungen im Hinterland

Strandleben auf Sri Lanka spielt sich etwas anders ab als an anderen tropischen Küsten. Im Unterschied etwa zu Mauritius oder zu vielen Karibikinseln gibt es so gut wie keine autarken Großhotels, in denen die Urlauber nahezu alles finden, was sie für zwei Faulenzerwochen brauchen. Im Frühjahr 1993 wird gerade mal das zweite Fünfsterne-Hotel – das erste war das »Triton« – fertiggestellt (bei Beruwela, zwischen dem altbeliebten »Riverina« und dem Robinson-Club). Anders auch als in Kenia oder vielerorts in der Karibik ist die »Strandanmache« nicht aggressiv, eher komisch: Da werden Ananas, aber auch stangenweise Zigaretten, natürlich Elefanten aus Korbgeflecht, Batikhemden und Massagen im heißen Sand (völlig seriös!) angeboten. Viele der cleveren Händler, die mafiaähnlich organisiert sind, können gut deutsch; wer nur schauen und mit ihnen schwatzen will, ist auch willkommen. Die »beach vender«, die Strandverkäufer, sind schlau genug zu wissen: Spätestens beim dritten Kontakt kommt es doch zum Geschäft. Vor allem aber darin unterscheidet sich Strandurlaub in Sri Lanka von dem in fast allen anderen fernen Zielgebieten: Das Land hinterm Strand ist so unglaublich reizvoll und sehenswert, daß es ein Jammer wäre, die ganze Zeit nur unter der Palme zu dösen. Ob Sie mit einer Reisegesellschaft auf die Insel gekommen sind oder nicht, ob Sie mit dem Rucksack oder mit dem Koffer unterwegs sind: Nehmen Sie sich unbedingt ein paar Tage Zeit, und entdecken Sie dieses Land für sich. Die Bahnfahrt durch die Berge, von Badulla

Wie in Indien tragen auch auf Sri Lanka die hinduistischen Frauen und Kinder farbenprächtige Kleidung

über Nanu Oya (bei Nuwara Eliya) bis hin nach Kandy ist eine solche Möglichkeit. Eisenbahnkenner, die die schönsten Routen in aller Welt kennen, rechnen diese Strecke dazu. Wagen Sie in den Pilgermonaten Februar und März den mühseligen Aufstieg zum Gipfel des heiligen Samanala, den wir Adam's Peak nennen. Dieser Weg, sechs Kilometer über Tausende von Stufen steil in die Höhe hinauf, mag an seinem Ziel eine Antwort auf die Frage geben, warum dieser und keiner anderen Insel immer wieder die Bezeichnung Paradies zugesprochen wurde.

An der Spitze des Berges verneigen sich Gläubige ganz unterschiedlicher Bekenntnisse vor einer Vertiefung im Stein. Sie sieht wie ein Fußabdruck aus, mehr als anderthalb Meter lang freilich. Den Singhalesen gilt sie als Zeichen ihres Gautama Buddha, Stifters der Weltanschauung, die wir Buddhismus nennen. Aber auch Hindus, Moslems und Christen reklamieren Sri Pada, den geheiligten Fußabdruck, für ihre Legenden. Uns, den Besuchern von heute, mag es egal sein, ob Shiva seinen Fuß in diesen Gneisblock gedrückt hat, oder ob hier wirklich Adam tausend Jahre auf einem Bein ums verlorene Paradies getrauert hat. Wenn erst die Sonne über dem Indischen Ozean aufgegangen ist und der Kegelgipfel des Adam's Peak seinen Schatten auf die Wolken über den benachbarten Hügeln wirft, wenn kurz darauf Nebel und Nachtwolken wie ein Vorhang aufreißen, beginnt ein Schauspiel, das die einheimischen Pilger zu ehrfurchtsvollen Glaubensrufen hinreißt, die meisten fremden Besucher aber schlicht den Atem anhalten läßt.

Ernst Haeckel, einer der bedeutendsten Ceylonforscher der Jahrhundertwende, beschrieb seinen Eindruck von diesem spektakulären Panorama in der Sprache eines Wissenschaftlers, der das Staunen noch nicht verlernt hat. »Mit einem Blick überschauen wir hier den größten Teil der immergrünen Insel, die in so vieler Beziehung zu den schönsten und merkwürdigsten der Welt gehört.«

Geschichte und Gegenwart

Von Bernd Schiller

Das alte Lanka ist eine sagenhafte Insel – im wahrsten Sinne des Wortes. Kein anderes Land, keine andere Region in Süd- und Südostasien hat uns mehr über seine Geschichte überliefert, mehr zu unserem historischen Vorstellungsvermögen beigetragen wie jener »Tropfen« im Indischen Ozean, dessen Umrisse auf der Landkarte immer wieder zu Vergleichen mit einem übergroßen Juwel herausfordern. Bis auf den heutigen Tag war die Geschichte Sri Lankas vor allem eine Geschichte der Auseinandersetzungen zwischen Singhalesen und Tamilen, eine Geschichte von Invasionen und Rückeroberungen, eine bunte, oft genug freilich auch blutige Geschichte häufig wechselnder Dynastien und Vormachtkämpfe einzelner Königreiche. Längere Zeiträume friedlicher Koexistenz waren in den Jahrtausenden der Geschichte Sri Lankas selten. Zu den Auseinandersetzungen der einheimischen Volksgruppen kamen noch die zwischen den europäischen Kolonialmächten hinzu, die vom Anfang des sechzehnten bis in die Mitte unseres Jahrhunderts die einstmals reiche Tropeninsel vor der Südostküste des indischen Subkontinents besetzt hielten.

Wir wissen so viel über die alten Zeiten Sri Lankas, weil Chroniken vorliegen, in denen nahezu alles aufgeschrieben wurde, was seit der ersten Besiedlung auf der Insel passiert ist. Und selbst in die Zeit davor, ins Dunkel der Prähistorie, bringen Legenden und Mythen immerhin so viel Licht, daß Wissenschaftler – Archäologen, Ethnologen, Geographen, Anthropologen und andere – von einer nahezu lückenlosen Berichterstattung durch die Jahrtausende sprechen. Freilich: Nicht nur auf den Legenden, unter denen das indische *Ramayana,* die Geschichte von Rama und der nach Lanka verschleppten Sita, eine vornehme Rolle spielt, liegt literarische Patina, angesetzt in einer Periode, in der bei uns noch niemand an Geschichtsschreibung dachte. Auch die Chroniken sind epische Werke, literarische Zeugnisse einer großen und keineswegs versunkenen Kultur. Und so wie das Ramayana, das in Indien noch heute, in Filmen und sogar in Comics, aktuelle Bedeutung hat, brahmanisch-hinduistisch bestimmt

Eine der verführerischen, 1500 Jahre alten »Wolkenmädchen« von Sigiriya

ist, so sind die Chroniken aus Lanka eben buddhistisch geprägt. Aus unserem heutigen Verständnis geschichtlicher Darstellungen heißt das: Die Legenden wie die geschriebenen Chroniken unterliegen einer gewissen Propaganda, je nachdem, ob sie aus indischer oder aus singhalesisch-buddhistischer Sicht verfaßt sind.

Mit der Inselchronik, auf singhalesisch *Dipawamsa,* hat es angefangen. An diese vorbuddhistische Geschichtsschreibung knüpften die ersten Mönche des Erleuchteten an, als sie begannen, die Große Chronik, die *Mahawamsa,* und später die Kleine Chronik, die *Chulawamsa,* aufzuschreiben. Und das taten sie gründlich und kontinuierlich, bis in die Tage hinein, als der letzte König von Kandy, der der letzte singhalesische Monarch überhaupt war, Anfang des 19. Jahrhunderts sein Reich durch Verrat und Intrigen, aber auch durch Gewalt an die Briten verlor. Heute, 180 Jahre später, trägt man sich in Sri Lanka ernsthaft mit dem Gedanken, diese Chronik fortzuschreiben bis in die Gegenwart.

Der Inhalt der beiden Chroniken geht weit über die Aufzählung der Herrscherhäuser, der Kriege, Eroberungen und Landräubereien hinaus. Was in ihnen enthalten ist an Schilderungen über die seinerzeitigen Verhältnisse in den alten Königsstädten Anuradhapura und Polonnaruwa, was berichtet wird über religiöse Bräuche und deren Wandel, was über den Alltag auf dem Lande und an den Fürstenhöfen überliefert ist in der Großen wie in der Kleinen Chronik, das ist längst auch bestätigt durch Ausgrabungen, Inschriften und das moderne Studium aller möglichen Funde.

Die Insel, von der die Welt zu allen Zeiten so viel wußte, war bereits im Paläolithikum besiedelt. Jedenfalls scheint heute gesichert, was schon früher vermutet wurde: Vor rund hunderttausend Jahren gab es einen *homo sinhaleus;* Funde in der Gegend um Ratnapura, der Edelsteinstadt im südlichen Bergland, deuten darauf hin.

Nach diesem vorgeschichtlichen »singhalesischen Menschen« gab es, noch genauere Auswertungen von Funden aus dem Neolithikum sagen es uns, den *homo sapiens balangodensis,* den ceylonesischen Steinzeitmenschen, der viel größer gewesen sein soll als die Bewohner, die heute auf der Insel leben. Zu den Erkenntnissen, die wir gegenwärtig über die früh- und vorgeschichtliche Besiedlung und Entwicklung auf Sri Lanka besitzen, haben unter anderem zwei berühmte Schweizer Asienforscher beigetragen. Um die Jahrhundertwende erkundeten die Vettern Paul und Fritz Sarasin die Insel. Im Süden Lankas, in der Gegend um Kataragama herum, gelangen ihnen bedeutsame Ausgrabungen. Wenngleich das damalige archäologische Handwerkszeug und besonders die Mittel zur Analyse der

Helden aus den alten Epen schmücken die Hindu-Tempel wie hier in Matale

Funde aus heutiger Sicht unzulänglich erscheinen, so verdanken wir doch den beiden Sarasins wertvolle Erkenntnisse über die frühe Inselgeschichte. Zum Beispiel geht aus ihren Forschungen hervor, daß damals eine Rasse auf Lanka lebte, die weithin in Süd- und Südostasien verbreitet war.

Was sich in der Zeit zwischen der Balangoda-Kultur und dem ersten Auftreten der indoarischen Singhalesen in den Dschungeln der Tropeninsel abspielte, muß derzeit noch im Bereich der Legende, der Dämonen- und Geistersagen bleiben. Darin wird von Yakkhas und Nagas berichtet, von einer sagenhaften Metropole namens Lankapura und anderen Geheimnissen des Urwalds, die bis heute nicht gelöst sind. Immerhin meinen renommierte Anthropologen, daß auch diesen Überlieferungen ein realistischer Kern zugrunde liege. So wird für möglich gehalten, daß die Yakkhas, die Waldbewohner, die am tiefsten im Dschungel hausten, die Vorläufer jener Weddas gewesen seien, die heute als letzte Überlebende der Ureinwohner Sri Lankas gelten.

Noch immer sollen einige Wedda-Sippen durch den unwegsamen Südosten der Insel streifen. Mal ist von einigen Hundert, mal von höchstens einem Dutzend die Rede, die noch als »reinrassig« angesehen werden könnten.

Das Geschichtsbewußtsein nicht nur auf Sri Lanka, sondern im gesamten indischen Kulturraum ist anders geprägt als unseres. Jahreszahlen sind nicht so wichtig; der oft gleichnishafte Charakter blumig erzählter Eroberungen, das märchenhafte Schicksal von Königskindern, die erst nicht und dann doch zueinander kommen konnten, das alles ist wesentlicher, trifft das Interesse, das Vorstellungsvermögen der Menschen dort seit eh und je. Geschichte in Indien und also auch auf Sri Lanka, das sind zunächst einmal Geschichten, wahre und solche, die genausogut wahr sein könnten.

Prinz Vijaya: Stammvater aller Singhalesen

Sagenhaft, wie die Geschichte auf Lanka weitergeht, nämlich mit der Legende um den Prinzen Vijaya. Dieser Königssohn aus dem Norden des benachbarten Subkontinents gilt als Stammvater der heutigen Inselmehrheit. Singhalesen sind, in der Übersetzung dieser aus dem Sanskrit stammenden Bezeichnung, Löwenmenschen. Und warum das so ist, warum der Löwe, der aller Wahrscheinlichkeit nach nie auf Ceylon zu Hause war, das Wappentier des Landes ist, sich in

Die liegende Statue von Gal Vihara mißt fast 14 Meter. Sie verkörpert den ins Nirwana eingehenden Buddha

Skulpturen, Denkmälern und auf der Nationalflagge findet, hängt mit dem Prinzen Vijaya zusammen.

Seine Mutter, Tochter eines bengalischen Königs, war, so geht die Sage, von einem Löwen geraubt worden, in den sie sich alsbald verliebte. Die Königstochter heiratete den Löwen, und dieser merkwürdigen Ehe entsprossen zwei Kinder, ein Mädchen und ein Junge, Sinhabura hieß der – Löwensohn. Die beiden heirateten, und aus dieser Geschwisterehe gingen viele Kinder hervor, unter denen der Erstgeborene, eben jener Vijaya, den Eltern viel Kummer bereitete. Aufsässig soll er gewesen sein, so renitent, daß sein Vater ihn schließlich des Landes verwies. Immerhin gab er ihm siebenhundert tapfere Krieger mit ins Exil. Vijaya – was soviel wie Sieg bedeutet – zog mit seinen Leuten nach Süden und landete auf der Insel, deren Schicksal er nachhaltig bestimmen sollte.

Im Mahawamsa wird berichtet, daß am Tag, an dem Vijaya seinen Fuß auf die Insel setzte, der nordindische Fürstensohn Siddharta Gautama ins Nirwana einging. Das war jener Prinz aus den Vorbergen des Himalaya, der an seinem 35. Geburtstag erleuchtet worden war, also Buddha, der Erleuchtete. Seine Erkenntnisse über das Leiden der Menschen, die Ursachen dieses Leids, die Möglichkeiten zu seiner Überwindung und schließlich das Sich-Befreien von jeglicher Begierde, die Aufgabe aller Leidenschaften, der Stillstand im Kreislauf der Wiedergeburten, der Eingang also ins Nirwana, in den endgültigen und immerwährenden Seelenfrieden – diese Erkenntnisse sind die Säulen einer Weltanschauung, aus der später eine Weltreligion wurde. Eine Lehre, eine Philosophie hatte Buddha ursprünglich im Sinn gehabt, keine gottesfürchtige Religion. Aber das enge Nebeneinander aus Hinduismus und Buddhismus, aus Aberglauben und uralten Naturriten ließ aus dem auf Mitleid und Weisheit gegründeten Gedankengebäude des Gautama Buddha dann doch eine Religion werden. In ihrem Mittelpunkt steht heute ein legendärer, ein vergötterter Buddha.

Sri Lanka versteht sich als Hort der reinen, der ursprünglichen Lehre. Es ist dies die Richtung des *Therawada-Buddhismus,* auch *Hinayana* genannt, Kleines Fahrzeug. Sie ist auch in Birma und in Thailand vertreten, früher war sie es auch in Laos und in Kambodscha. Das Große Fahrzeug dagegen, der *Mahayana-Buddhismus,* beherrscht weite Teile des Fernen Ostens (Japan, China, Korea). Im (gedanklich gesehen) geräumigeren Fahrzeug haben Heilige ihren Platz, sogenannte *Boddhisattwas.* Sie sind allen Menschen behilflich, die letzte Stufe zur Überwindung aller Leiden zu erreichen. Im Therawada dagegen ist die endgültige Erkenntnis den Mitgliedern

Für die alljährliche Colombo-Perahera im Februar werden die Elefanten prächtig geschmückt

des *Sangha* vorbehalten, den Angehörigen der safrangelb gekleideten Ordensgemeinschaft, die den Alltag und das Straßenbild des singhalesischen Sri Lankas prägt. Im Mahawamsa ist oft vom legendären Buddha die Rede; allein an sechzehn Orten Sri Lankas wird heute noch der Spuren angeblicher Buddha-Besuche auf der Insel gedacht. Historisch ist zwar bewiesen, daß Gautama Siddharta nie wirklich auf Lanka war, aber die Insulaner wissen es besser.

Hat nicht einer der frühen Singhalesenkönige dem Erleuchteten gar einen goldenen Thron bauen lassen? In Kelaniya, knapp zehn Kilometer nordöstlich des Stadtzentrums von Colombo, soll dieser phantastische Sitz stehen, verborgen unter einer weißen Kuppel. Dieses Heiligtum ist alljährlich zum Januar-Vollmond Schauplatz eines der größten religiösen Umzüge *(Peraheras)* auf der Insel.

Die große Perahera von Kandy ist zwar berühmter und noch farbenprächtiger, aber sie findet stets im Hochsommer, zum Vollmond *(Poja)* im August-Monat *(Esala),* statt. Das ist keine besonders empfehlenswerte Reisesaison: An der Südwestküste ist dann Monsunzeit, und die Ostküste, die im Sommer trocken ist, kann derzeit aus politischen Gründen kaum bereist werden. Ohnehin ist die Kandy-Perahera, eben weil sie so berühmt ist, auch schon etwas »vermarkteter«

als die ebenso aufregende und faszinierende Duruthu-Perahera von Kelaniya.

Seit Februar 1979 gibt es auch in Colombo alljährlich eine Perahera, inspiriert vom damaligen Premierminister Premadasa (inzwischen ist er Staatsoberhaupt). Zum 2. Vollmond des Jahres *(Navam),* also etwa Mitte Februar, ziehen 160 Elefanten und etwa dreitausend Tänzer, Gaukler und buddhistische Würdenträger durch die Innenstadt, rund um den südlichen Teil des Beira-Sees.

Ob Vollmond oder nicht, ob Perahera oder nicht – ein Abstecher zur Stupa von Kelaniya sollte auf jeden Fall eingeplant werden. Das Tor, durch das man diese Tempelanlage betritt, stammt aus der Zeit der holländischen Kolonialherrschaft. Die Portugiesen hatten zuvor große Teile des Heiligtums zerstört. Norddeutschen Besuchern wird dieses Tor vielleicht bekannt vorkommen. John Hagenbeck hat es um die Jahrhundertwende kopiert; diese Kopie steht heute noch vor Hagenbecks Tierpark in Hamburg-Stellingen. John Hagenbeck, ein Stiefbruder des Zoobegründers, hat »Fünfundzwanzig Jahre auf Ceylon« gelebt; so heißt auch der Titel seiner Erinnerungen, eine interessante Schilderung kolonialen Alltags Ende des letzten und Anfang dieses Jahrhunderts. Das Buch wird noch oft in Antiquariaten angeboten, weil es in den zwanziger Jahren in vielen Auflagen erschienen ist. Kelaniya also: ein Denkmal buddhistischer Traditionspflege, ein Ort aber auch alltäglicher Andacht und inbrünstiger Glaubensvertiefung – ein Platz, wo Gegenwart und Geschichte auf den Besucher wirken, sich ihm als eine Einheit präsentieren, wie es an vielen heiligen Stätten dieser Insel wohl geschieht. Nehmen wir nur die zahlreichen plastischen Wandmalereien im Statuenhaus von Kelaniya. Da fällt jene Szene auf, in der Buddha, begleitet von 500 Mönchen, einen König auf Lanka besucht, einen legendären Herrscher der singhalesischen Frühzeit. Und es fällt ein weiteres Wandgemälde auf, das jenen Vijaya darstellt, von dem hier schon die Rede war. Es zeigt ihn beim Betreten Lankas, zusammen mit seinen Begleitern, die ihm aus Nordindien auf diese Insel gefolgt waren.

Dieser Exkurs in die Glaubenswelt der Buddhisten, in den religiösen Alltag und hin zu einem von unzähligen Heiligtümern hat, so meinen wir, seine Berechtigung. Seit Vijaya ist Geschichte auf Lanka eben auch Religionsgeschichte. Noch spektakulärer, noch deutlicher als in Kelaniya läßt sich das in den Königsstädten des Nordens nachvollziehen. in Anuradhapura und in Polonnaruwa, aber auch in Mihintale, in Dambulla, in Aukana und natürlich in Kandy, jener letzten singhalesischen Königsstadt, die die am meisten verehrte Reliquie aller Buddhisten beherbergt, einen Zahn des Erleuchteten.

Vom letzten König der Insel noch einmal zurück zum allerersten: Vijaya. Er heiratete zunächst eine Prinzessin aus der Urbevölkerung, später, in zweiter Ehe, eine Königstochter aus Südindien – eine erste von vielen folgenden Vermischungen zwischen den indoarischen Einwanderern aus Nordindien mit den drawidischen Völkern des südlichen Subkontinents. Das alles geschah – immer noch der Legende und nicht belegter Geschichte zufolge – um 480 vor unserer Zeitrechnung. Vijaya gründete eine Niederlassung, aus der später Anuradhapura hervorging, Hauptstadt durch viele Jahrhunderte hindurch, Sitz bedeutender Herrscher und Namensgeber einer Epoche.

Die Anuradhapura-Periode dauerte von etwa 250 vor unserer bis 1017 nach unserer Zeitrechnung. Der Beginn dieser Periode fällt zusammen mit dem Anfang buddhistischer Glaubensverbreitung auf Sri Lanka. König Devanampiya Tissa (247 bis 207) wurde von einem Mönch namens Mahinda bekehrt. Der war vermutlich ein Sohn des indischen Kaisers Ashoka, der in den Geschichtsbüchern Indiens auch als Dharmasoka geführt wird. Ashokas Herrschaft dauerte drei Jahrzehnte lang, und sie gehörte zu den glanzvollsten Perioden der indischen Geschichte.

Nach mehreren Eroberungsfeldzügen schwor er der Gewalt und allen weiteren Expansionskriegen ab und wandte sich dem Buddhismus zu, der sanftesten und gewaltfreiesten unter allen großen Glaubensrichtungen.

Ashoka, der Götterliebling (so die Namensbedeutung), war der Enkel Chandraguptas, eines Zeitgenossen Alexanders des Großen. Der sanft gewordene Ashoka schickte Botschafter in die vorderasiatischen und afrikanischen Länder des griechischen Einflußbereiches. Mahinda, sein Sohn (oder auch Bruder – das ist nicht ganz geklärt), brachte schließlich dem König von Anuradhapura, dem fünften oder sechsten nach Vijaya, Buddhas Botschaft. Und Devanampiya Tissa ließ sich überzeugen. Er traf in Mihintale mit Mahinda zusammen, wo dessen »Bett« im Fels heute noch Ziel zahlreicher Pilger und Besucher ist.

Mihintale, die Höhe des Mahinda heißt das, ist also die eigentliche Geburtsstätte des Buddhismus auf Sri Lanka. Dort, wo schon bald ein Kloster mit drei Dagobas entstand, liegt heute noch eines der wichtigsten Pilgerziele der Buddhisten, zu erreichen über 1843 flache Stufen. Bis zum Ausbruch der Unruhen Mitte 1985 wurde man beim Aufstieg zumeist von einer Schar fröhlicher, hilfsbereiter (und zuweilen auch etwas nervender) Kinder begleitet.

Anuradhapura aber, nur fünfzehn Kilometer weiter westlich, wurde zum Zentrum buddhistischer Religion und singhalesischer Kultur, was bis heute von der Mehrheits-Volksgruppe als Einheit angesehen wird. Ein Nationalbewußtsein entstand, das sich auch nicht erschüttern ließ im Laufe der Jahrhunderte, in denen es immer wieder zu Hochzeiten zwischen singhalesischen und tamilischen Königshäusern kam.

Aber nicht von Anuradhapura, sondern von Rohana (heute: Ruhunu) im tiefen Süden der Insel ging jene Einigung aus, die dem Königreich seine glanzvollste Periode bescherte. Dort, in einem kleinen Reich, herrschte Dutthagamini, der heute als einer der Nationalhelden der Singhalesen verehrt wird. Er schaffte es, einen tamilischen König namens Elara zu besiegen, der in Anuradhapura den Thron erobert hatte.

Fünfhundert Jahre dauerte die erste Periode buddhistisch-singhalesischer Herrschaft

Dutthagamini war der erste König, der fast alle Teile der Insel unter seiner buddhistisch-singhalesischen Herrschaft vereinigen konnte. Er war es auch, der zur berühmten Ruvanveliseya-Dagoba den

Die Ruvanveliseya-Dagoba, auch Große Thupa genannt, ist die wichtigste Dagoba in Anuradhapura

Grundstein legte. Sie wurde allerdings erst nach seinem Tode (137 vor unserer Zeitrechnung) fertig. Bis auf den heutigen Tag ist sie eines der schönsten Bauwerke des Buddhismus. Weiß leuchten die Kuppel und über dieser ein acht Meter hoher vergoldeter »Schirm« aus dem flaschengrünen Urwald. Und die Pagode ist keineswegs ein Museumsstück: Alle buddhistischen Stätten sind von ihrem Ursprung bis in alle Zeiten »lebendige« Andachtsorte, Tempel, Klöster oder heilige Plätze.

Etwa fünfhundert Jahre lang dauert die fruchtbarste und zugleich verhältnismäßig friedliche erste Periode buddhistisch-singhalesischer Herrscher. In dieser ersten Hälfte des ersten Jahrtausends nach unserer Zeitrechnung entsteht auch jene ingeniöse Leistung, die immer noch die ungeteilte Bewunderung bei Technikern und Landwirtschaftsexperten aus aller Welt findet: die Bewässerung weiter Teile des Inselinnern. Dadurch erst wird Landwirtschaft in großem Stil möglich. Das neue Bewässerungssystem sichert wirtschaftlichen Wohlstand und ist erst die Grundlage für kulturelle und städtebauliche Höchstleistungen, die schon bald die Reisenden aus aller Welt staunen lassen. So schreibt ein berühmt gewordener Pilger jener Zeit, der chinesische Weltreisende Fa Hsien, anerkennend, daß in diesem Wunderland der Boden bestellt werden könne, wann immer die Menschen es für notwendig erachteten. Er besichtigt die großen Stauseen, die heute noch ein wichtiger Bestandteil des gesamten Bewässerungssystems im Innern der Insel sind.

Einige der Tanks, wie die Stauseen (auf singhalesisch *wewas*) heute auch in der ceylonesischen Umgangssprache heißen (nach einer englischen Bezeichnung, die wiederum aus dem Portugiesischen stammt, tanque = kleiner See), waren jahrhundertelang vergessen, verschlammt, vom Urwald überwuchert. Heute versucht man, die genialen Ideen der frühen Könige für den Wohlstand der kleinen Bauern in der Inselmitte nutzbar zu machen.

Denn trotz aller Vegetationsüppigkeit, die auf den ersten Blick zu herrschen scheint: Ceylon ist ein bitterarmes Land, eines der zwanzig ärmsten der Welt; ein Teil der Bevölkerung hungert oder kann sich nur einseitig und unzureichend ernähren. Schuld daran ist neben jahrhundertelanger Ausbeutung während der Kolonialzeit, neben Korruption und Mißwirtschaft in den Jahrzehnten nach der Unabhängigkeit auch die Tatsache, daß die Stauseen der singhalesischen Antike allzulange in Vergessenheit geraten waren.

Damals gab es allein im trockenen Norden und im Zentrum der Insel etwa 30 000 solcher kunstvoll angelegten Reservoirs. Von denen funktionieren zwar noch über siebentausend, aber wenn noch mehr

Geniale Bewässerungsanlagen aus der singhalesischen Antike: Erst durch die Stauseen wurde das Inselinnere fruchtbar gemacht

der alten Tanks wieder in Betrieb genommen werden können, würde das der Landbevölkerung ganz entscheidend helfen. Inzwischen gibt es einheimische Gruppen, die die historischen Wewas instand setzen wollen. Bei der Finanzierung dieser kleineren überschaubaren Vorhaben macht sich Sri Lanka nicht schuldenabhängig bei der Weltbank oder westlichen Ländern, die ohnehin mit ihrer Entwicklungshilfe noch immer viel zu oft auch eigene Wirtschaftsinteressen verfolgen.

So ist zum Beispiel das gigantische Mahaweli-Projekt aus wirtschaftlicher wie aus ökologischer Sicht höchst umstritten. An diesem Jahrhundertbauwerk, das den größten ceylonesischen Fluß stauen soll, ist die Bundesrepublik Deutschland allein mit 400 Millionen Mark beteiligt. Damit wird der Randenigala-Damm finanziert. Wenn dieses ehrgeizige Projekt fertiggestellt sein wird – noch weiß niemand, wann das sein kann, denn durch die Aktivitäten tamilischer Terroristen ist auch dieses Vorhaben beeinträchtigt –, werden weite Teile des Inselinnern ein anderes Aussehen haben. Die ökologische Balance, so fürchten renommierte Kritiker, könnte gefährdet werden, weil – nur eines von vielen ernst zu nehmenden Argumenten – die Oberflächenverdunstung viel zu groß sein wird. Das gesamte Mahaweli-Projekt ist mit über acht Milliarden Mark veranschlagt; die Kritik an seinem letztendlichen Nutzen wächst inzwischen auch in Sri Lanka.

Die letzten Jahrhunderte der Anuradhapura-Periode waren kein goldenes Zeitalter mehr. Es endete 432, mit dem letzten der sogenannten Lambakanna-Könige. Danach verwüsteten immer wieder tamilische Heere die Großstadt im Dschungel. Singhalesische Kleinreiche im Süden vergrößerten überdies die Risse im Gebälk des buddhistisch-singhalesischen Königreichs von Anuradhapura. Kurz vor der ersten Jahrtausendwende war das Schicksal der Stadt dann für alle Zeiten besiegelt. Tamilische Eindringlinge nahmen den singhalesischen König gefangen; Anuradhapura verfiel. Erst 1884 wurde damit begonnen, dieses Symbol einstiger Größe wieder auszugraben.

Durch die Jahrtausende ist dort übrigens ein Feigenbaum lebendig geblieben, der heute zu den höchstverehrten Stätten des Weltbuddhismus gehört. Dieser Bodhi-Baum (ficus religiosa), gelangte vor 2200 Jahren als Ableger jenes Bodhi-Baumes nach Ceylon, unter dem Buddha einst in Bodh Gaya (Nordindien) seine Erleuchtung hatte. Und nicht nur strenggläubige Singhalesen sagen gern, daß der Buddhismus (und damit auch der singhalesische Nationalismus) die Insel beherrschen werde, solange dieser Baum Blätter trägt. Kein Wunder, daß er bewacht, gehegt und gepflegt wird wie wohl kein zweiter Baum auf dieser Erde. Die Tamilen werden dieser Pflanze mit Sicherheit nichts antun. Denn auch den Hindus gilt der Bodhi-Baum allenthalben als heilig, wurde doch Vishnu, der Weltenerhalter, unter einer solche Feige geboren.

Die Polonnaruwa-Epoche

Nach dem Verfall Anuradhapuras herrschten Tamilen eine Zeitlang von Pulatthinagara aus. Das war der Ort, der wenig später Polonnaruwa hieß, nachdem die Usurpatoren wieder einmal in die Flucht geschlagen worden waren und singhalesische Herrscher auf dem Thron saßen. Ihr bedeutendster war wohl Parakrama Bahu I., der zwischen 1153 und 1186 regierte. In seiner Zeit entstanden neben vielen anderen Kunstwerken die schönsten Statuen des Buddhismus auf Sri Lanka – die aus einem Fels gehauenen vier Buddha-Statuen von Gal Vihara. Hier vereinigen sich bildhauerische Kunst und tiefe Frömmigkeit. Wer je aus angemessener Distanz erlebt hat, wie zum Beispiel vor der über vierzehn Meter langen Großplastik des Nirwana-Buddha die Gläubigen ihre Frangipaniblüten oder einige Früchte legen und sich im Gebet verneigen, wird verstehen, wie kraftvoll hier uralte Kultur den heutigen Alltag mitbestimmt. Nur etwas länger als zweihundert Jahre, bis 1235, dauerte die Polonnaruwa-Epoche. Dann folgte eine Ära von Streitereien zwischen den Kleinreichen auf der Insel. Immer wieder nutzten die Tamilen die Zerrissenheit ihrer singhalesischen Nachbarn. Schließlich setzten sie sich im Norden fest, wo sie das Königreich Jaffna gründeten. Die Periode bis zur Landung der ersten Europäer, der Portugiesen, im Jahre 1505, ist als Zeit der Zersplitterung in die Inselgeschichte eingegangen.

Die Portugiesen landen auf Ceylon

Drei Reiche gab es auf der Insel, als Laurenco de Almeida, Sohn des portugiesischen Vizekönigs von Indien (mit Sitz in Goa), durch einen Sturm mit seinem Schiff an der Südwestküste Ceylons landete: das Hindu-Königreich von Jaffna, das Königreich Kotte und das Königreich Kanda. Sie waren untereinander so verfeindet, daß die Insel den Europäern schon bald wie eine reife Mangofrucht in den Schoß fiel. Die Eindringlinge, auf der Suche nach den sagenhaften Schätzen des Ostens, brauchten nur nach der Devise des Teilens und Herrschens zu verfahren. Aber Laurenco de Almeida war, sieben Jahre nach der Entdeckung des Seewegs nach Indien durch Vasco da Gama, noch nicht als Eroberer gekommen. Erst zwölf Jahre nach ihm kamen seine Landsleute wieder, gründeten das erste Fort von Colombo, spielten die einheimischen Herrscher gegeneinander aus und unterwarfen schließlich die Königreiche Kotte (1597) und Jaffna (1618). Mit den Landsknechten und Händlern kamen die Missionare. Sie waren erfolgreich. Der Katholizismus ist in einigen Gegenden Ceylons fast das einzige, was heute noch an die Zeit der Portugiesen erinnert – und die zahlreichen portugiesischen Namen, die viele singhalesische Familien tragen. Fernandos und de Silvas, Pereras und de Soyas trifft man allerorten und besonders häufig in den großen Städten. Sie sind allerdings größtenteils keine Christen mehr, sondern schon seit Jahrhunderten wieder Buddhisten.

Ceylon wird Kolonie

Nur das große Königreich Kandy im bergigen und damals fast unzugänglichen Inselinnern widerstand den Portugiesen. Es verbündete sich, Mitte des 17. Jahrhunderts, mit den Holländern. Denen gelang es verhältnismäßig leicht, die Portugiesen von der Insel zu verdrängen. Das lusitanische Weltreich war nämlich ins Wanken geraten, nachdem in Europa und bald darauf in Asien die Streitereien zwischen Portugal und Spanien ausgebrochen waren. Die ersten Niederländer waren »Pfeffersäcke«, Kaufleute der »Vereenigde Oost-Indische Compagnie«, kaum an Politik, aber sehr an Gewürzen interessiert. Zwar kam es immer wieder zu Kämpfen mit Kandy, aber jahrzehntelang konzentrierten sich die Holländer vor allem darauf, die Insel so auszubauen, daß sie ihren Handelsinteressen noch besser dienen konnte.

An diese Periode erinnert heute noch viel. So ist der Kanal von Negombo als Überbleibsel eines weitverzweigten Netzes von Wasserstraßen (so etwas zu »importieren« fiel den Holländern natürlich nicht schwer) im Südwesten zu besichtigen. Dieses tropische Idyll ist zugleich ein beredtes Zeugnis europäischer Kolonialgeschichte auf Sri Lanka.

Aber auch Festungsanlagen aus niederländischer Zeit sind vor allem in Galle gut erhalten. Das alte Fort in Jaffna hat in den letzten Jahren stark unter den Kämpfen zwischen Regierungstruppen und den »Tamil Tigers« gelitten. Als die Holländer erstmals Zimt im großen Stil anbauten, 1769, war dies der Beginn der Plantagenwirtschaft auf der In-

Relikte aus der Kolonialzeit: britische Briefkästen

sel. Sie wurde dann im nächsten Jahrhundert in noch viel größerem Umfang von den Briten ausgebaut.

Die Engländer mischten sich 1795 zum ersten Mal auf Ceylon ein. Sie hatten mit Sorge beobachtet, daß die Franzosen im wahrsten und im übertragenen Sinne am Ausgang des 18. Jahrhunderts in Ceylon vor der Tür standen. Die hatten sich nämlich gleich gegenüber, in Pondicherry in Südindien, und in anderen Teilen des Subkontinents festgesetzt und warteten nur darauf, daß ihnen die Juwelen- und Gewürzinsel in die Hände fiel. Denn die Holländer waren am Ende. Ihre Compagnie war heruntergekommen, weil die Angestellten immer mehr dazu übergegangen waren, in die eigene Tasche zu wirtschaften. Mit dem ökonomischen sank natürlich auch der militärische Einfluß, denn wenn die Geschäfte nicht gut gehen, können auch Söldner und Waffen nicht mehr bezahlt werden.

Hinzu kamen, wie schon beim Machtwechsel von den Portugiesen zu den Holländern, die Verhältnisse in Europa. Nach der Französischen Revolution herrschte in den Niederlanden eine frankophile Regierung. Das erleichterte den Engländern den Einfall auf der fernen Tropeninsel. Sie eroberten sie von der Ostküste aus. Zuerst fielen Trincomalee und Batticaloa, später Jaffna und Negombo und im Februar 1796 schließlich auch Colombo. Mit Verrat endete schließlich die Ära der Holländer, die ohnehin über einen langen Zeitraum von Korruption und Intrigen gekennzeichnet war. Die Berichte der Historiker lesen sich jedenfalls wie Auszüge aus einem modernen Polit-Thriller. Da ließen die Pfeffersäcke aus den Niederlanden ihren eigenen Gouverneur hinrichten, obwohl ihre Macht gerade besonders gefährdet war. Und da verbündete sich heimlich ein anderer Gouverneur mit den Engländern, die Colombo belagerten, mit eben jenen Briten, mit denen Holland auch in Europa und erst recht im Kampf um die einträglichen asiatischen Kolonien im Krieg stand.

Wie bei den Holländern, von deren Herrschaftsepoche das Dutch Period Museum an der Prince Street in Colombo in sehenswerten Dokumenten und Exponaten erzählt, waren auch bei den Briten die Kaufleute vor den politischen Eroberern da. Erst 1802 löste die englische Regierung die East Indian Company ab: Ceylon war nun britische Kolonie, ein Juwel in der Krone des Empires. Am Anfang ihrer Herrschaft, die erst 1948 enden sollte, gab es allerdings reichlich Ärger mit dem König von Kandy. Noch immer hatte sich dessen Reich in den Bergen gehalten. Erst 1815 fiel der letzte singhalesische König, ein grausamer Despot, Sri Vikrama Raja Singha war sein Name und Titel, in die Hände der Engländer, die ihn nach Südindien deportierten. Zum ersten Mal seit Vijaya hatte die Insel keinen König mehr.

Die einfachste und interessanteste Art, die Insel und ihre Bewohner kennenzulernen, ist eine Fahrt mit der Eisenbahn

Bereits zu Beginn der britischen Herrschaft leisteten die Singhalesen
Widerstand. Die Eindringlinge zerschlugen zunächst den einheimischen Adel, bevor sie darangingen, die Insel wirtschaftlich in ihrem
Sinne zu erschließen. Das taten sie dann freilich konsequent, wie jeder Besucher überall auf Sri Lanka sehen kann: Sie bauten Straßen
und Eisenbahnen, Schulen und Kirchen, Handelshäuser und Hotels,
sie erweiterten die Gewürzgärten zu riesigen Monokulturen für Kaffee und später für Tee. Sie legten Kokos- und Kautschukplantagen
an und drückten der Insel kulturell, architektonisch und wirtschaftlich
ihren Stempel auf wie keine der vorangegangenen europäischen
Mächte.
Ceylon wurde eine der reichsten und beliebtesten Kolonien des Impe-
riums, aber die Einheimischen hatten wenig davon. Bei aller Verklä-
rung der kolonialen Atmosphäre im tropischen Südasien, angeregt
vor allem durch die Poeten des Fernen Ostens, durch Rudyard Kip-
ling, William Somerset Maugham und andere, gerät leicht in Vergessenheit, auf wessen Kosten die Briten ihr glanzvolles Reich östlich
von Suez aufbauten.
Als ihre Uhr nach dem Zweiten Weltkrieg abgelaufen war, hinterließen sie den Insulanern ein zwiespältiges Erbe. Da war einerseits die

hervorragende Infrastruktur, die natürlich auch das unabhängige Ceylon gut gebrauchen konnte. Da waren andererseits aber die Probleme zwischen Singhalesen und Tamilen, die die Briten nach dem Prinzip des »divide et impera« skrupellos für sich ausgenutzt hatten: Sie beschäftigten in der Administration und in anderen Kontorbereichen gern und fast ausschließlich Tamilen. Diese schienen ihnen fleißiger und wendiger zu sein als die buddhistischen Singhalesen.

Aber die Engländer hinterließen der Insel auch eine demokratische Organisation und, wichtiger noch, ein demokratisches Bewußtsein und ein gutes Bildungssystem: Wahlrecht seit den zwanziger Jahren, Schulen und Universitäten, die niedrigste Analphabetenrate fast aller asiatischen Länder. Die Übergabe der Macht am 4. Februar 1948 verlief, im Gegensatz zum benachbarten Indien, reibungslos und unblutig.

Unabhängig, nationalistisch, buddhistisch

Die ersten Jahre der Unabhängigkeit gaben zu großen Hoffnungen Anlaß: allgemeines Wahlrecht seit 1931, pluralistische Demokratie seit 1948, weniger als 15 Prozent Analphabeten (zum Vergleich: In Indien liegt die Zahl bei 60 Prozent). Gummi und Tee, Ceylons wichtigste Wirtschaftsgüter verkauften sich hervorragend in aller Welt. Die Insel konnte endlich eine Sozialpolitik finanzieren, auf die die Menschen seit langem warteten. Aber als erstmals Lebensmittelzuschüsse gekürzt wurden, kam es zu Aufständen. Und in ihrer Folge brachen die alten Nationalitätsstreitereien wieder auf. 1956 gelangte Solomon Bandaranaike mit einem chauvinistischen Wahlprogramm an die Macht. Er machte Singhalesisch zur einzigen Staatssprache, warf die letzten verbliebenen Tamilen aus öffentlichen Ämtern und versprach seinen Anhängern eine singhalesisch-buddhistische Nation. Als er später doch einige Zugeständnisse an die anderen Volksgruppen machen mußte, beispielsweise im Sprachenstreit, wurde er von einem buddhistischen Mönch ermordet

Nach einem kurzen Intermezzo der eher konservativen und westlich orientierten Nationalpartei nahm die Witwe des Ermordeten, Sirimavo Bandaranaike, das Zepter in die Hand. Fast zwanzig Jahre lang bestimmte sie als Ministerpräsidentin die Geschicke des Landes. Sie führte eine reglementierte Staatswirtschaft ein, aber ihr sozialistisches Programm war zugleich ein buddhistisches. Darüber hinaus wurden die Leute nicht satt.

Im Jahre 1977 hatte Frau Bandaranaike abgewirtschaftet. Gleichwohl bleibt sie eine der beiden großen politischen Persönlichkeiten, die das Land seit der Unabhängigkeit geprägt haben. Die andere war Junius Jayewardene. Er gab der Insel, die seit 1972 offiziell Sri Lanka heißt, im Jahre 1978 eine Präsidialverfassung nach amerikanischem und französischem Vorbild. Dieser Präsident regierte das Land prowestlich und zu Beginn seiner Herrschaft im Klima einer investitionsfreundlichen Wirtschaftspolitik. Seine Rechnung schien zunächst aufzugehen: Sri Lanka war auf dem Wege zu einem regelrechten Wirtschaftsboom – bis zum Sommer 1983. Bis dahin floß reichlich ausländisches Kapital ins Land, eine Freihandelszone lockte mit unternehmergünstigen Konditionen, der Tourismus blühte, wurde sogar zum gesellschaftlichen Problem. Aber während noch über neue wirtschaftliche Abhängigkeiten diskutiert wurde, während nicht nur Intellektuelle den Ausverkauf der Kultur, den Verlust der Würde als Folge des massierten Fremdenverkehrs beklagten, brach der Rassen-Bürgerkrieg im Juli 1983 mit ungestümer Wut aus.

Die Folgen waren katastrophal: Hunderttausend Arbeitsplätze wurden vernichtet, die Investitionsbereitschaft ausländischer Firmen sank rapide, der Tourismus, bis 1983 ein wichtiger Devisenbringer, ging stark zurück, das Vertrauen in die Regierung im In- und Ausland war erschüttert.

Wer durch die Pettah, das Basarviertel von Colombo, geht, wer im Hochland unterwegs ist, sieht noch zum Teil die Lücken in den Häuserreihen. Dort standen früher Läden und Wohnungen der Tamilen. Viele der einst erfolgreichen Ceylon-Hindus sind ins Ausland gegangen, andere, die ärmeren, fristen seit Jahren ein erbärmliches Dasein in Lagern, und eine bedeutende Minderheit unter den Tamilen hat sich radikalisiert, ist zu den »boys« gegangen. So nennen sie im Norden die Tigers, die marxistisch orientierten Terroristen, die sich selbst als Unabhängigkeitskämpfer verstehen. Immer wieder machen sie mit Überfällen auf Polizeistationen, Postämter und andere staatliche Einrichtungen von sich reden. Und jedesmal hat das blutige Gegenschläge der singhalesischen Regierungstruppen zur Folge.

Als im Frühjahr 1986 auch die bis dahin letzte Hoffnung – Vermittlungsversuche des damaligen indischen Regierungschefs Rajiv Gandhi – kaum noch Aussicht auf Erfolg hatte, eskalierten die Unruhen aufs neue. Eine Teilung der Insel in einen singhalesischen Südwest-

Ein Fest der Farben in der Pettah, dem Basarviertel von Colombo

staat und einen tamilischen Nordostteil schien möglich. Diese Haupt-
forderung der sogenannten »Befreiungskämpfer« – ein eigenes »Tamil Eelam« (dem realistische neutrale Beobachter jegliche Lebensfä-
higkeit absprechen), ist der singhalesischen Mehrheit jedoch nach
wie vor unvorstellbar. Nicht wenige Löwensöhne, auch in der Regierung, sind zwar inzwischen – angesichts der katastrophalen Wirt-
schaftslage – zu einigen Zugeständnissen an die verhaßte Minderheit bereit, ja sogar zu einer Art Autonomie. Aber ein eigenes Tamilen-
reich würde die tiefsitzende Furcht fast aller Singhalesen vor dem indischen Riesenreich auf der anderen Seite der Palkstraße ins Irratio-
nale steigern. Denn dort, nur durch wenige Kilometer Wasser von der
Insel Lanka getrennt, wohnen mehr als fünfzig Millionen Glaubens-
und Rassenbrüder jener Tamilen, die ihnen hier, auf »ihrer« Insel,
das Leben so schwer machen. Von dort, wo viele Jahre der indische
Bundesstaat Tamil Nadu zahlreiche Waffen- und Ausbildungslager
der Terroristen beherbergt hatte, waren ja in der langen ceylonesischen Geschichte immer wieder die Invasionen der Drawiden ausge-
gangen. »Tamil Eelam«, eine Teilung nach schlechtem Zypern-Bei-
spiel, das ist ein singhalesisches Trauma.

Sri Lanka heute: Warten auf den Frieden

Präsident Jayewardene blieb mit Wahlrechtsfinessen und ausgestattet mit weitreichenden Vollmachten bis Ende 1988 an der Macht.
Sein Nachfolger als Präsident wurde Ranasinghe Premadasa, bis dahin Premierminister (Regierungschef). Seither versucht sich dieses
erste Staatsoberhaupt aus der Unterschicht – Premadasa stammt
aus der Wäscherkaste – mit Anbiederung an den buddhistischen
Klerus und mit populistischen Tönen durch diverse Krisen zu lavie-
ren.
Im April 1990 verließen Indiens Friedenstruppen Sri Lanka. Zweieinhalb Jahre war dieses Expeditionskorps im Norden stationiert – und
hatte weder den Aufstand der Tamilen noch überhaupt die Lage auf
der zerrissenen Insel stabilisieren können. Gedemütigt und mit hohen Verlusten kehrten die Inder auf ihren Subkontinent zurück. Bereits ein halbes Jahr nach dem Abzug der Inder tobte der Bürgerkrieg
im Norden und Osten mit größerer Grausamkeit als je zuvor. – Im November 1989 wird Rohana Wijeweera erschossen, Kopf der marxi-
stisch-faschistischen »Volksbefreiungsfront« (JVP). Diese Politsekte
hatte schon einmal, 1971, einen Studentenaufstand gesteuert. Zu einer ernsthaften Bedrohung für den Staat aber wurden Wijeweera

In den Höhlen von Dambulla gibt es mehr buddhistische Kunst zu sehen als in irgendeinem anderen Tempel Sri Lankas

und seine Genossen in den achtziger Jahren. Der JVP-Terror (und der ebenso grausame Gegenterror von Staat, Armee und Polizei) forderten allein von 1987 bis 1989 über 4000 Todesopfer – und zwar im bis dahin relativ ruhigen Süden. Jayewardene und bald darauf Premadasa hatten eine zweite Front im Lande Sie gewannen den Kampf gegen die JVP, aber sie verloren dabei an demokratischem Gesicht: Wer in den Verdacht der JVP-Sympathie geriet, wurde – oft über Nacht – verschleppt, nicht selten gefoltert und getötet.

Kaum Einnahmen aus dem Tourismus, keine Investitionen, Stagnation in der Wirtschaft – bei ständig steigender Kosten für Militär und Waffen. Das war die Situation Ende der achtziger Jahre. Erst als die JVP ihren Führer verlor (sie will jetzt mit politischen Mitteln ihre Ziele ansteuern), beruhigte sich wenigstens im Süden die Lage wieder. Dort, also unter den Augen der Touristen, ist Militärpräsenz kaum wahrzunehmen. Anders dagegen im Norden, der ja schon im kulturellen Dreieck beginnt. Auf dem Wege etwa nach Anuradhapura oder Polonnaruwa, bei Sigiriya oder Mihintale, müssen Touristenbusse und Mietwagen – wie alle anderen Fahrzeuge – manchmal Slalom fahren an Straßensperren, die von der Armee aufgebaut wurden. In Anuradhapura werden Konvois aus Versorgungslastwagen zusammengestellt, die unter militärischem Schutz Lebensmittel und andere Güter in die Nordprovinz transportieren.

Erstaunlich, daß unter diesen Umständen die Ökonomie des Inselstaates in den letzten Jahren trotzdem einen Aufschwung erlebt. Die Liberalisierung der Wirtschaft – Transfererlaubnis von Gewinnen, günstiges Steuerklima für Investoren, Privatisierung zahlreicher Staatsbetriebe, Subventionsabbau (z. B. für Grundnahrungsmittel) und andere Maßnahmen – haben dazu geführt, daß sich die meisten Wirtschaftszweige seit 1989 über jährliche Wachstumsraten zwischen zehn und zwanzig Prozent freuen. Auch der Tourismus, wichtiger Devisenbringer, hat seither wieder – wie vor 1983 – um jährlich gut zehn Prozent zugenommen. Der Staat sorgt sich aber um die stark steigenden Inflationsraten (unter denen vor allem die ärmeren Schichten leiden); Weltbank und Internationaler Währungsfonds beklagen nach wie vor die horrenden Militärausgaben.

Das Warten auf den Frieden zwischen Singhalesen und Tamilen dauert also an. Ein Kompromiß ist nicht in Sicht.

Sri Lanka in Zahlen

Geographie:
Mit 65 610 qkm ist Sri Lanka etwas kleiner als der Freistaat Bayern oder die Republik Irland. Die tropische Insel liegt am Rande des Indischen Ozeans, zwischen dem Arabischen Meer und dem Golf von Bengalen, genau zwischen den nördlichen Breitengraden 5°55' und 9°51' und den Längengraden 79°43' und 81°53' östlich von Greenwich. Das Zentrum Sri Lankas liegt ziemlich exakt 850 Kilometer nördlich vom Äquator, die Südspitze ist nur rund 600 Kilometer vom Äquator entfernt. Ceylon, das vermutlich vor mehr als 600 Millionen Jahren Teil des indischen Subkontinents war, ist noch heute über ein sogenanntes Kontinentalschelf mit dem großen Nachbarland verbunden. An der Adamsbrücke, einer Kette aus Korallenriffen, liegen nur noch 35 Kilometer zwischen beiden Staaten.
Höchste Erhebung ist der Pidurutalagala (2524 Meter) in der Nähe von Nuwara Eliya, gefolgt von vier weiteren Zweitausendern. Am bekanntesten ist der von allen Bevölkerungsgruppen als Heiligtum verehrte Adam's Peak (Sri Pada), dessen Kegelspitze 2243 Meter aus dem noch immer weitgehend mit dichtem Urwald bedeckten zentralen Hochland ragt.

Bevölkerung:
Die Bevölkerung wächst nicht mehr ganz so rasch wie noch vor wenigen Jahren. Gegenwärtig wird die Zahl der Einwohner auf etwa 17 Millionen geschätzt (vor hundert Jahren waren es noch nicht einmal drei Millionen). Wie in den meisten Ländern der Dritten und Vierten Welt ist mehr als ein Drittel der Einwohner jünger als 15 Jahre. Nur 4 Prozent aller Srilanker sind älter als 65.

Frisch zubereiteter Fisch ist auf fast jeder Speisekarte zu finden

Größte städtische Agglomeration ist die Hauptstadt Colombo, die mit den Vororten Dehiwala und Mount Lavinia sowie Jayewardenepura (Kotte), dem Regierungssitz, inzwischen auf mindestens 1,6 Millionen Einwohner, also fast zehn Prozent der Gesamtbevölkerung, kommt.

Den Löwenanteil an der Bevölkerung haben die Singhalesen mit fast 75 Prozent. Ein knappes Fünftel aller Insulaner sind Tamilen. Die am schnellsten wachsende ethnische Gruppe ist die der Moslems. Sie machen schon fast acht Prozent der Gesamtbevölkerung aus. Die Moslems sprechen mehrheitlich die tamilische Sprache. Aus dem Streit zwischen Singhalesen und Tamilen versuchen sie sich herauszuhalten. Sie sind aber vor allem an der Ostküste, wo sie in einigen Regionen ein Drittel der Bevölkerung stellen, schon häufig Opfer von tamilischen Terrorüberfällen geworden. Mancherorts bauen die Moslems mit Geldern aus arabischen Ländern und aus Pakistan Schulen, Krankenhäuser und prächtige Moscheen.

Die restlichen Bevölkerungsgruppen spielen zahlenmäßig keine nennenswerte Rolle: Von den Weddas, den Ureinwohnern, deren Herkunft und rassische Zugehörigkeit umstritten ist, leben nur noch wenige Familien in den letzten Dschungelgebieten des Südostens; die Burgher, das sind hellhäutige Nachkommen von »Mischehen« aus portugiesischer und vor allem holländischer Zeit, haben längst den Einfluß verloren, den sie vor der Unabhängigkeit hatten; ferner gibt es kleine Gruppen von Malaien und anderen Ostasiaten sowie ein paar Tausend Europäer.

Verwaltung:

Noch wird die Insel zentralistisch von Colombo aus verwaltet. Sie ist in 22 Distrikte aufgeteilt. Politische Beobachter rechnen aber damit, daß schon bald eine Neugliederung der regionalen Verwaltung erfolgen wird, wobei dann in erster Linie die tamilischen Siedlungsgebiete im Norden und Osten der Insel stärkere Autonomie-Zugeständnisse erhalten würden.

Wirtschaft:

Wichtigste Wirtschaftsfaktoren sind landwirtschaftliche Produkte, in allererster Linie Tee, der nach wie vor die Haupteinnahmequelle darstellt. Auf diesem Sektor sprechen Wirtschaftsbeobachter sogar von einem Boom. 1991 wurde eine Rekordernte von mehr als 240 Millionen Kilogramm eingebracht. Beste Kunden für den Ceylon-Tee sind übrigens der Iran, Jordanien und Ägypten. Die besten Teesorten werden freilich in Europa abgesetzt. In Skandinavien, der Schweiz, Frankreich und Österreich ist Sri Lanka der führende Teelieferant; die Teehändler in Colombo und die Manager der ca. 3000 Teeplantagen im Hochland hoffen, daß ihr Produkt auch in Deutschland den Hauptkonkurrenten Indien schon bald auf den zweiten Platz verdrängen wird.

Die Ergebnisse bei den beiden nächstwichtigen Plantagenprodukten Kokos und Kautschuk sind äußerst starken Schwankungen ausgesetzt. Bei Kokoserzeugnissen kann sich schon eine Dürreperiode stark bemerkbar machen. In guten Jahren werden etwa 2,6 Milliarden Kokosnüsse geerntet. Generell gilt seit einigen Jahren: Die Industrie wächst wesentlich schneller als die Landwirtschaft.

Militär und Waffen verschlingen jährlich 20 Prozent des Staatsbudgets. Sri Lanka importiert viel mehr als es exportiert: Das Defizit in der Zahlungsbilanz wächst rapide, von 240 Millionen US-Dollar in 1990 auf (geschätzt) weit über eine halbe Milliarde Dollar in 1992.

Das Jahres-Pro-Kopf-Einkommen lag 1989 bei 420 US-Dollar.

Der gute Tip von MERIAN

Von Klaus Bötig und Bernd Schiller

Treffpunkte

Sundowner auf der schönsten Terrasse:
Tee und etwas mehr im Galle Face Hotel

Am besten gehen Sie an einem Samstagnachmittag gegen 17 Uhr
auf die offene Veranda des im Sommer 1992 vollständig renovierten
Galle Face Hotels und lassen sich als Sundowner einen Arrak-Cock-
tail oder einen anderen Longdrink servieren. Zuvor schon haben Kenner ihren Tee auf der wohl schönsten Hotelterrasse ganz Ceylons ein-
genommen. Dabei mögen sie die gediegene Atmosphäre des alten,
1864 erbauten Hotels genossen haben. Zu seinen Gästen zählte das
Hotel unter anderem Prinz Aga Khan, Duke Ellington, Gregory Peck
und Juri Gagarin. Inmitten einer recht lauten Umgebung liegt das
Haus tatsächlich in unglaublicher Stille, die nur vom Meeresrau-
schen und am Morgen von den Krähen in den Palmen unterbrochen
wird. Wenn Sie dann von Ihrem Platz aus den Sonnenuntergang mit-
erlebt haben, lassen Sie sich vielleicht einmal das Hotel zeigen: Viele
der achtzig Zimmer sind größer als durchschnittliche deutsche Zwei-
einhalb-Zimmer-Wohnungen, überall steht Personal dienstbeflissen
bereit. In der großen Lobby des Hauses flattern Vögel hin und her,
die auf Wunsch von Cyril Gardener, dem Generaldirektor, mit Wasser und Futter zum Nestbau ins Hotel gelockt werden.
Danach ist es an der Zeit, auf die große Rasenfläche Galle Face
Green hinauszugehen, die sich zwischen dem Hotel und dem Stadtviertel Fort am Meer entlang erstreckt. Kurz nach Sonnenuntergang
ist hier der Betrieb am größten. Fliegende Händler verkaufen über offener Flamme selbst fabrizierte Kartoffelchips und Nüsse aller Art,
Früchte und Spielzeug. Drachenverkäufer lassen noch immer ihre
Ware gen Himmel steigen, und wahrscheinlich werden Sie auch zwei
junge Leute ansprechen, von denen einer angeblich taubstumm, der
andere Lehrer an einer Taubstummenschule ist. Nach einer netten
Unterhaltung wird man Sie bitten, die Spendenliste für die Taubstummenschule zu zeichnen und reichlich zu spenden – ein Trick, der ein
recht ordentliches Leben ermöglicht. Das alles ist jedoch nur Beiwerk
zum farbenfrohen Erlebnis, das Hunderte von flanierenden Liebes-

Im altehrwürdigen Galle Face Hotel in Colombo wird der Tee noch
immer in Silberkännchen gereicht

paaren und buddhistischen Mönchen, Familien im Sonntagsstaat und herumtollende Kinder bieten.

Wenn Sie dann dem quirligen Treiben – und den vielen Fragen nach dem Woher und Wohin – wieder entfliehen wollen, könnten Sie ins Galle Face Hotel zurückgehen. Dort wird im prächtigen »Royal Room«, in dem seit 1864 unzählige glanzvolle Bälle und Festessen stattfanden, oder – stimmungsvoller – auf der Terrasse bei Kerzenschein täglich ab 19.30 Uhr zum ceylonesischen Essen gebeten. Das Hotel hat einen wunderschönen Garten und einen großen Swimmingpool.

2, Kollupitiya Road	Tee und englischer Kuchen 90 Rps.
Colombo-3	(jeweils plus 10 Prozent plus weite-
Tel. 01/54 10 10–16	ren 5 Prozent Steuern/Gebühren)
Fax 01/54 10 72	Hotel und Restaurant:
	1. Kategorie

Idyll für Individualtouristen:
Unawatuna

In den siebziger Jahren war Hikkaduwa, ein nicht besonders schöner Küstenort westlich von Galle, der Treffpunkt weniger gut betuchter Weltenbummler, die auf eigene Faust reisten und möglichst wenig Koffertouristen sehen wollten. Sie wurden »Hippies« genannt und genossen nur bei wenigen Einheimischen Ansehen. Inzwischen aber stehen dort, in »Hippieduwa«, zahlreiche Hotels, und entlang der Hauptstraße reiht sich ein Souvenirhändler an den anderen. Billig wohnen aber kann man hier noch immer, junge Leute aus aller Welt treffen sich hier; die Vorhut der »Travellers« hat jedoch schon vor Ausbruch der Unruhen einen neuen Stern entdeckt: Unawatuna.

Das kleine Dorf östlich von Galle hat Sri Lankas schönsten Strand. Viele der Kokospalmen, die das Ufer säumen, ragen mit ihren langen Wedeln über den feinen Sand bis hinaus auf die Brandung, ein paar wenige Häuser verstecken sich unauffällig im Kokoswald. Es gibt bisher nur zwei Hotels, die beide direkt am Strand unmittelbar nebeneinander stehen. Das größere *Unawatuna Beach Resort* befindet sich fest in den Händen eines deutschen Veranstalters, das *Rumassala Hotel* kann nur an Ort und Stelle gebucht werden. Alle anderen Gästezimmer werden ebenfalls ausschließlich an Individualurlauber vermietet.

Einfache Hütten, direkt am Strand, dienen als urige Bars und Restaurants. Wer will, kann es den Fischern gleichtun und in sogenannten Cabanas, Strohhütten, wohnen. Das Dorfzentrum ist so klein, daß

Am Strand von Unawatuna, im Süden Sri Lankas

man hier schon nach kurzer Zeit jeden Einheimischen und auch Fremden kennt; der Strand, sichelförmig und dem Traum eines Tropenidylls sehr nahe, ist zwar recht weitläufig, aber einsam ist er nicht mehr. Zu lange gilt Unawatuna schon als Treffpunkt, zu zahlreich kommen seit dem Wiederaufleben des Tourismus nach 1990 die Reisenden hierher.

Hotels:
Unawatuna Beach Resort
Tel. 09/2456 und 2065
35 Zi
3. Kategorie
Rumassala Hotel
Tel. 09/2910

Wassersport:
Während der Saison Angebote im Unawatuna Beach Resort: Tiefseeangeln (3 Std. 600 Rps.); Surfen 75 Rps./Std. oder 350 Rps./Tag; Tauchschule mit österreichischen Lehrern
Verkehrsverbindung: Unawatuna liegt 6 km östlich von Galle an der Küstenstraße. Alle Busse auf dem Weg von Galle nach Weligama halten hier.

Zu besichtigen

Vom Blütensaft zum Arrak:
Toddy-Gewinnung und -Verarbeitung an der Westküste

Überall in den Kokospalmenhainen zwischen Chilaw und Negombo
sowie zwischen Panadura und Ambalangoda entlang der Westküste
sehen Sie Gruppen von Palmen, die hoch oben mit jeweils zwei parallel übereinander verlaufenden Tauen verbunden sind. Diese Taue
halten keineswegs altersschwache Palmkronen aufrecht, wie man
vermuten könnte; sie sind vielmehr der Arbeitsplatz eines ganzen Be-
rufsstandes: der »Tappers« (Zapfer). Diese Leute könnte man geradezu als Seiltänzer bezeichnen, sie arbeiten für verschiedene
Auftraggeber und zapfen täglich aus den Blüten von rund hundert Kokospalmen einen Saft, der am gleichen Tag noch als »Toddy« – als
Palmwein – getrunken werden kann oder in einer Destillerie zu Arrak
gebrannt wird. Läßt man die Fermentierung des Palmweins ungehin-

Hoch oben in den Palmen zapft der »Toddy-Tapper« den Kokosblütensaft, aus
dem der legendäre Arrak gebrannt wird

dert fortschreiten, erhält man nach einigen Wochen Essig; unterbindet man den Fermentierungsprozeß schon im Sammelgefäß durch Zugabe eines Gemisches aus gelöschtem Kalk und der Rinde einer Varietät des ostindischen Kopalbaums, so erhält man einen süßen Sirup, aus dem ein dunkler Zucker, in Sri Lanka als »Jaggery« im Handel, gekocht werden kann.

Kokospalmen haben eine Lebensdauer von rund achtzig bis neunzig Jahren. Produktiv sind sie zwischen ihrem zwölften und sechzigsten Lebensjahr. Sechsmal im Jahr können sie Blüten tragen, pro Jahr insgesamt bis zu zwölf – aus denen wiederum zwölf neue Blätter entstehen. Bis zu acht dieser Blüten können jährlich angezapft werden, ohne den Baum ernstlich zu gefährden. Wichtig ist dabei, daß die Blüte sich nicht öffnet. Das macht der Tapper, indem er die Blütenscheide fest zusammenbindet und sie mit einem Schlegel stufenweise nach unten drückt, etwa drei Wochen lang. Dann werden fünf bis acht Zentimeter von der Blüte abgeschnitten und ein Tontopf daruntergehängt. Aus der Blüte läuft nun ein milchiger Saft, wobei der Fluß von Tag zu Tag bei richtiger Behandlung steigt. Des öfteren schneidet der Tapper dazu wiederum kleine Abschnitte der Blüte ab und reibt die Schnittstellen mit einem Gemisch aus zerstoßenen Blättern ein, das den Fluß stimuliert. Ein geschickter Tapper schafft es, dreißig und mehr Tage lang Saft aus einer einzigen Blüte fließen zu lassen.

In den Gegenden der Insel, wo gezapft wird, werden immer nur einige wenige Palmen eines Grundstücks ausgebeutet, weil die angezapften Blüten ja keine Blätter mehr hervorbringen. Fürs Zapfen braucht man eine Erlaubnis des Ministeriums, das auch die jeweiligen Zapfmengen zuteilt.

Etwa 300 Liter Palmsaft können aus einer einzigen Kokospalme innerhalb von acht Monaten gewonnen werden. Zwischen Dezember und April wird den Bäumen dann generell eine Ruhezeit gewährt. Der fermentierte Saft hat einen Alkoholgehalt von acht bis zehn Prozent. Nachdem die Tappers, die bereits bei Sonnenaufgang mit ihrer Hochseilarbeit beginnen, gegen acht oder neun Uhr morgens Feier»abend« gemacht haben, stehen überall in den Palmhainen der betreffenden Gebiete Fässer mit Palmwein am Wegesrand. In kleinen Schenken und Gasthäusern wird er frisch vom Faß verkauft. Sehr appetitlich sieht der weiße, von Pflanzenresten meist ein wenig verschmutzte Wein zwar nicht gerade aus; wer aber Mut faßt, ihn zu kosten, wird von seinem leicht säuerlichen und doch angenehmen Geschmack überrascht sein. In vielen Schenken werden dazu in einem scharf gewürzten Teig gebackene Krabben gereicht.

Der Wein wird auf Ochsenkarren zur nächsten Destillerie gefahren. Ganze Karawanen solcher Karren bewegen sich morgens über die Straßen der Palmwein-Regionen. In den Destillerien wird der Wein dann geprüft und gemessen, der Verkäufer erhält zwei Rupien pro Liter als Aufkaufpreis. Weil auf dem Schwarzmarkt bis zum Dreifachen bezahlt wird, verschwinden freilich auch unbekannte, aber keineswegs geringe Mengen an unlizenzierte Aufkäufer, die damit irgendwo im Dschungel den schwarz gebrannten »Kassipu« produzieren. Eine legale Arrakbrennerei finden Sie am nördlichen Stadtrand von Beruwala direkt an der Küstenstraße; eine Innenbesichtigung ist zwar nicht möglich, aber das Zuschauen beim Abliefern, Prüfen und Wiegen wird durchaus zugelassen.

Ein Garten wie aus dem Märchenbuch:
Brief Garden bei Bentota

Ein Tip für Liebhaber verwunschener, wunderschöner Gärten, für Romantiker und Nostalgiker: »Brief Garden«, etwa 10 km von Bentota landeinwärts gelegen. Dieses drei Hektar große Refugium hat Bevis Bawa im Jahre 1929 angelegt. Bawa entstammt einer hochangesehenen Familie aus dem alten Britisch-Ceylon (sein Bruder ist der weltberühmte Architekt Geoffrey Bawa). Im Haus des künstlerisch veranlagten Gartenpoeten Bewis Bawa zeugen viele Fotografien von jener Zeit. Aus der Hand des weit über achtzigjährigen Hausherrn stammen die Skulpturen und Statuen im Haus und im Garten. Die Anlage, inmitten großer Gummiplantagen gelegen, ist märchenhaft schön: Bambushaine, hängende Orchideen, die schönsten Flamboyants und Wasserlilien. Nur die tropischen Vögel, die Zikaden und die Frösche unterbrechen den stillen Zauber dieses Gartens.

Brief Garden
Eintritt 60 Rps.
Anfahrt: Von Bentota-Alutgama aus die Küstenstraße verlassen und etwa 10 km bis zum Moslemdorf Dharga fahren; von dort ist der Weg (noch 2 km durch Kautschukwald) ausgeschildert.

Sri Lankas größter Markt:
Pettah – die Altstadt von Colombo

Während Colombo in vielen seiner Viertel recht europäisch wirkt, spürt man in der Pettah den Pulsschlag des Orients. Ein ständiges Kommen und Gehen herrscht an der Fort Railway Station am Rande

In der Pettah, der Altstadt Colombos, spürt man den Pulsschlag des Orients

der Altstadt und auf ihren Busbahnhöfen, vor allem abends beleben sich ihre zahlreichen Kultstätten: buddhistische und hinduistische Tempel, christliche Kirchen und islamische Moscheen, die man als einzige aller religiösen Bauten als Ungläubiger hier nicht betreten darf. In den engen Gassen der Pettah drängen sich Ochsenkarren und Lkw, Fußgänger und Radfahrer. Geschäft reiht sich an Geschäft – und meistens verkaufen sämtliche Läden eines Straßenzuges Waren gleicher Art, wie auf einem türkischen Basar. In der Sea Street findet man diverse Goldhändler, in der Gabo's Lane die speziellen »Apotheken«, in denen alle Zutaten für die Ayurveda-Medizin feilgeboten werden. In der 1st Cross Road wird mit optischen und Elektrogeräten gehandelt, in der 2nd Cross Road mit Uhren, Schmuck und Juwelen, in der 5th Cross Road mit Tee und Gewürzen. Wenn die regulären Geschäfte in der Pettah sonntags geschlossen sind, übernehmen die fliegenden Händler das Feld und verwandeln die Pettah in einen riesigen Straßenmarkt. Am stimmungsvollsten ist ein Besuch in der Pettah bei Einbruch der Dunkelheit, wenn die fliegenden Händler ihre Gas- und Petroleumlampen entzünden, die meist erst kurz vor Mitternacht erlöschen.

Anfahrt: Fast alle Busverbindungen enden am Rande der Pettah.

Im Elefanten-»Waisenhaus« in Pinnawela kann man junge, zahme Elefanten hautnah erleben

Dickhäuter ohne Eltern:
Elefanten-»Waisenhaus« in Pinnawela

Es ist schon ein befremdliches Gefühl, ohne Schutz mitten in einer Elefantenherde zu stehen. In Pinnawela kann man das – und wird geradezu dazu aufgefordert, die kleinsten zu streicheln und den fast ausgewachsenen ganz aus der Nähe in die Augen zu schauen. Sie alle gelten nämlich als zahm. In ihrer Kindheit wurden sie als Waisen aus Gräben gerettet oder fernab eines Muttertieres aufgefunden und deshalb ins 1975 gegründete, staatliche Elefanten-Waisenhaus in der Nähe von Kegalla gebracht. Hier sollen sie aufwachsen und als Grundstock für eine Zucht dienen, die das Überleben der nur noch 3200 (1992) Exemplare zählenden ceylonesischen Elefantenpopulation bis ins dritte Jahrtausend hinein sichern soll.
Im Freigelände von Pinnawela sind Besucher herzlich willkommen. Sie können zwischen den Elefanten spazierengehen und ihnen auch täglich zweimal, um 10.30 und um 14.30 Uhr, beim Baden zuschauen. Die Atmosphäre dabei ist angenehmer als beim sogenannten Elefantenbad von Katugosta bei Kandy, wo die Geschäftemacherei der Mahouts doch stört.

In Pinnawela haben ständig etwa fünfzig Elefanten ein Zuhause. Manche größeren Tiere werden zuweilen an Tempel abgegeben. Eine solche Geste gilt als Ehre für den Gebenden, deshalb übernehmen besonders gern Politiker die Rolle des Mäzens.

Wer sich für die ceylonesischen Elefanten interessiert, erfährt Näheres bei der Naturschutzorganisation »Save the Elephant Trust Foundation«. Die Gesellschaft, der namhafte Tierschützer in Australien, England und den USA angehören, hat ihren Sitz in 106, Galle Road, Colombo 3, Telefon 437978. Alle drei Monate erscheint die Zeitschrift »The Trumpet« mit interessanten Beiträgen aus der Welt der Elefanten.

Pinnawela ist eine touristische Attraktion mit naturkundlichem Hintergrund. Überdies bietet das Rasthaus mit schattiger Terrasse angenehme Lunchmöglichkeiten; das Curry dort ist empfehlenswert.

Tgl. 8–18 Uhr
Eintritt 60 Rps.
Pinnawela Resthouse
2. Kategorie
Anfahrt: Von der A 1 Colombo–Kandy biegt man bei km 82 in Richtung

Ambukkana ab. Linienbusse fahren von dieser Abzweigung nur dreimal täglich ins ca. 5 km entfernte Pinnawela. Nächste Eisenbahnstation ist Rambukkana (3 km entfernt).

Ceylons Segen, Sri Lankas Fluch:
Die Teeplantagen und -fabriken

Ein Schotte führte 1867 die ersten Teesträucher aus Kalkutta nach Ceylon ein. Erst der Tee machte aus der Kolonie eine Goldgrube für die britischen Kolonialherrn. Er ist auch heute noch der wichtigste Devisenbringer der Insel, verhindert aber zugleich, daß wichtigere Nahrungspflanzen an seiner Stelle angebaut und daß die Ländereien gerechter verteilt werden. Der Teeanbau ist nicht die Sache des kleinen Bauern, Tee wird auf großen Plantagen produziert. Viele von ihnen können besichtigt werden.

Die Teefabriken, meist zwei- bis dreigeschossige Gebäude, sind schon von weitem zu erkennen. Ihnen gegenüber liegt in der Regel ein kleines Verkaufsbüro, in dem man sich zum Rundgang anmelden kann. Ein Führer begleitet den Besucher durch die Fabrik. Zunächst sieht man die Hürden, auf denen die grünen Teeblätter etwa zehn, zwanzig Stunden lang zum Trocknen ausliegen, bis sie rund dreißig Prozent ihrer Feuchtigkeit verloren haben. Unterstützt wird die Trocknung durch große Ventilatoren. In einigen Plantagen werden die Blätter nach dem Welkprozeß in eine Art Reißwolf – die Rotorvane-Maschine – gegeben, wo sie unter leichtem Druck gleichmäßig zerquetscht und zerschnitten werden.

Die nächste Stufe ist dann das Rollen. Dabei werden die Zellen der gewelkten Teeblätter aufgebrochen und somit der Beginn der Fermentation (also die Gärung) hervorgerufen, bei der sich die ätherischen Öle des Tees entwickeln. Nach einem ersten Rollvorgang werden die feinsten Blätter von einem Rüttelsieb, dem sogenannten »Ballbreaker«, aussortiert, die übrigen Blätter werden erneut gerollt, bis nach dem dritten Rollvorgang schließlich nur noch etwa fünf Prozent große Blätter überbleiben.

Im Fermentationsraum werden die gerollten Blattstücke danach für mehrere Stunden auf Regalen, Zementplatten, Tischen oder in Wannen ausgebreitet und teilweise mit wasserversprühenden Ventilatoren befeuchtet. Der Fermentationsmeister kontrolliert dabei immer den Grad der Oxydation und bestimmt so durch sein Können letztlich die Qualität des Tees mit. Während dieser Fermentation erreicht das Teeblatt seine kupferrote Verfärbung, wie sie später auch der Aufguß zeigt.

Auf dem Höhepunkt des Fermentationsprozesses werden die Blätter dann wieder einem Trockenprozeß zugeführt, den man auch als »Rösten« bezeichnet. Unter Heißluft bei einer Temperatur zwischen 85 und 88 Grad wird ihnen 20 bis 25 Minuten lang fast das gesamte Wasser entzogen und der Zellsaft an den Tee angetrocknet. Dabei nehmen die Blätter ihre schwarze Farbe an.

Schließlich werden die Teeblätter dann auf Schüttelsieben nach Blattgraden sortiert und verpackt.

Nach der Besichtigung der Teefabrik wird dem Besucher im Verkaufsbüro eine Probetasse serviert und die Gelegenheit gegeben, sich Tee als Souvenir von »seiner« Plantage zu kaufen. Über die Arbeitsbedingungen auf den Plantagen, die Besitzverhältnisse und die Vermarktung des Tees wird man auf den Plantagen nichts erfahren, es sei denn, man fragt danach. Dann hört man zum Beispiel, daß die Arbeiterinnen täglich außer sonntags etwa 24 Kilogramm Teeblätter pflücken und dafür einen Tageslohn von knapp drei Mark (bei freier Unterkunft und freier medizinischer Versorgung) erhalten, daß jede Pflückerin im Durchschnitt etwa 3200 Teesträucher zu betreuen hat und daß den Teepreis letztlich die Teehändler auf den Auktionen in Colombo und London bestimmen. Gepflückt wird der Tee fast ausschließlich von tamilischen Frauen. Sie gehören zu den sogenannten *Indian tamils,* Nachkommen jener Tamilen, die als billige Arbeitskräfte erst vor etwas über hundert Jahren von den Briten auf die Insel geholt wurden. Die *Indian tamils* (oder Hochland-Tamilen) gehören

Nach dem Pflücken wird der Tee gewogen

niedrigeren Kasten an als die seit alters im Norden ansässigen Tamilen, die *Ceylon tamils* genannt werden.
Besichtigungen: Zahlreiche Teeplantagen, die besichtigt werden können, liegen entlang der A5 zwischen Kandy und Nuwara Eliya. Hoteliers, Zimmervermieter, Taxi- und Mietwagenfahrer kennen sie. Wer
ganz und gar auf eigene Faust reist, kann zum Beispiel die Melfort
Estate Tea Factory in Pussellawa besichtigen Übernachtungs- und
Erfrischungsmöglichkeiten finden Sie im Dorf. Die Auffahrt zur Fabrik
erfolgt etwa einen Kilometer oberhalb des Dorfes Pussellawa. Dort
lohnt das Rasthaus einen Stopp: herrlicher Blick, freundliche Leute.

Pussellawa Resthouse
Tel. 08/229
3. Kategorie

Museen

Kunstgeschichte im Überblick:
Das Nationalmuseum in Colombo

Das Nationalmuseum in Colombo ist der beste Beweis dafür, wie wenig Geld bisher für archäologische Arbeiten auf Sri Lanka ausgegeben wurde. Erwarten Sie darum keine umfangreichen Sammlungen, sondern nach europäischen Maßstäben höchstens ein Provinzmuseum! Lehrreich und genußvoll mag so ein Besuch dennoch werden, wenn man bereit ist, sich auf eine völlig fremde Welt einzulassen.
Eine kurze Einführung in die ceylonesische und insbesondere buddhistische Kunst vermittelt gleich der erste, kleine Saal. Hier werden die symbolischen Darstellungen des Buddha vorgestellt: Bodhi-Baum, Fußabdruck, Rad der Lehre, Dagoba und steinerner, aber leerer Thron. Außerdem werden die verschiedenen Handgesten des Buddha an Bronzestatuen aus der Anuradhapura-Epoche (437

1877 erbaut, beherbergt das Nationalmuseum von Colombo sehenswerte Sammlungen zur ceylonesischen Geschichte und Kunst

v. Chr. bis 1070 n. Chr.) erläutert. Galerie II zeigt Funde aus der ceylonesischen Vor- und Frühgeschichte, Galerie III aus der Anuradhapura- und Galerie IV aus der Polonnaruwa-Epoche. Ältere und neuere Funde aus dem »Kulturellen Dreieck« nehmen die Galerie V ein, während in Galerie VI und VII die jüngere und daher umfangreicher vertretene Kandy-Epoche repräsentiert ist. Hier zeigt sich auch wieder deutlich der provinzielle Charakter des Museums: In mehreren Vitrinen werden Staatsgeschenke ausländischer Delegationen für ceylonesische Ministerpräsidenten ausgestellt, darunter ein besonders geschmackloses aus Vietnam: das Modell eines Vietcongs auf einem Ochsen, der ein abgeschossenes amerikanisches Flugzeugwrack fortzieht.

Bereits im Treppenaufgang zum Obergeschoß beginnt die volkskundliche Sammlung des Hauses mit sehr schönen, traditionellen Masken. In den Räumen des Obergeschosses werden unter anderem Trachten, landwirtschaftliche Geräte und Musikinstrumente zur Schau gestellt.

Sir Marcus Fernando Mawatha
Colombo-7
Tel. 01/94767
Tgl. außer Fr 8–17 Uhr

Eintritt 20 Rps.
Fotografieren 10 Rps. (Blitzlichtgeräte, Videokameras und Stativbenutzung nicht gestattet)

Höhepunkte singhalesischer Kunst:
Die Isurumuniya Vihara in Anuradhapura

Am südwestlichen Stadtrand des alten Anuradhapura lebten schon seit dem dritten Jahrhundert Mönche in aus dem Fels gehauenen Zellen in einer Vihara zusammen, eben der Isurumuniya Vihara. Die heutigen Gebäude dort sind alle neueren Datums, aber zwei schöne alte Felsreliefs sind noch an Ort und Stelle rechts des Aufgangs zum Felsen über einem kleinen Teich erhalten. Sie zählen zu den besten und für uns Europäer verständlichsten Werken der singhalesischen Kunst und stammen beide aus dem siebten oder achten Jahrhundert. Das eine zeigt Elefanten beim Bade: Links von einem kleinen Felsspalt spielt eine ganze Elefantenhorde am Wasser, rechts davon besprüht sich ein liegender Elefant mit seinem Rüssel. In einer künstlich geschaffenen Felsnische darüber sitzt ein vornehmer Herr, den ausgestreckten rechten Arm auf das hochgezogene Knie gestützt. Über seiner Schulter ist ein Pferdekopf zu sehen. Möglicherweise handelt es sich hier um die Gottheit Ayanar die über Elefanten und

Pferde wacht, vielleicht aber auch nur um einen Krieger mit Pferd bei der Rast.

Ein anderes Relief erster Güte, das bis 1984 noch in die Südmauer der Tempelterrasse eingelassen war, befindet sich jetzt im neugeschaffenen Museum der Vihara unmittelbar neben dem Fels: die Darstellung zweier Liebender. Sie stammt aus dem späten fünften oder frühen sechsten Jahrhundert und reflektiert die in Nordindien beheimatete, vom Hellenismus stark beeinflußte Gupta-Kunst. Auf einer steinernen Bank sitzen ein Mann in kurzem Gewand und eine barbusige, füllige Frau. Hinter dem Mann sind Schwert und Schild zu erkennen, die ihn als Krieger auszeichnen. Auf dem linken, angewinkelten Bein des Mannes sitzt die Frau, die er mit seinem linken Arm zu sich hinüberzuziehen versucht. Sie jedoch hebt spielerisch warnend die Rechte, ohne es wohl wirklich ernst zu meinen: Die zufriedenen Gesichtszüge und die Parallelität der entspannten geschwungenen Körper strahlen völlige Harmonie aus. Besser läßt sich Liebe kaum darstellen.

Um welche Personen es sich bei diesem Liebespaar handelt, kann nur vermutet werden. Fremdenführer erzählen gern, es seien zwei Gestalten aus der Chronik Mahavamsa: ein Prinz und die Tochter eines Schmieds. Sie waren schon im vorigen Leben miteinander verheiratet gewesen, wurden aber in verschiedenen Kasten wiedergeboren. Der Prinz verliebte sich nun abermals in seine frühere Gemahlin und verzichtete seiner Liebe wegen auf den ihm zustehenden Thron.

Freigelände jederzeit zugänglich, Museum tgl. außer feiertags 8 bis 17 Uhr	Eintritt: entweder mit dem Sammelticket »Kulturdreieck« (20 US-$) oder mit dem für ganz Anuradhapura gültigen Einzelticket (ca. 7 US-$, Kinder unter 13 Jahren 55 Rps.)

Anschauliche Kolonialgeschichte
Das Dutch Period Museum in Colombo

Noch immer leben Nachkommen der holländischen Soldaten und Kaufleute, die Mitte des 17. Jahrhunderts über die ceylonesischen Küstenstriche herrschten, auf der Insel. Als Burgher sind sie längst Bürger des modernen Staates geworden. Ihre Tradition pflegen sie dennoch weiter, insbesondere in der »Dutch Burgher Union of Ceylon«. Seit 1981 haben sie auch ein eigenes Museum, das Dutch Period Museum in Colombos Altstadt Pettah. Vier Jahre hat die Restaurierung dieses Gebäudes gedauert, die wesentlich von holländischen Spendern finanziert wurde. Wann genau das prächtige Gebäude mit seiner Säulenfront erbaut wurde, weiß heute niemand mehr zu sagen. Sicher ist nur, daß es während der holländischen Zeit (etwa 1658–1796) zunächst als Wohnhaus eines Ex-Gouverneurs, dann als Waisenhaus und schließlich als Priesterseminar diente. Interessant auch das Material, aus dem die feinen Möbel einst gefertigt wurden: Stühle aus dem Tamarindenbaum, Tische aus dem harten Holz des Kumbuks, Sitze aus dem Jackfruchtbaum. Zu sehen sind auch Kinderbetten, Wäschetruhen und eine Sänfte. Während der britischen Kolonialzeit wurde das Haus dann unter anderem als Polizeischule und Postamt genutzt.

Die Großzügigkeit des Baus mit seinen zwei Geschossen, der schönen Veranda, dem schattenreichen Innenhof und den großen Räumen zeugt vom kolonialen Luxus vergangener Zeiten. Ganz europäisch muten Mobiliar und Haushaltsgegenstände aus holländischer Zeit an, vom Tod fern der alten Heimat zeugen etliche Grabplatten, vom Kaufmannsgeist der Zeit Weltkarten und Schiffsmodelle. Wer der Vergangenheit Sri Lankas anschaulich auf die Spur kommen will, sollte auf den Besuch dieses Museums nicht verzichten.

95, Prince Str.
Colombo-11
Tel. 01/548466 und 547002
Tgl. außer Fr 9–17 Uhr
Eintritt 20 Rps.

Einkaufen

Einkauf ohne Feilschen:
Die staatlichen Laksala-Läden

Um den Preis eines Souvenirs zu feilschen, ist nicht jedermanns Sache. Das Handeln ist aber in Sri Lanka nicht nur allseits üblich, sondern auch eine Notwendigkeit, will man nicht zuviel bezahlen. Wer es nicht mag und dennoch nicht mit leeren Händen heimwärts fahren möchte, kann sich auch in den staatlichen Läden mit dem Namen Laksala zu günstigen Festpreisen mit Mitbringseln eindecken. Es gibt diese Geschäfte in mehreren Orten auf der Insel, die größte Auswahl an Schnickschnack findet man in Colombo und Kandy: von neuen Masken über Batiken und Messinggegenständen bis hin zu Fußmatten und Teppichen aus Kokosfasern und Palmstroh reicht das Angebot, von geschnitzten Mini-Elefanten für dreißig Pfennige bis hin zu Schmuck, Modellen der Fischer-Katamarane und hölzernem Kinderspielzeug. Sicherlich kann man als gewiefter Feilscher anderswo günstigere Preise erzielen, aber hier kaufen Sie halt problemlos nach mitteleuropäischer Art ein. Da die meisten ausgestellten Waren Preisschilder tragen, lohnt sich ein Besuch im Laksala auch, wenn Sie lieber anderswo kaufen: Sie können sich hier schnell einen Überblick über das Preisniveau verschaffen und dann auf der Straße gezielter handeln.

Filiale Colombo:
York Str.
Colombo-1
Mo–Fr 9–17 Uhr, Sa 9–13 Uhr

Filiale Kandy:
Deva Vidiya
(100 m westlich vom Zahntempel)
Mo–Fr 9–17 Uhr, Sa 9–13 Uhr

Zwischen Kitsch und Museumsreife:
Holzmasken aus Ambalangoda

Masken werden in Sri Lanka seit undenklichen Zeiten geschnitzt und bemalt. Drei Arten kann man ihrer Funktion nach unterscheiden: die Kolam-Masken fürs volkstümliche Tanztheater Kolam Natavana, die Sanni-Masken zur Austreibung von Krankheitsdämonen und die Bali- oder Thovil-Masken zur Vertreibung aller übrigen Dämonen. Ge-

Nach alter Familientradition geschnitzt: Holzmasken aus Ambalangoda

schnitzt werden diese Masken aus Sandelholz oder aus dem Holz der Kadura-Mangrove, des Korallenbaums oder des Brechnußbaums (aus dessen Samen übrigens auch Strychnin gewonnen wird). Das Holz für gute, haltbare Masken muß etwa eine Woche lang im Rauch getrocknet werden, bevor daraus die groben Umrisse der Maske gearbeitet werden können; diese Rohform wird dann abermals mehrere Monate lang im Rauch getrocknet, bevor der Schnitzer mit einem scharfen Messer und mehreren Meißeln die feinen Formen schnitzt und das Ganze mit bunten Farben versieht. Früher verwendete man ausschließlich Pflanzenfarben; heutzutage gelangt für die Souvenirproduktion fast nur noch grelle Chemiefarbe zur Anwendung. Zum Schluß wird die Maske mit einer Ölglasur überzogen.

Die Dämonenmasken zeichnen sich durch hervorquellende Augen aus. Meist bilden Giftschlangen das Haar oder schlängeln sich übers Gesicht. Besonders groß und prächtig sind die Masken des Cholera-Dämons Maha-Kola, dem als Herrn über alle 18 Krankheitsdämonen (Sanniyas) die Masken eben dieser in Kleinformat beigegeben sind.

Weniger exotisch, dafür aber verständlicher für uns Europäer sind die Kolam-Masken, die gekrönte Prinzen und Könige, blaßgesichtige Europäer, Polizisten, Soldaten, Bettler, Geldverleiher und all die anderen Typen der Gesellschaft darstellen. Alte Menschen werden beispielsweise durch Zahnlücken gekennzeichnet, Angehörige niederer Kasten durch eine dunkelbraune oder dunkelblaue Hautfarbe. Allen Masken gemeinsam ist, daß der Tanzende nicht etwa durch Augenlöcher, sondern durch schmale Sehschlitze schauen muß.

Traditionelle Maskenschnitzereien finden Sie vor allem in Ambalangoda an der Südwestküste, inzwischen gibt es aber auch schon Schnitzer in Bentota oder Sigiriya, die für die Souvenirproduktion arbeiten. In Ambalangoda ist das Maskenschnitzen noch alte Familientradition, zum Beispiel bei den Ariyapalas. Lassen Sie sich dort auch das kleine Privatmuseum in den Kellerräumen zeigen – dann erst wissen Sie, wie schön Masken sein können. Am Moragalla-Strand bei Beruwela hat Anura de Vass seinen Verkaufsstand. Anura ist eine Art Meisterschüler des legendären Ariyapala aus Ambalangoda.

Ariyapala & Sons	Tgl. außer So 7.30–17 Uhr
426, Patabendimulla	Neue Masken 500–2500 Rps., Mas
Ambalangoda	ken nach alter Art 1000–6000 Rps.
Tel. 09/7373	

Traditionelles zu gerechten Preisen:
Das Cultural Centre in Kandy

Die Förderung des traditionellen Kunsthandwerks in der Kandy-Provinz ist das Ziel der bereits 1884 gegründeten Kandyan Arts Association. Sie hat inzwischen über 300 Mitglieder, zumeist aus den Handwerksberufen, und sieht ihr Ziel nicht nur darin, die Produkte ihrer Mitglieder an den Kunden zu bringen. Vielmehr widmet sie sich auch der Förderung des Nachwuchses und hilft Handwerkerfamilien bei Bedarf mit Darlehen und Materialspenden aus. Viele Ceylonesen sind Kunden, häufig werden auch Werke nach speziellen Wünschen und Vorstellungen in Auftrag gegeben, so etwa als Hochzeitsgeschenk. Alte Erzeugnisse, die im Cultural Centre gleich hinterm Touristen-Informationsbüro von Kandy zum Verkauf stehen, wurden von den Handwerkern zu gerechten Preisen angekauft – und werden nun zu ebenfalls gerechten Preisen feilgeboten. Wer nicht auf Kosten der Erzeuger billig seine Souvenirs erwerben will, dafür aber Wert auf wirklich traditionelle Handarbeit legt, kauft hier richtig. Man kann den Handwerkern auch bei der Arbeit zusehen, einige Vereinsmitglieder

Tamilische Handwerker schnitzen Detailstücke
für riesige Prozessionswagen

bieten hier immer Demonstrationen ihrer Kunst oder bilden in dem historischen Bau, der früher einmal britisches Militärhospital war und inzwischen der Vereinigung mietfrei überlassen wurde, den Nachwuchs aus. Demnächst will die Kandyan Arts Association auch noch den traditionellen Kandy-Tanz fördern – mit regelmäßigen Aufführungen im eigenen Theater. Auch dabei sollen die Richtlinien der Vereinigung gelten: Die Aufführungen sollen nicht, wie bisher üblich, nur einen Manager reich machen, sondern die gesamte Kooperative der Tänzer gleichermaßen an den erzielten Einnahmen beteiligen.

Cultural Centre   Tel. 08/220 99
(Kandyan Arts Association)   Tgl. (auch feiertags) 9–12.30 und
72, Victoria Drive (am Seeufer)   13.30–17 Uhr
Kandy

Wissen, was im Regal steht:
Die Gewürzgärten um Kandy

In der Gegend um Kandy, insbesondere an der A 9 von Matale nach Kandy, locken große Werbetafeln in die staatlich lizenzierten »Spice Gardens« – kleine Gewürzgärten, in denen Ihnen ein einheimischer Führer in gebrochenem Deutsch eine große Zahl von Gewürzpflanzen zeigt, die auf Ceylon heimisch sind und von denen wir zumeist nur das Endprodukt aus dem Gewürzregal kennen. Auch Kaffeesträucher und tropische Fruchtbäume sind hier mitunter ganz aus der Nähe zu sehen. Insofern lohnt sich das Anhalten an einem der Gewürzgärten auf jeden Fall – Gewürze kaufen sollte man allerdings höchstens aus Gefälligkeit in kleinen Mengen. Auf den Märkten bekommt man sie sehr viel preiswerter und oft ebenso hygienisch verpackt. Außerdem stammen die zum Verkauf angebotenen Gewürze immer nur zum Teil vom eigenen Land des Verkäufers, vieles wird der Vollständigkeit halber von anderen Gewürzpflanzern bezogen – wie zum Beispiel die Vanille, die ja nahezu ausschließlich in der Küstenebene im Südwesten angebaut wird.

Restaurants

Überall ein guter Tip:
Zum Rice & Curry in die Rasthäuser

Die meisten Rasthäuser Ceylons wurden in der britischen Kolonialzeit erbaut und sollten vor allem reisenden Beamten als Etappensta-
tion dienen. Viele von ihnen bilden in ihren Dörfern oder Städtchen
noch heute die einzige Übernachtungsmöglichkeit weit und breit und
den einzigen Ort, wo man bedenkenlos gut essen und trinken kann.
So treffen sich hier denn auch jetzt noch Beamte und Geschäftsleute
aus dem jeweiligen Ort, mitunter mit Ihren Gästen. Für Urlauber auf
Rundreise sind diese Gasthäuser ideal; sie lohnen aber auch einen
Ausflug vom Badeort aus, denn hier kann man noch wirklich ceylonesisch essen.
Die meisten Resthouses haben eine Terrasse oder Veranda. Dort
setzt man sich zunächst einmal zu einem Aperitif hin – am besten,

Für Rundreisen ideal: die Rasthäuser, hier das von Polonnaruwa

man nimmt einen Arrak. Dann gibt man dem Kellner Bescheid, daß man »Rice & Curry« zu essen wünscht. In der Regel wird er nur fragen, ob man Rindfleisch, Geflügel oder Gemüse bevorzugt – alles andere geht dann wie von selbst. Nach einiger Zeit wird man zu Tisch gebeten. Dort findet man verschiedene kleine Schälchen mit unterschiedlichen Gemüsecurries und das zubereitete Fleisch sowie eine große Schale mit Reis. Man bedient sich und nimmt von allem, soviel man mag; leere Schälchen werden auf Wunsch wieder aufgefüllt. Den anschließenden Tee oder Kaffee kann man dann wieder auf der Terrasse genießen, wo man sich herrlich entspannen kann. Spätestens mit der – in aller Regel niedrigen – Rechnung wird einem das Gästebuch des Hauses vorgelegt, in das sich einzutragen man gebeten wird.

Badeurlauber finden gute Resthouses etwa am Hafen von *Negombo,* in *Kalutara,* in *Ambalangoda, Weligama* oder *Hambantota.* Die schönsten Rasthäuser in den alten Königsstädten sind das *Tissawewa Resthouse* in Anuradhapura und das *Resthouse am Parakana-See* von Polonnaruwa.

Negombo Resthouse
Etwa 50 m westl. der Brücke am Nordufer des Fischerhafens
Tel. 031/2299

Kalutara Resthouse
Am Busbahnhof
Tel. 042/2299

Ambalangoda Resthouse
Direkt am Meer im Ortszentrum
Tel. 097/299

Weligama Bay Inn Resthouse
An der Küstenstraße
Tel. 0415/299

Hambantota Resthouse
Über dem Meer auf der Halbinsel unterhalb des Leuchtturms
Tel. 0472/299

Alle Resthouses haben tgl. von 7 bis 22 Uhr geöffnet
3. Kategorie

Langusten unterm Sternenhimmel:
Beach Wadiya in Wellawatte

Die Füße im Sand, sanfte Musik vom Band im Hintergrund, eine milde Brise vom Meer, die die Wärme der Tropennacht kühlt, und über allem der Himmel mit einer Vielzahl von Sternen, wie sie in unseren Breiten nicht zu sehen sind. Wenn eine solche Szenerie auch zu Ihrer Vorstellung eines romantischen Urlaubsabends gehört, mag das Beach Wadiya eine gute Adresse sein. Dieses Open-air-Restaurant am Strand von Wellawatte, einem Vorort auf halbem Wege zwischen Colombo und Mount Lavinia, hat sich auf Sea Food spezialisiert. Hummer, Langusten, Tintenfische und andere Meeresfrüchte sind stets frisch. Dazu schmeckt ein gekühltes einheimisches Bier

(»Three Coins« oder »Lion Lager«). Der Service ist selbst bei Hochbetrieb – und der herrscht vor allem an Wochenendabenden – meistens freundlich und bemüht. Wenn der bestellte Tisch (Reservierung ist dringend anzuraten) noch nicht frei sein sollte, werden Korbstühle, Liegen und ein kleines Tischchen an den Zaun vor die Meeresbrandung gestellt; dort läßt sich die Wartezeit bei einem Arrak oder einem lokalen Gin mit Limonensaft aufs angenehmste überbrücken. Der Wirt Olwyn Weerasekra ist stolz darauf, daß europäische Journalisten, Botschaftsangehörige und Reiseleiter zu seinen Stammgästen gehören.

Beach Wadiya   (Langusten-Gerichte ca. 300 bis
2, Station Avenue   500 Rps.)
Wellawatte   2. Kategorie
Tel. 58 85 68

Sauerbraten und Borussia Dortmund:
Alt-Heidelberg in Colombo

Es kann ja sein, daß jemandem nach einer strapaziösen Rundreise oder nach acht Tagen Reis & Curry der Sinn nach Sauerbraten, Saftgulasch, Rostbratwurst mit Sauerkraut und Leberknödelsuppe steht. Auch die Sehnsucht nach heimischen Klängen oder die Neugier nach den Bundesliga-Ergebnissen soll schon so manchen Besucher ins Alt-Heidelberg am Galle Face Court, schräg gegenüber dem Galle Face Hotel, getrieben haben.

Wie auch immer: Dieses Lokal, ausgerechnet im Krisenwinter 1983 eröffnet, hat sich zu einem beliebten Treffpunkt in Colombo entwikkelt. Zu den Gästen gehören neben einigen Touristen und bemerkenswert vielen Japanern, die in Sri Lanka arbeiten, überraschend viele Einheimische. Aber auch die Mitglieder der deutschen »Kolonie«, Mitarbeiter von Hilfsorganisationen und Reiseagenturen, trinken hier gern ihr deutsches Bier und ein essen deftiges Gericht. Die Atmosphäre im schummrigen Restaurant ist nicht gar so spießig, wie der Name vermuten läßt.

Alt-Heidelberg   Tgl. außer So und an Poya-Tagen
2, Galle Face Court   12–14.30 und 18–22.30 Uhr
Colombo-3   2. Kategorie
Tel. 01/42 15 77

Reis & Curry mit Weitblick:
Lunchbuffet im Restaurant Akase Kade

Als Anfang der siebziger Jahre noch kein Hotel Interconti und kein Bankenhochhaus den Blick zwischen dem alten Uhrturm im Fortviertel und dem Galle Face Hotel verstellte, war das Ceylinco-Gebäude (gegenüber vom Interconti) das einzige Hochhaus in Colombo. Im Obergeschoß hält seit vielen Jahren das Restaurant Akase Kade einen gleichbleibenden Standard. Hier treffen sich die einheimische Mittelschicht und die Besserverdienenden aus den umliegenden Bürohäusern zum Lunchbuffet. Auch Touristen, die sich auskennen, gehören traditionell zur Kundschaft um die Mittagszeit.

Durch einige geöffnete Fenster weht ein angenehmes Lüftchen, und man blickt auf die Silhouette der Millionenstadt mit ihren herausragenden Gebäuden. Das Buffet ist reichhaltig mit Curryköstlichkeiten, Salaten und Nachspeisen bestückt. Auch Suppen und leichte Snacks gehören zum Angebot. Die Gerichte sind milde gewürzt. Wer es schärfer liebt, findet die entsprechenden Zutaten auch vor. Tischbestellungen sind allenfalls für Fensterplätze notwendig.

Akase Kade	Tel. 01/20431 und 20432
Ceylinco Building	Tgl. 9–24 Uhr, Lunchbuffet Mo–Sa
Janadhipathi Mawatha	12–15 Uhr
Colombo-1	2. Kategorie

Gemütlichkeit in Strandnähe:
Silva's Beach-Restaurant bei Negombo

Dieses Restaurant im Ortsteil Ettukala gehört zu den angenehmsten Adressen in der touristisch weit entwickelten Negombo-Region. Vijith Silva und seine Mitarbeiter bieten unterm Palmblattdach in freundlich-familiärer Atmosphäre eine solide Küche, bei der man vor allem mit Seafood- und Fischbestellungen richtig liegt. Sehr zu empfehlen sind (als Vorspeise oder bei kleinem Hunger) *devilled prawns* – schön scharf, aber nicht so teuflisch, wie der Name andeutet. Fragen Sie, welchen Fisch die ortsansässigen Fischer morgens angelandet haben; oder gönnen Sie sich – am besten nach Vorbestellung – einen Hummer. Das Lokal hat seit 1980, als es eröffnet wurde, einen ordentlichen Ruf.

Silva's Beach-Restaurant & Guest House	Ettukala (Negombo)
	Tel. 031/3408
5, Porutota Road	2. Kategorie

Für den Abend

Ein Hauch von Nachtleben:
Diskos in Colombos Luxushotels

Nein, mit Bangkok kann (und will) Colombo bei Nacht nun wirklich nicht konkurrieren (das muß ja auch kein Nachteil sein), aber auch in Hongkong, Singapur und selbst in Bombay oder New Delhi leuchten nachts ein paar Lampen, geht die Post etwas heißer ab als in der Metropole von Sri Lanka. Immerhin: Wer in internationaler Atmosphäre zu den neuesten Scheiben tanzen und sich amüsieren will, kann das inzwischen auch in Colombo recht gut. Beste Adressen für dieses weltweit gleichermaßen geschätzte Vergnügen sind die großen, vor allem die neuen Luxushotels. Erste Adressen für anspruchsvolle Nachtschwärmer sind die Diskotheken im recht hübschen Taj Samudra Hotel (am Galle-Face-Platz gelegen, unweit des guten alten Galle Face Hotel, und auch die gemütliche Kneipe Alt-Heidelberg ist nur ein paar Schritte weiter). *My Kind of Place* heißt die Disko hier, die bei den *happy few* von Colombo so beliebt ist wie bei Geschäftsleuten und betuchten, jüngeren Touristen. Und auch der *Blue Elephant* im Hilton, dem jüngsten der vielen Luxushotels in Colombo, hat derzeit ein relativ stabiles In-Renommee. Neben der Disko zieht eine Karaoke-Bar einheimische Beauties mit Begleitung und internationales Publikum an.

My Kind of Place
Im Taj Samudra
25, Galle Face Centre Road
Colombo-3
Tel. 01/446622
Tgl. außer Mo 21.30–4 Uhr
Eintritt 200 Rps. für Herren

Blue Elephant im Hilton
Lotus Road
Colombo-1
Tel. 01/544644
Tgl. außer Mo 21–3 Uhr
Eintritt Fr und Sa 250 Rps., Di und Do 200 Rps., Mi und So frei

Hotels

Lange Tradition und Filmkulisse:
Das Mount Lavinia Hotel bei Colombo

Nur zwölf Kilometer südlich vom Zentrum Colombos steht auf einem felsigen Kap zwischen zwei guten Sandstränden eins der großen alten Hotels der Insel: das Mount Lavinia. Seit über 125 Jahren beherbergt es Gäste; vorher diente es sechzig Jahre lang britischen Gouverneuren als Zweitresidenz am Meer. Im Zweiten Weltkrieg war es Lazarett; später bildete es die Kulisse für Generalstabstreffen im Filmhit »Die Brücke am Kwai«, der übrigens auf Ceylon (und nicht in Thailand) gedreht wurde.
Heute hat der Gast die Wahl zwischen geräumigen, mit alten Möbeln eingerichteten Zimmern im historischen Trakt des Hauses und modernen, kleinen, klimatisierten Zimmern im Anbau. Direktor Chandana Jayawardena will aus dem schönen Altbau ein luxuriöses Grand-

Hat sein koloniales Gesicht bis heute weitgehend bewahrt: das Mount Lavinia Hotel bei Colombo

hotel machen. Der Service ist im ganzen Haus recht ordentlich; nur die Restaurants entsprechen nicht der Klasse des Hauses. Der schönste Platz ist sicher die Poolterrasse, von der aus man abends einen einzigartigen Blick auf die ins Meer eintauchende Sonne und die Lichter Colombos genießt. Interessant ist, daß sich hier abends bei wechselnder Live-Musik auch die begüterten Einheimischen treffen. An Wochenenden ist die Poolterrasse beliebtes Ausflugsziel wohlhabender ceylonesischer Familien. Auch Hochzeiten werden im Mount Lavinia gefeiert und gewähren dem Urlauber Einblick in den Lebensstil der singhalesischen High-Society.

Zu erreichen ist das Mount Lavinia Hotel am besten mit der Bahn, denn die Station Mount Lavinia liegt nur hundert Meter vom Hotel entfernt.

Reservierung:
Tel. 01/715221 in Colombo
Fax 094/1715228
320 Zi

Luxus- bis 1. Kategorie
Frühstück 6 US-$, Freitagsbuffet
140 Rps.
Anfahrt: Über die A2, beschildert.

Für Nostalgiker mit Stil:
New Oriental Hotel in Galle

Der Name täuscht. Das »Neue Orient-Hotel« ist eins der ältesten der Insel. Zunächst wurde es 1684 als Kasino für niederländische Offiziere, Beamte und Kaufleute erbaut, 1868 wandelten die Briten es in ein Hotel um. 1902 übernahm die Burgher-Familie Bohier das Haus, die sich wiederum niederländischer Abstammung rühmt. Von der Verbundenheit mit der uralten Heimat zeugt neuerdings ein Foto des Herrscherpaares Beatrix und Claus an der Rezeption, mit dem voller Stolz darauf hingewiesen wird, daß die beiden auch schon das Hotel mit ihrem Besuch beehrt haben. Im Frühjahr 1992 haben wir wieder einmal das Vergnügen gehabt, mit Madame Brohier, Jahrgang 1905, zu plaudern. Temperamentvoll wie eh und je erzählte sie von den alten Zeiten auf Ceylon, als ihr Hotel ein gesellschaftlicher Treffpunkt der Tee- und Kautschukpflanzer war.

Die Tradition ist hier noch ungebrochener als in den meisten anderen Kolonialhotels der Insel. Das liegt zum einen daran, daß ja auch die Altstadt von Galle noch weitgehend ihr koloniales Gesicht gewahrt hat, zum anderen aber auch daran, daß hier die wenigsten Neuerungen Einzug hielten. Komfortabel ist das New Oriental daher nicht gerade: Der Deckenventilator dreht sich noch in den meisten der 35 Zimmer, und auch die Veranda wirkt mit ihrem Mobiliar eher me-

lancholisch als gepflegt nostalgisch. Doch für gewisse Abstriche beim Komfort bildet nicht nur die harmonische Atmosphäre einen Ausgleich, sondern vor allem auch der Innenhof mit den vielen Bäumen und Blüten und dem Swimmingpool, der zwar nicht der größte, dafür aber sicherlich der romantischste umrahmte auf der ganzen Insel ist.

10, Church Str.   Fax 09/320 45 und 320 11
Galle-Fort   36 Zi
Tel. 09/321 91   2.–3. Kategorie

Eine Nacht im Heiligen Bezirk:
Das Tissawewa Resthouse in Anuradhapura

Die Reisegruppen steigen in Anuradhapura normalerweise im Rasthaus und in den Hotels am Nuwarawewa, am Neuen Stausee, ab, weil diese Häuser klimatisiert sind und einen Swimmingpool haben. Für den wahren Individualisten aber gibt es auf ganz Ceylon kaum ein schöneres Quartier als das Rasthaus am Tissawewa, dem Alten Stausee. Es stammt noch aus frühen Kolonialzeiten, die Zimmer sind dementsprechend groß und einfach, besitzen aber alle Dusche und WC, Deckenventilator und Moskitonetz (das hier in unmittelbarer Seenähe wichtig ist). Im großen Park des Rasthauses toben tagsüber die Affen herum, direkt vor dem Zufahrtstor liegen einige der schönsten Sehenswürdigkeiten des alten Anuradhapura. Das Archäologische und das Volkskundliche Museum sind ebenso in wenigen Minuten zu Fuß zu erreichen wie der heilige Bodhi-Baum, denn das Rasthaus liegt ja selbst noch im Heiligen Bezirk. Deswegen darf hier auch kein Alkohol serviert werden, und wenn man auf das Glas Wein oder Bier nicht verzichten will, muß man es mitbringen und im Zimmer trinken.
Im Rasthaus werden Fahrräder vermietet, mit denen man durch das weite archäologische Gelände radeln kann. Einen vollen Tag sollte man dafür schon ansetzen. Zwischendurch empfiehlt sich eine Mittagspause im Rasthaus: Man kann hier nicht nur ausgezeichnet Rice & Curry essen, sondern auf den beiden gedeckten Veranden vor den Zimmern auch herrlich entspannen – auf einer Terrasse im Obergeschoß sogar auf alten, traditionellen Liegen. Stimmungsvoll sind die

Eines der ältesten Hotels der Insel: das New Oriental in Galle

Abende dort, denn kein Autolärm dringt ans Ohr des Gastes. Insgesamt kümmern sich 33 Angestellte um die höchstens fünfzig Gäste, bester Service ist also gewährleistet.

Reservierung über Quickshaws Colombo (Hertz-Vertretung)
Tel. 01/583133–35 in Colombo
025/2299 in Anuradhapura
Fax 01/587613

25 Zi (davon eins mit Klimaanlage)
3. Kategorie
Lage: Im Heiligen Bezirk in unmittelbarer Nähe des Archäologischen Museums.

In grünen Hügeln über den Wolken:
St. Andrew's in Nuwara Eliya

Der Name Nuwara Eliya bedeutet »Stadt über den Wolken«. Dieser Ort im Zentrum des Teehochlandes war in der britischen Kolonialzeit eine klassische Hill-Station. Nirgendwo auf der Insel ist heute noch soviel von dieser Zeit und der damit verbundenen Tradition lebendig geblieben wie hier. Das Grandhotel und der benachbarte Hill Club haben ebenso Geschichte gemacht wie der Golf Club. Ganz in seiner Nähe liegt ein weiteres Hotel mit kolonialer Atmosphäre, das St. An-

Das St. Andrew's in Nuwara Eliya ist nur eines der Kolonialhotels im Bergland

drew's, vielleicht das angenehmere, seit sich vor allem das Grandhotel stark auf den Gruppentourismus konzentriert. Die bisherige Größe von 55 Zimmern bewahrt dem St. Andrew's hingegen den intimen Charakter. 1993 sollen weitere 24 Zimmer hinzukommen, eines davon eine exklusive Suite sowie sieben Vierbetten-Appartements für Familien.

Natürlich hat das herrlich gelegene, über hundert Jahre alte Gebäude seinen Namen nach dem wohl bekanntesten aller Golfclubs, dem Royal and Ancient Club of St. Andrew's in Schottland. Die Lobby ist mit schönen alten Möbeln ausgestattet, viele Zimmer haben einen Kamin (in der Stadt über den Wolken kann es nachts empfindlich kalt werden). Sehenswert ist der Billardsalon mit einem hundert Jahre alten Spieltisch, der aus Kalkutta stammt. Der Service ist aufmerksam und die Atmosphäre ruhig.

St. Andrew's
St. Andrew's Drive
Nuwara Eliya
Tel. 052/2445

Reservierungen über:
Jetwing Hotel Group
Colombo
Tel. 01/698818

Wilde Tiere und ein Strand vor der Zimmertür:
Die Safari-Hotels am Yala-Nationalpark

In den ceylonesischen Nationalparks sind Hotels unerwünscht. Am Rande des Yala-Nationalparks aber stehen zwei direkt an weiten Sandstränden: das *Browns Safari Beach Hotel* und das *Yala Safari Beach Hotel*. Beide liegen, nur einen Kilometer voneinander entfernt, rund eine Jeepstunde östlich von Tissamaharama, von wo aus man sich am besten einen Jeep mit Fahrer für den Transfer zum Hotel mietet. Die Fahrt geht über schlechte, staubige Pisten.

Das Yala Safari Beach Hotel ist eine weitläufige, ebenerdige Anlage mit insgesamt 54 Zimmern, die nicht nur direkt am Meer, sondern auch noch am Ufer eines brackigen Binnensees liegt, in dem sich sogar Krokodile tummeln. Wildschweine und Rotwild kommen oft bis an den Rand der Anlage, auch Elefanten sind manchmal (außer im Oktober und November) ganz in der Nähe zu sehen. Baden im Meer ist nur bei ruhiger See möglich, da das Ufer hier sehr steil abfällt.

Das Browns Safari Beach Hotel liegt an einem badefreundlicheren Strandabschnitt. Zwischen November und April nutzen das auch Hunderte von Fischern aus Tangalla, die in dieser Zeit unmittelbar neben dem Hotel ein Hüttendorf am Strand beziehen und von hier aus täglich auf Hummer- und Krebsfang gehen. Im Hotel werden die edlen Tiere dann fangfrisch serviert. Die Atmosphäre im Hotel ist recht familiär, es stehen auch nur acht Zimmer mit ingesamt 18 Betten zur Verfügung.

Eine Klimaanlage besitzen beide Hotels ebensowenig wie Telefon auf dem Zimmer oder Stromanschluß. Für Elektrizität sorgt je ein eigener Generator: Im größeren Hotel täglich von 12 bis 15 Uhr und 18 bis 9 Uhr, im kleineren täglich von 18 bis 6 Uhr.

Von Dezember bis März empfiehlt sich für beide Hotels eine Vorausreservierung.

Browns Safari Beach Hotel	**Yala Safari Beach Hotel**
Amaduwa, Yala	Yala/Tissamaharama
Tel. 047/203 26	Reservierung über Jetwing Travels
Fax 01/546838	Colombo
8 Zi	Tel. 01/698818
3. Kategorie	54 Zi
Frühstück 2 US-$, Lunch 3 US-$, Abendessen 3,50 US-$	3. Kategorie

Architektur mit Pfiff:
Das Hotel Sigiriya Village in Sigiriya

Endlich einmal ein Hotel, hinter dessen Architektur eine Idee steckt: dem Gast durch Wohnen etwas vom Geist der Insel zu vermitteln. Je zwanzig Reihenbungalows gruppieren sich hufeisenförmig um insgesamt fünf Gärten, gestaltet von Bevis Bawa, Sri Lankas legendärem Gartenarchitekten. Jeder dieser Komplexe steht unter einem Thema: Tempel, Königsfischer, Reisfeld, buddhistisches Neujahrsfest und Flußufer. Entsprechend sind die Gärten angelegt, ganz aufs jeweilige Thema abgestimmt ist auch die Inneneinrichtung der Räume. Im Tempel-Komplex beispielsweise haben die Lampen die Form der Bettelschale der Mönche, die Bettdecken sind orange wie ihre Gewänder, als Wandschmuck dienen die Fächer der Mönche, auf dem Boden stehen wie in den Tempeln Tongefäße zur Aufnahme heiligen Wassers. Im Reisfeld-Komplex erinnern die Lampenschirme an die Hüte der Reisbauern, farblich ist alles im Grün-Gold der Reisfelder gehalten.

Verantwortlich für die Innenarchitektur zeichnete einer der bekanntesten Künstler der Insel, Mariposa. Im weitläufigen Parkgelände des Hoteldorfes weiden Kühe, auf der benachbarten hoteleigenen Farm werden Schweine, Enten, Hühner, Kaninchen und Gemüse für die

Vom Swimmingpool im Garten des Hotels Sigiriya Village hat man einen schönen Blick auf den vielbesuchten Felsen von Sigiriya

Küche des Hauses gezüchtet. Vom relativ großen Swimmingpool mit Kinderplanschbecken aus hat man einen schönen Blick auf den berühmten Felsen.

Reservierung über:	Tel. 01/69 88 18
Jetwing Travels	100 Zi
Colombo	2. Kategorie

Reise in die Vergangenheit:
Das Hotel Closenberg nördlich von Galle

1858 baute sich der britische Kapitän Bailey, seinerzeit Hafenagent der weltumspannenden Koloniallinie P & O., einen kleinen Palast auf einen Hügel oberhalb der damals noch sehr bedeutenden Stadt Galle. Gut vierzig Jahre später besuchte der deutsche Forschungsreisende Ernst Haeckel die Villa Marina, wie Bailey sein Refugium über der Bucht von Galle genannt hatte. In seinen »Indischen Reisebriefen« schwärmte Haeckel um die Jahrhundertwende von diesem Ort: »Mit seinem Natursinn hat er (Bailey) sich für den Bau seines Da-

So wie hier im alten Flügel des Closenberg-Hotels sehen die Zimmer in vielen Kolonialhotels aus

heims einen Punkt ausgesucht, wie er hier nicht schöner gefunden werden kann.«

Bald darauf wurde aus der Villa Marina das Hotel Closenberg. Es ist noch immer im Besitz der alteingesessenen Singhalesen-Familie Abeyewardene. Der heutige Chef Kumar Abeyewardene führt es gemeinsam mit seiner Frau Simone, einer Schweizerin. Vieles am Hotel Closenberg ist geblieben, wie es immer war: Der Weg hinauf ist palmengesäumt, auf der Veranda stehen schwere Liegestühle aus dunklem Tropenholz, an den Decken drehen breite Ventilatoren ihre Runden. Die Türen im Altbau haben massive Holzjalousien, die Silberkännchen, aus denen Milch zum Tee gereicht wird, stammen aus den frühen Jahren. Auch die Kellner, barfuß, knöchellang in Weiß gekleidet, scheinen aus einer anderen Zeit zu stammen. Aber auch dieses Haus hat Tribut an die Moderne gezahlt: Seit 1984 gibt es zwanzig schlicht-komfortable Zimmer in einem Anbau, der sich aber durchaus harmonisch in das architektonische Ensemble einfügt, und auch die Verköstigung von Reisegruppen gehört mittlerweile zum Hotelalltag.

Die Kenner und langjährigen Liebhaber des Hauses fühlen sich dennoch wohl. Für sie läßt Kumar besonders gern in einer lauschigen

Ecke des Gartens zum Abendessen decken: Bouillabaisse, die Spezialität des Küchenchefs, oder feine Currys, liebevoll angerichtet und bei Kerzenlicht serviert.

Hotel Closenberg   Tel. 09/23073
11, Closenberg Road   2. Kategorie
Magalle/Galle

Ceylons größter Swimmingpool:
Das Hotel Triton in Ahungalla

Eins der teuersten Strandhotels der Insel ist das Triton auf jeden Fall. Für den, der Wert auf großen Komfort und stilvoll eingerichtete, geräumige Zimmer legt und vor allem große Ruhe und Entspannung sucht, ist es sicherlich auch eins der besten. Kein Lärm dringt hier an des Urlaubers Ohr.
Zwischen dem Hotel und der Küstenstraße liegt der große Hotelgarten; am über einen Kilometer langen, breiten Sandstrand steht keine einzige andere Urlauberherberge. Musik wird abends nur im »Supper Club« gespielt, eine Diskothek oder gar einen Nightclub sucht man vergeblich. Der Service funktioniert gut – an die Herzlichkeit

Der breite Sandstrand beim Hotel Triton in Ahungalla

z. B. in den Resthouses oder in manchen Kolonialhotels reicht er allerdings nicht heran.

Immerhin: Hier werden dem Gast geruhsame Urlaubstage mit Komfort geboten. So gibt es einen Tennis- und einen Badmintonplatz mit Flutlichtanlage, Tischtennisplatten und Billardtische; Wassersportler aber müssen für ihre Aktivitäten mit dem Hotelbus gegen Gebühr ins über zwanzig Kilometer entfernte Bentota fahren. Schwimmer hingegen sind im Paradies. Nur durch den Sandstrand vom Meer getrennt wartet auf sie das größte Schwimmbecken Sri Lankas. 37 Meter ist es lang, fast 35 Meter breit, über 7,2 Millionen Liter Wasser faßt es. Sonnenbaden kann man auf Liegen rund um den Pool oder am Strand im Halbschatten der Mangroven. Fürs körperliche Wohlbefinden sorgt außerdem noch ein Gesundheitszentrum mit Massage-, Sauna- und Fitneßangebot.

Reservierungen:
Tel. 09/54041–44 oder 4471661
Fax 01/546838

In Deutschland über:
STR Frankfurt/Main
Tel. 069/550647
Fax 069/598933
150 Zi
Luxuskategorie

Die Bahn fährt durch den Garten:
Die Villa bei Bentota

Ein Tip für den *sophisticated traveller:* Das schöne Haus im Kolonialstil wird – wie der Name schon sagt – ganz im Stil einer privaten Villa geführt. Bis vor kurzem gehörte es dem berühmten Architekten Geoffrey Bawa, der unter anderem auch das Hotel Triton gestaltet hat. Jetzt soll die Villa in amerikanischem Besitz sein; geführt wird es jedenfalls von Ernest B. Wedande. Und der legt weiterhin Wert auf die Pflege gehobenen Stammpublikums. Viele Botschaftsangehörige spannen hier ein paar Tage aus und wissen die Kochkünste des einheimischen *chef* zu schätzen. Die fünfzehn Zimmer, fünf davon Suiten, sind sparsam, aber erlesen möbliert. Durch den ansonsten völlig abgeschiedenen Palmengarten führt die Eisenbahnlinie von Colombo in den Süden – Stammgäste des Hotels behaupten, man gewöhne sich rasch an die paar Züge am Tag, die sich pfeifend ankündigen.

The Villa
138/18 & 20, Galle Road
Bentota

Tel. 034/75311
35 Zi
1. Kategorie

Kultur- und Kultstätten

Die Geburtsstätte des ceylonesischen Buddhismus:
Mihintale

Schon von weitem sichtbar ragt zwölf Kilometer östlich von Anuradhapura ein dicht bewaldeter Berg aus der Ebene auf, auf dem sich
deutlich die Konturen einer weißen Dagoba abzeichnen. Hier oben
wurde im Jahre 250 v. Chr. entschieden daß Ceylon buddhistisch
werden würde. König von Anuradhapura war damals Devanampiya
Tissa; König des mächtigsten Reiches des indischen Subkontinents,
dem Mauriya-Reich, war Ashoka. Durch ihn, den großen Ashoka,
wurde der Buddhismus überhaupt erst zur Weltreligion. Ashoka ent-
sandte seinen nahen Verwandten, Prinz Mahinda, nach Lanka, um
die Insel zu missionieren. In einer Vollmondnacht traf Mahinda erstmals mit dem lankesischen König Devanampiya Tissa, der sich zur
Jagd begeben hatte, eben auf diesem Berg zusammen. Im Ge-

Aufstieg zu einem der religiösen Zentren des ceylonesischen Buddhismus:
Mihintale

spräch prüfte der Missionar zunächst des Herrschers Auffassungsgabe, dann verkündete er ihm und seinem Jagdgefolge die Lehre des Buddha. Der König lud Mahinda nach Anuradhapura ein, und schon bald bekannte sich dessen gesamte Bevölkerung zum Buddhismus. In Mihintale und in Anuradhapura entstanden die ersten buddhistischen Klöster, Mahinda blieb bis zu seinem Lebensende in Lanka.

Vom Parkplatz aus führt eine restaurierte, 340stufige Treppe hinauf zum heiligen Bezirk, wo auch heute noch jegliche Jagd verboten ist. Unterwegs zweigt ein Pfad nach rechts zur schönsten Dagoba Mihintales ab, der Kantaka-Cetiya-Dagoba. Sie soll noch zu Lebzeiten Mahindas entstanden sein und wurde nach dem Pferd des Buddha, Kantaka, benannt. Sie besitzt besonders schöne Vorbauten (Vahalkadas) mit wunderhübsch reliefierten Friesen und Pfeilern.

Auf der anderen Seite der Treppe führt ein Pfad zu einer namenlosen, wenig aufregenden Dagoba. Steigt man weiter die Treppe hinauf, kommt man noch an zwei Badebecken vorbei, dem Löwen- und dem Schlangenbad, bevor man das Plateau mit der schon von unten erkennbaren Ambastale-Dagoba erreicht. An der Stelle, wo sie seit nunmehr 2000 Jahren steht, soll die erste Begegnung zwischen dem König und dem Missionar stattgefunden haben; in ihrer Reliquienkammer wird die Asche des Mahinda verwahrt.

Gleich hinter dieser Dagoba erhebt sich der kleine Sila-Fels, von dem aus der Blick über Mihintale, die Dagobas von Anuradhapura und die dschungelbestandene Ebene mit ihren Stauseen am eindrucksvollsten ist. Wer Lust hat, noch weiterzugehen, kommt schließlich zu einer Höhle mit einem aus Stein gehauenen Bett, das Mahinda zugeschrieben wird, sowie zu einer vierten Dagoba, der Mahaseya-Dagoba aus dem 10. Jahrhundert. Sie birgt als heilige Reliquie ein Haar, das einst zwischen den Augenbrauen des Erleuchteten wuchs.

Ständig geöffnet
Eintritt frei
Anfahrt: Mihintale liegt am Schnittpunkt der A9 (Kandy–Jaffna) und der A12 (Anuradhapura–Trincomalee) und ist daher gut mit Linienbussen zu erreichen.

Sri Lankas heiligster Baum:
Der Sri-Maha-Bodhi-Baum in Anuradhapura

Buddha wurde erleuchtet unter einem Pappelfeigenbaum *(ficus religiosa)* im indischen Ort Bodh Gaya. Ein Ableger jenes historischen Baumes steht heute noch in Anuradhapura – eben der heilige Sri-Maha-Bodhi-Baum. Die Chronik erzählt, er sei von Mahindas Schwester Sangamitta im Auftrag des Königs Ashoka hierher gebracht worden, um das Zentrum des ältesten Klosters von Anuradhapura, der Maha Vihara, zu bilden.

Der von Pfählen gestützte, altersschwache Baum steht heute zusammen mit mehreren Ablegern auf einer rund 300 Jahre alten Terrasse, die ein neuer, goldener Zaun umläuft. Niemand außer den Hegern der Bäume darf diese Terrasse betreten, so heilig ist der Baum. Um den Sri-Maha-Bodhi-Baum herum stehen Altäre und kleine Kapellen mit Buddha-Statuen. Den ganzen Tag über pilgern Gläubige hierher, um Lichter zu entzünden und Blüten darzubringen. In den Ästen der Bäume im Heiligen, von einer Mauer umgebenen Bezirk hängen die bunten Gebetswimpel. Die Tore werden nachts geschlossen, um wilde Tiere vom heiligen Baum fernzuhalten. Gegen die Terroristen, die am frühen Morgen des 14. Mai 1985 bis zum Baum vordrangen und mehrere wehrlose Menschen ermordeten, gab es keinen Schutz. Der Überfall auf diese den Buddhisten so besonders heilige Stätte war selbst für verständigungswillige Singhalesen ein schwerwiegender Affront.

Tgl. 5–11 und 14–21 Uhr
Poya um 6.30, 10.30 und 19 Uhr
Eintritt: entweder mit dem Sammelticket »Kulturdreieck« (20 US-$) oder
mit dem für ganz Anuradhapura gültigen Einzelticket (7 US-$, Kinder un-
ter 12 Jahren 50 Prozent Ermäßigung)

Meisterwerke buddhistischer Kunst:
Gal Vihara in Polonnaruwa

Die vielen tausend modernen Buddha-Statuen in Sri Lanka wirken aufs westliche Auge meist eher kitschig denn künstlerisch wertvoll. Auch viele ältere Werke besitzen für unser Verständnis zu wenig Aussagekraft, so daß sie kaum beeindrucken können. Die Buddha-Statuen Gal Vihara in Polonnaruwa bilden da eine der wenigen Ausnahmen: Sie gehören ganz und gar der exotischen Welt des Ostens an, erfüllen die Bedürfnisse des buddhistischen Gläubigen und wirken dennoch auch auf uns stark wie klassische Meisterwerke unserer eigenen Kultur.

Vier Statuen sind es, die im 12. Jahrhundert aus einem niedrigen Fels am Nordrand der Königsstadt herausgemeißelt wurden. Ursprünglich hielt man sie durch Statuenhäuser geschützt, doch sind die alten Ziegelmauern längst verfallen, so daß wir die gesamte Gruppe auf einen Blick überschauen können. Auch sonst stimmt unser

Eindruck nicht ganz mit dem von Betrachtern des Mittelalters überein: Damals waren diese Statuen wie ja auch die Werke der griechischen Antike bunt bemalt und mit Edelsteinen und Tüchern geschmückt.

Die erste, ganz im Süden liegende Figur ist ein fünf Meter hoher sitzender Buddha in Dhyana Mudra, also in der Geste der Meditation. Er strahlt große Würde und tiefe innere Ruhe aus. Sein steinerner Thron mit Löwenfries wird von einer Architekturfassade umrahmt, wie wir sie von den Bauten der Königsstädte her kennen.

Die zweite Buddha-Statue sitzt in einer künstlich geschaffenen Höhle, deren Front zwei aus dem Fels herausgemeißelte Pfeiler zieren. Auch hier präsentiert sich Buddha wieder in der Geste der Meditation. Die Löwenskulpturen am Thron, der Sonnenschirm über dem Erleuchteten, die beiden Wedelträger und die ihn flankierenden Götter Vishnu und Brahma verleihen dem Buddha irdischen Glanz und schaffen so eine wirkungsvolle Spannung zum völlig in sich versenkten Erleuchteten.

Die dritte und die vierte Statue werden oft als Einheit interpretiert. Das Haupt des fast 14 Meter langen liegenden Buddha ruht auf einem runden, reich verzierten Kissen; man glaubt zu sehen, wie es unter dem Druck seines Kopfes einsinkt. Die rechte Hand des Erleuchte-

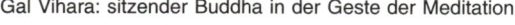

Gal Vihara: sitzender Buddha in der Geste der Meditation

ten ruht friedvoll unter seinem Kopf. Sogar sein Ohrläppchen paßt sich der Rundung des Kissens an. Der Gesichtsausdruck strahlt tiefen Frieden aus. Ruhe und Erhabenheit gehen auch von der feinen Maserung des Kopfkissens und dem kunstvoll gearbeiteten Faltenwurf des Gewandes aus, unter dem der Körper sich wölbt. Besser ist der Eingang des Erleuchteten ins Nirwana nirgends dargestellt.

Links neben seinem Haupt erhebt sich eine vierte, etwa sieben Meter hohe Statue, von der gesagt wird, es sei Ananda, der Lieblingsschüler des Buddha. Dieser war nach der Tradition beim Paranirwana seines Lehrmeisters zugegen und gab seinem Leib das Feuergrab.

Sonnenauf- bis Sonnenuntergang
Eintritt: entweder mit dem Sammelticket »Kulturdreieck« oder mit dem für ganz Polonnaruwa gültigen Einzelticket (7 US-$, Kinder unter 12 Jahren 50 Prozent Ermäßigung)

Ein Bilderbuch von Mythologie und Geschichte:
Die Höhlentempel von Dambulla

Im Herzen des ceylonesischen Kulturdreiecks, dessen Eckpunkte Anuradhapura, Polonnaruwa und Kandy markieren, liegen die Höhlentempel von Dambulla 340 Meter hoch an einem mächtigen Gneis-

Beinahe 2000 Jahre lang meißelten Mönche die fünf Höhlen von Dambulla aus dem Fels

felsen. Über den nackten Fels und in ihn hineingehauene Stufen gelangt man, begleitet von Kindern und Bettlern, nach Futter heischenden Affen und Möchtegern-Fremdenführern nach oben, wo einen wie schon auf den Felsen von Mihintale und Sigiriya wieder ein atemberaubend schöner Blick über die weite Dschungelebene und die Berge weit im Hintergrund erwartet.

Doch um das kulturell Sehenswerte in Dambulla zu finden, muß man in die fünf Höhlen hinein, die fromme Mönche hier im Laufe von über zwei Jahrtausenden aus dem Fels geschlagen haben. Dort finden sich Hunderte von Statuen, Tausende von Malereien zieren vor allem die niedrigen Decken – das ist mehr Kunst als in irgendeinem anderen Tempel Sri Lankas. Die ältesten Statuen stammen vielleicht schon aus dem ersten Jahrhundert v. Chr., mit Sicherheit aber aus dem zweiten oder dritten Jahrhundert n. Chr. Die meisten Figuren freilich bevölkern die Höhlen erst seit dem 18. Jahrhundert, als auch der Großteil der Deckenmalereien von Malerfamilien aus der Gegend um Dambulla angebracht wurde, mitunter über noch schwach erkennbaren, älteren Malschichten. Die Malereien sind Musterbeispiele des Kandy-Stils, der oft als »volkstümlich-folkloristisch« abgewertet wird, obwohl er doch das Gefühl einer ganzen Epoche zum Ausdruck bringt. Die Szenen sind besonders figurenreich und lebhaft, die idealisierten Gestalten bewahren Würde. Perspektive und Schatten wird man vergeblich suchen, dafür aber findet man alle dargestellten Ereignisse in epischer Breite ausgeführt. Jataka-Geschichten, also Darstellungen aus früheren Leben des Buddha, fehlen entsprechend der Kandy-Manier völlig, dafür widmen sich die Maler ganz der Darstellung seiner letzten menschlichen Existenz, in der er die Erleuchtung erlangte. In integrierten Schriftfeldern wird oft erläutert, was der Pilger vor Augen hat. Ebenfalls zahlreich vertreten sind Malereien, die geschichtliche Ereignisse, darunter auch Schlachten, ausführlich ausbreiten. Angeordnet sind die Malereien in horizontalen Streifen, wobei die Erzählung sowohl von links nach rechts als auch von rechts nach links erfolgen kann. Typisch für die Kandy-Epoche ist die Vorliebe der Maler für rein dekorative Motive.

Die bedeutendsten Statuen und Malereien finden Sie in den Höhlen II und III. Lankische Wissenschaftler sind unter Mithilfe der Unesco gerade wieder mit der Erforschung und Restaurierung dieser Kunstwerke beschäftigt.

Tgl. von Sonnenaufgang bis Sonnenuntergang geöffnet (in der Mittagshitze ist der Aufstieg sehr anstrengend)

Eintritt: entweder mit dem Sammeltick-et »Kulturdreieck« oder mit einem Einzelticket (5 US-$, Kinder unter 12 Jahren die Hälfte)

Hier sind hinduistische und buddhistische Elemente vereint: Nalanda Gedige

Ein ceylonesisches Abu Simbel:
Die Nalanda Gedige

In großer Stille steht vor grandioser Hügelkulisse auf einem Inselchen in einem kleinen Stausee der landschaftlich besonders schön
gelegene Tempel von Nalanda, der kunsthistorisch zu den ältesten
und bedeutendsten Bauten Sri Lankas gehört. Von Touristen wird er
bisher kaum besucht, denn sein Name fehlt noch in den meisten Rei-
seführern: Bis Anfang der achtziger Jahre ruhte er auseinanderge-
nommen wie ein Puzzle in den Magazinen der Archäologen!
Nach über tausendjährigem Bestand war der Tempel nämlich zu Beginn der siebziger Jahre durch das große Mahaweli-Projekt gefährdet. Der Fluß, an dessen Ufer der Tempel stand, sollte aufgestaut
werden, der Tempel drohte in den Fluten unterzugehen. Da beschlos-
sen die ceylonesischen Archäologen, ihn zu retten. Sie trugen Stein
für Stein ab und numerierten sie; sie nahmen zugleich auch die Gelegenheit wahr, das Fundament des Tempels und das ihn umgebende
Erdreich intensiv zu erforschen. Bis 1980 lagen die Steine im Maga-
zin herum. Dann wurde im gestauten Fluß eine sieben Meter hohe Insel aufgeschüttet, die über einen gleich hohen, von blühenden Sträu-
chern gesäumten Damm mit dem Festland verbunden ist. Beim ab-

schließenden Wiederaufbau des Tempels wurden fehlende Steine durch Beton ersetzt, die gleich nördlich vom Tempel stehende kleine Stupa wurde mit neuen Ziegeln ausgefüllt. Die Archäologen vergleichen ihr Werk gern mit der Rettung von Abu Simbel. Freilich war der gefährdete Bau hier sehr viel kleiner – und die Rekonstruktion bedurfte keiner aufwendigen, modernen Technologie, sondern vollzog sich überwiegend in Handarbeit nach uralten Methoden.

Die Gedige (buddhistisches Statuenhaus) ist der einzige Tempel Sri Lankas im spätklassischen, südindischen Pallava-Stil. Die Dynastie der Pallavas herrschte im heutigen Mahamallapuram südlich von Madras zwischen 325 und 897; ihre künstlerische Blütezeit erlebte sie zwischen 580 und 730. In dieser Zeit wurden Tempel aus gewachsenem Fels herausgemeißelt, deren hervorstechendes Merkmal unter anderem Tonnengewölbe sind. Zu diesem Tempeltyp gehört auch der von Nalanda.

Dieser hinduistische Tempeltyp wurde in ein buddhistisches Bauwerk integriert. Wie bei antiken buddhistischen Statuenhäusern üblich, ist die gesamte Anlage dreigeteilt: Über drei Stufen, vor denen ein schmuckloser Mondstein liegt und die von den typischen Makaras flankiert werden, erreicht man eine kleine Vorhalle, die überleitet in ein größeres Vestibül, die Mandapa. Ihre Mauern sind über einen Meter dick; durch zwei Reihen von je vier kapitellgeschmückten Pfeilern wird sie in drei Schiffe unterteilt. Die Pfeiler trugen ein Dach, das heute freilich nicht mehr vorhanden ist. Das Vestibül wiederum leitet über zum eigentlichen Buddha-Schrein, eben jenem Pallava-Tempel. Um ihn führt ein Ambulatorium herum. Im Schrein stehen heute einige Boddhisattva-Statuen und -Stelen, Buddha-Figuren und der elefantenköpfige Gott Ganesha.

Das friedliche Nebeneinander von hinduistischen und buddhistischen Elementen demonstrieren auch die beiden Architrave (Tragbalken) über dem Zugang zur Mandapa und zum Schrein: Den zur Mandapa dekorieren Reliefs mit dem Gajalakshmi-Motiv, bei dem Elefanten die Hindu-Göttin Laksmi mit Wasser übergießen; den zum Schrein dekorieren Reliefs mit sitzenden Buddhas zwischen Statuenhäusern. Ein hinduistisches Element, für das insbesondere die indischen Tempel von Kajuraho bekannt sind, das aber auch im Buddhismus ab und zu auftaucht, können Sie noch an der Südwand der Gedige erkennen: ein Relief mit einer erotischen Darstellung.

Tgl. außer an Poya-Tagen von Sonnenauf- bis Sonnenuntergang
Anfahrt: Zum Tempel zweigt eine beschilderte Nebenstraße am Rasthaus im Dorf Nalanda ab. Nalanda liegt an der Hauptstraße von Dambulla nach Matale, 19 km südlich von Dambulla.

Barbusige Schönheiten:
Die Wolkenmädchen von Sigiriya

Mitten aus der Dschungelebene ragt nahe der alten Inselhauptstadt
Anuradhapura der trutzige Fels von Sigiriya auf. Vor 1500 Jahren
war er von Mauern, Wassergräben und Gärten umgeben, auf seinem
Gipfelplateau standen weitläufige Palastanlagen. Der Aufgang befindet sich an der Westseite des Felsens, und oberhalb dieses Aufgangs sehen Sie – heute über eine schwindelerregende Wendeltreppe zu erreichen – die Fresken der übriggebliebenen 17 von einst vielleicht 500 »Wolkenmädchen«: kostbar geschmückte Frauengestalten mit kunstvollen Frisuren, Früchten, Blumen und Blüten in den
Händen. Um ihre Hüften tragen sie ein Tuch, der Nabel liegt frei. Die
dunkelhäutigeren Damen präsentieren ihren Busen völlig unverhüllt,
die hellhäutigeren tragen darüber – man erkennt es erst bei genaue-
rem Hinsehen – ein hauchdünnes, durchsichtiges, ganz eng anlie-
gendes Obergewand. Unterhalb der Hüften endet bei allen die Darstellung; wie aus geringen Farbresten abzuleiten ist, verschwanden
sie wohl in roten Wolken – deswegen auch der Name »Wolkenmädchen«.

Fresken von Sigiriya: Die kostbar geschmückten Frauengestalten halten
Früchte und Blumen in den Händen

Warum sie den Fels zieren, weiß niemand genau. Die einen meinen, sie stellten die Frauen und Dienerinnen des Königs Kassapa dar, der Sigiriya als Festung errichten ließ; andere wiederum vertreten die Ansicht, sie seien als mythische Wesen zu deuten, die den Gipfel des sagenhaften Berges Kailasa umgeben, auf dem Kuvera, der Gott des Reichtums, residiert habe und dem nachzueifern Kassapas Ziel gewesen sei.

Eindeutig ist der hohe künstlerische Wert dieser Malereien, die am ehesten noch mit denen von Ajanta bei Bombay zu vergleichen sind. Die Künstler, die hier unter äußerst schwierigen Bedingungen an der Steilwand des Felsens zu arbeiten hatten, trugen ihre Erdfarben auf eine dreifache Putzschicht auf. Sie mischten den Farben einen pflanzlichen Kleber und ein pflanzliches Öl bei, das die Malereien besonders witterungsbeständig werden ließ. So konnten noch nach 700 Jahren die Besucher des längst verfallenden Sigiriya die Wolkenmädchen in all ihrer Schönheit bewundern, wie zahlreiche Inschriften, sogenannte Graffiti, in einer Mauer entlang des Aufgangs beweisen. Nach dem 12. Jahrhundert kümmerte sich dann niemand mehr um Sigiriya, die Damen verblichen. Im Oktober 1967 hackten Unbekannte ganze Malereien aus dem Fels heraus und überstrichen viele andere mit schwarzer Farbe – 17 davon wurden kurz darauf von einem italienischen Künstler restauriert und wirken deswegen wieder so frisch wie zu ihrer Entstehungszeit ums Jahr 485 herum.

Tgl. 7–17 Uhr
Eintritt: entweder mit dem Sammelticket »Kulturdreieck« (20 US-$) oder mit einem Einzelticket (7 US-$, Kinder unter 12 Jahren 50 Prozent Ermäßigung)

Letzte Heimat für eine viel umkämpfte Reliquie:
Der Tempel des heiligen Zahns in Kandy

Als der Erleuchtete ins Nirwana eingegangen und seine sterbliche Hülle verbrannt worden war, retteten seine Anhänger vier seiner Zähne als wertvolle Reliquien. Einer davon gelangte vor etwa 1700 Jahren nach Lanka. Er war zuvor in einem Tempel in Nordindien verwahrt worden, geriet jedoch in den Zeiten des Verfalls der buddhistischen Religion und des Wiedererstarkens des Hinduismus in Gefahr. In der Haartracht einer Nonne versteckt ließ ihn darum ein frommer

Wer die »Wolkenmädchen« bewundern will, muß schwindelfrei sein: Aufstieg auf den Felsen von Sigiriya

König auf die Insel bringen. Hier wurde die Reliquie immer dort in einem prächtigen Tempel verehrt, wo der König gerade residierte: lange Zeit in Anuradhapura, dann in Polonnaruwa und schließlich in Kotte und Kandy. Der Herrscher, der den Zahn besaß, war schon allein durch diesen Besitz als König legitimiert; in Kämpfen zwischen Rivalen um den Thron galt es darum auch immer, sich die Reliquie zu sichern. Die Portugiesen hatten die Funktion der Reliquie verstanden, sie entführten sie im Jahre 1560 nach Goa, ließen den Zahn dort zermahlen und verbrennen. Doch als Kampfmittel gegen den Buddhismus ließ sich der Zahn nicht verwenden: Er tauchte bald wieder auf Ceylon auf, und den Buddhisten ward klar, daß die Portugiesen nur eine Kopie in ihren Besitz gebracht hatten. Die Zahnreliquie ist somit nicht nur ein religiöses Symbol; sie ist auch ein wesentliches Sinnbild für den singhalesischen Nationalismus. Kein Wunder, daß der Zahntempel in Kandy der von Politikern meistbesuchte Ceylons ist. Für neugewählte Parteiführer und Präsidenten ist es immer eine publikumswirksame Pflicht, so schnell wie möglich nach Amtsantritt der Reliquie einen Ehrenbesuch abzustatten.

Am besten besuchen Sie den Tempel zu den Poya-Zeiten. Um 5.30 Uhr, zur ersten Poya, sind meist nur wenige Touristen anwesend, wer gern länger schläft, kann auch um 9.30 oder 18.30 Uhr gehen. Vor dem Reliquiensaal im ersten Stock des Tempelbaus legen dann die Gläubigen ihre Opfergaben ab – häufig sind es Lotusblüten –, sie reihen sich ein in die Schlange derer, die auf die Trommelwirbel warten, die den Beginn der Zeremonie anzeigen. Buddhistische Mönche öffnen die prunkvollen, mit Malereien und Intarsienarbeiten verzierten Türen, die in das Allerheiligste führen. Hier ruhen auf einer goldenen Lotusblüte sieben ineinanderpassende Miniatur-Dagobas, die mit Smaragden, Rubinen, Saphiren, Katzenaugen und Perlen besetzt sind. In der innersten dieser Dagobas wird der Zahn des Erleuchteten verwahrt, so sagt man wenigstens. Fotos existieren nicht, und es gibt auch niemanden, der ihn zu Gesicht bekommen hätte. Angeblich soll der Zahn fünf Zentimeter lang und anderthalb Zentimeter breit sein.

Dalada Maligawa (Tempel des Zahns)
Dewa Vidiya (am Seeufer)
Tgl. 5.30–20 Uhr
Eintritt: 5 US-$

Feste

Das prunkvollste Fest des Landes:
Die Kandy-Perahera

Einmal im Jahr ist ganz Kandy festlich gestimmt. Von der Neumond-
nacht im Juli bis zum Morgen nach der darauffolgenden Vollmondnacht im August quillt Kandy 14 Tage lang von Hunderttausenden
von Pilgern und Touristen über, die Sri Lankas prunkvollste Prozession, die Kandy-Perahera, miterleben möchten. Mehr als dreitausend Trommler und Tänzer, Peitschenknaller und Akrobaten, Fak-
kel- und Würdenträger sowie rund hundert prächtig geschmückte
Elefanten nehmen aktiv daran teil. Den religiösen Mittelpunkt des
Festes bildet dabei die heilige Reliquie eines Zahns des Buddha.
Prozessionen zu Ehren dieses Zahns sind schon für die ceylonesische Antike bezeugt. Sie gerieten aber im Mittelalter in Vergessenheit. In der Königsstadt Kandy wurde im frühen 13. Jahrhundert nur
ein großes Fest begangen, ein hinduistisches zu Ehren von Natha,
Vishnu, Skanda und Pattini – vier Göttern, die freilich auch von den
Buddhisten als solche respektiert wurden. Im Zeichen eines wiederer-
starkenden Buddhismus verschmolzen dann die Könige von Kandy
ab 1775 den antiken buddhistischen Brauch mit dem lokalen hinduistischen zur Kandy-Perahera. Bei diesem »Miteinander« verschiedener Traditionen blieb es seitdem. Auch heute noch spielen die Tempel der vier hinduistischen Gottheiten eine große Rolle im Rahmen
der Perahera.
Die ersten fünf Nächte des Festes stehen sogar ganz allein im Zeichen dieser vier Tempel. Hier finden dann allnächtlich eindrucksvolle
Zeremonien und kleine Prozessionen statt. In den nächsten fünf
Nächten ziehen bereits kürzere Prozessionen durch die Straßen der
Stadt. Die Zahnreliquie wird jedoch erst in den letzten fünf Nächten
des Festes in die Prozession eingegliedert, die von nun an ihre volle
Pracht entfaltet. Daß dabei neuerdings das echte Reliquiar aus Sicherheitsgründen im Tempel verbleibt und nur eine Kopie durch die
Straßen getragen wird, tut dem Enthusiasmus der Gläubigen keinen
Abbruch. Sie versammeln sich schon am späten Nachmittag entlang
der Absperrung an den vorher genau festgelegten Routen der Perahera. Bis 20 Uhr hat sich auch die Tribüne gegenüber des Zahntempels gefüllt, deren Plätze vor allem an ausländische Urlauber ver-

Traditionell geschmückte Tänzer bei der Kandy-Perahera

kauft werden. Irgendwann zwischen 20 und 22 Uhr ertönt ein Schuß. Er ist das Zeichen dafür, daß der heilige Zahn jetzt aus dem Tempel getragen und auf den Rücken des kräftigsten, am prächtigsten geschmückten Elefanten gestellt wird. Danach setzt sich die ganze Prozession in Bewegung. Etwa zwei Kilometer lang ist der Festzug, angeführt vom buddhistischen »Teil« und gefolgt von den jeweiligen Gruppen aus den vier hinduistischen Tempeln, die so die Verehrung ihrer Götter für den Buddha demonstrieren. Nach mehreren Stunden kehrt die ganze Prozession schließlich in den Zahntempel zurück, wo das Reliquiar dann wieder verschlossen wird. Die letzte Nacht des Festes ist die der »Maha-Perahera« – der Großen Prozession. Da kehrt die Zahnreliquie nicht in den Zahntempel zurück, sondern wird kurz nach Mitternacht zum buddhistischen Adanamaluwa-Kloster an der Straße nach Trincomalee gebracht, um dort bis zum frühen Morgen zu bleiben. Damit wird jener Nacht am Ende der portugiesischen Kolonialzeit gedacht, in der die Reliquie nach Jahren des sicheren Verstecks auf ihrem Rückweg zum Zahntempel eine Nacht im Gebiet der Hauptstadt verbrachte. Den Abschluß des Festes bildet schließlich die Zeremonie des Wasserschneidens, der einzigen Prozession bei Tageslicht. Dabei rudern die Oberpriester der vier Hindu-Tempel auf den See von Kandy hinaus und schneiden mit einem

Schwert einen Kreis ins Wasser. Jeder füllt ein Gefäß mit diesem Wasser, das dann bis zum nächsten Jahr im jeweiligen Tempel verwahrt wird. Es stellt nach hinduistischem Glauben die Verbindung zwischen materieller und geistiger Welt her und ist deswegen außerordentlich kostbar.

Die jeweils genauen Termine der Umzüge, die anhand der Vollmondnächte unter Anleitung der Priester und Wahrsager errechnet werden, nennt das Fremdenverkehrsamt von Ceylon. Karten für Tribünenplätze im Touristenbüro, Preis 250–500 Rps.

Viele Wunden, doch kein Blut:
Das Kataragama-Fest

Kataragama ist für Buddhisten, Hindus und Moslems der Insel einer der heiligsten Orte Sri Lankas. Jede Religionsgemeinschaft verehrt hier ihre Götter beziehungsweise Heiligen einträchtig nebeneinander.

Einmal im Jahr, vom Neumondtag im Juli bis zum darauffolgenden Vollmondtag im August, feiern sie in Kataragama eins der größten Feste ihrer Heimat. Von Hindus und Buddhisten geehrt wird dabei Skanda, der Sohn Shivas und mächtige Kriegsgott. Er war von untergeordneten Göttern nach Lanka gerufen worden, als sie mit bösen Dämonen im Streit lagen und sich von ihm Hilfe erhofften. Shiva überwand die Dämonen; sein Sieg steht so auch stellvertretend für die Überwindung des Bösen durch das Gute. Sein Sohn Skanda ließ sich in Kataragama nieder, als er sich hier in die schöne Tochter eines Wedda-Häuptlings verliebte und sich mit ihr vermählte. Da Skanda später einmal einem buddhistischen Herrscher im Kampf gegen eindringende Tamilen beistand, und weil Buddha selbst einmal in Kataragama meditiert haben soll, können sich auch die Buddhisten diesem in seinen Ursprüngen hinduistischen Fest anschließen.

Es ist ein wahres Volksfest – 14 Tage lang. Bei weitem nicht alle Pilger finden in den Herbergen Kataragamas Platz, viele leben und schlafen während dieser Tage am Ufer des Flusses. Pausenlos baden Menschen im Fluß, unentwegt erklingt im Heiligtum Musik. Die Gläubigen tanzen und murmeln Gebete. Jeder Hindu bringt dem Gott eine Kokosnuß dar, die voller Kraft in einem dafür bestimmten Viereck zerschmettert wird. Bricht sie nicht entzwei, ist das ein böses Omen: Die Götter haben das Opfer nicht angenommen.

In dieser ohnehin schon exotischen Atmosphäre erstaunen aber vor allem all die Büßer, die zur Einlösung eines Gelübdes sich selbst ka-

steien. Sie tragen ein viele Kilo schweres, halbbogenförmiges Gestell auf den Schultern, den Kavadi, und tanzen sich damit in Trance; sie stechen sich kleine Spieße in Form eines Dreizacks, des heiligen Symbols Skandas, durch die Haut, durch die Wangen, durch die Zunge. Sie befestigen Haken in ihrer Haut und hängen daran Limonen auf – ein Symbol der Reinheit – oder hängen gar mit kräftigen Haken im Rücken frei in der Luft. Bei kaum einem derer, die sich auf solch für uns unverständliche Weise kasteien, fließt auch nur ein Tropfen Blut: Westliche Forscher erklären das mit dem vollkommenen Trancezustand, in dem sich diese Büßer befinden.

An den letzten zehn Abenden des Festes findet jeweils eine Perahera, eine Prozession, statt. Die heilige Reliquie des Gottes, ein Yantra (eine mit heiliger Macht erfüllte Zauberformel auf einem Stück Stoff), das immer nur die beiden Oberpriester des Heiligtums mit eigenen Augen sehen dürfen, wird geheimnisvoll umhüllt auf einem prachtvoll geschmückten Elefanten von Tempel zu Tempel getragen. An den letzten sieben Tagen wird auch der Vel, der heilige Dreizack des Gottes, der sonst in Colombo verwahrt wird, mit in die Prozession einbezogen. Und am vorletzten Abend des Festes findet die Zeremonie des Feuerlaufs statt, bei der Dutzende von Pilgern mit bloßen Füßen über die glühende Holzkohle gehen, ohne sich zu verbrennen oder Schmerzen zu verspüren. Am letzten Abend schließlich wird die Reliquie in feierlicher Prozession zum Tempel der Wedda-Gattin des Kriegsgottes getragen, wo symbolisch noch einmal die Heilige Hochzeit gefeiert wird. Am nächsten Morgen beendet die Zeremonie des Wasserschneidens das Pilgerfest. Dabei zeichnet der Priester das geheimnisvolle Yantra mit einem Schwert aufs Wasser, in das später die Reliquie kurz eingetaucht wird. Man interpretiert diese Zeremonie einmal als rituelle Reinigung nach Vollzug der Heiligen Hochzeit, zum anderen aber auch als Begegnung zwischen materieller und rein geistiger Welt.

Vorsichtigen Gemütern ist die Teilnahme an einer Perahera (→ Der gute Tip S. 103) eher anzuraten als die am Kataragama-Fest. Zuschauertribünen wie in Kandy gibt es in Kataragama nicht; wer etwas sehen will, muß sich mitten ins bunte Treiben begeben.

Die Daten für das Fest werden kurzfristig bekanntgegeben. Im voraus erfährt man sie gelegentlich vom Ceylonesischen Fremdenverkehrsamt.

Anfahrt. Ausgangspunkt für Fahrten nach Kataragama ist Tissamaharama, Entfernung 16 km.

Kataragama-Fest: In vollkommenem Trancezustand kasteien sich die Büßer, ohne daß auch nur ein Tropfen Blut fließt

Ausflüge

Der größte moderne Buddha Sri Lankas:
Die Buddha-Statue von Wewurukannala bei Dikwella

Viele Jahrhunderte liegen zwischen den monumentalen Buddha-Statuen von Aukana und Polonnaruwa einerseits und der erst 1970 errichteten von Wewurukannala andererseits. Man erkennt es auf den ersten Blick: Während die antiken Werke Ruhe und Erhabenheit ausstrahlen, wirkt die moderne Arbeit – für unser mitteleuropäisches Auge zumindest – einfach nur kitschig, disneylandhaft. Zu grell sind die Farben, zu gewaltig die Maße. Fünfzig Meter hoch ist die Statue, das Haupt des Buddha ist begehbar, auf drei Seiten von einem Balkon umgeben. Zwei Treppen führen in der Rückwand des Statuenhauses nach oben, von wo man einen herrlichen Ausblick über Kokoshaine und Reisfelder genießt. Alle Treppenhäuser und Zwischengeschosse im Statuenhaus sind mit Jataka-Geschichten ausgemalt, mit Szenen also, die aus dem Leben des Erleuchteten in seinen 574 vorangegangenen Existenzen erzählen.
Der Zugang zur Statue führt zunächst über einen Hof mit mehreren älteren Tempeln. Von ihm aus gelangt man auch in einen Tunnel, durch den ursprünglich alle Pilger geschleust werden sollten. Seine Wände sind mit drastischen Malereien geschmückt, deren obere Reihe Vergehen gegen die Frömmigkeit zeigen und darunter gleich die dafür zu erwartenden Höllenstrafen. Zu den Vergehen gehört es zum Beispiel, am Hahnenkampf teilzunehmen, in fremde Häuser einzubrechen, einen Meineid zu leisten, sich im Glücksspiel zu versuchen, eine Dagoba anzuspucken oder gar im Tempel zu urinieren. Die Strafen sprechen für sich ...

Tgl. von Sonnenauf- bis Sonnenuntergang
Eintritt frei
Anfahrt: Wewurukannala liegt abeits der Küstenstraße von Matara nach Tangalla, etwa 2 km landeinwärts von Dikwella. Von dort aus fahren Linienbusse nach Wewurukannala. Die Statue steht 100 m östlich des Busbahnhofs im Dorf.

Buddhistische Mönche vor der modernen Buddha-Statue
von Wewurukannala

Der größte antike Buddha Sri Lankas:
Die Buddha-Statue von Aukana

Ihre Höhe von 13 Metern macht die Buddha-Statue von Aukana zur größten antiken Statue der Insel; die Kunstfertigkeit der an ihr beschäftigten Steinmetze des 6., 7. oder 8. Jahrhunderts läßt sie neben dem liegenden Buddha in der Gal Vihara von Polonnaruwa auch als die großartigste Sri Lankas erscheinen. Den Meistern ist es gelungen, aus dem harten Granitfelsen, mit dem die Statue immer noch durch einen schmalen Steg verbunden ist, eine Figur mit harmonischen Proportionen herauszuarbeiten, die tatsächlich das höchste Ziel Buddhas auszudrücken vermag: den Zustand einer vollkommenen, fast körperlosen Verinnerlichung. Hauchfein wirkt das zart durchsichtige Gewand, unendlich leicht sein Faltenwurf. Die Flamme der Erleuchtung krönt das Haupt des Buddha, seine rechte Hand hat er segnend zum Kalawewa hin erhoben, jenem antiken Stausee, auf den er nun schon seit über 1000 Jahren blickt. Wie in der Antike schützt auch heute wieder ein Ziegelgewölbe die Statue vor Wind und Wetter – zum Leidwesen von Fotografen und Ästheten, aber sicherlich zum Nutzen unserer Nachfahren.

Eintritt frei, ständig zugänglich
Anfahrt: Auf der A9 zwischen Anuradhapura und Kandy in Kekirawa nach Kalawewa abbiegen und von dort noch 3 km weiter bis Aukana. Kalawewa ist Bahnstation; von Kekirawa und Kalawewa aus verkehrt fünfmal tgl. ein Linienbus nach Aukana.

Am »Ende der Welt«:
Eine Fahrt auf die Horton Plains bei Nuwara Eliya

Mit einer durchschnittlichen Höhe von über 2000 Metern über dem Indischen Ozean sind die Horton Plains die höchstgelegene Ebene Sri Lankas. Für die britischen Kolonialbeamten, die zur Elefanten- und Leopardenjagd heraufkamen, waren sie wirklich so etwas wie das »Ende der Welt«. Denn heute wie damals führte nur ein einziger Weg hinauf: der von Nuwara Eliya über Ambawela und den Ort mit dem höchstgelegenen Bahnhof Sri Lankas, Pattipola. Gen Süden hin stürzt die Hochebene steil ab – fast senkrecht über 600 Meter tief. Hier haben die Briten zwei Aussichtspunkte namhaft gemacht, indem sie ihnen die wohlklingenden Bezeichnungen »Little World's End« und »Big World's End« gaben. Bis zum kleinen Weltende kommt man noch mit dem Wagen, zum großen muß man durch die einsame Landschaft zu Fuß gehen.

Die Horton Plains bei Nuwara Eliya: Gen Süden hin stürzt die Hochebene steil ab – fast senkrecht über 600 m tief

Um überhaupt etwas von der Welt unterhalb der Horton Plains zu sehen, sollte man schon am frühen Morgen dort sein und Geduld beweisen. Denn der Steilabfall ist fast immer in Wolken gehüllt, nur am Morgen ist die Chance am größten, daß sie einmal aufreißen und den Blick frei geben auf die Ebene tief unterm Betrachter und bis hinaus aufs Meer. Am günstigsten ist es, mit dem Mietwagen zur Übernachtung heraufzukommen, ins einzige Hotel weit und breit, das *Farr Inn.* Es ist eine kleine, gemütliche Herberge mit nur acht Zimmern – idealer Ausgangspunkt für Spaziergänge und Wanderungen auf der Hochebene. Manchmal kommen auch Einheimische zum Forellenangeln hierher, da der nahe Bach Petri Hei verheißt.

Farr Inn Resthouse
Horton Plains
Reservierung:
Ceylon Hotels Corporation
63, Janadhipathi Mawatha
Colombo-1
Tel. 01/23501 und 20194
Fax 01/422732

8 Zi
3. Kategorie
Frühstück 2 US-$, Mittagessen
3 US-$, Abendessen 4 US-$
Anfahrt: Hin und zurück ist der Ausflug von Nuwara Eliya aus etwa
60 km lang. Mit Linienverkehrsmitteln ist er nicht durchzuführen.

Auf den steilsten Steintreppen der Insel:
Die alte Königsstadt Yapahuwa

Yapahuwa, etwas abseits der Straße von Colombo nach Anuradhapura, wird von Fremden kaum besucht. Ihr Reiz ist nicht so spektakulär wie der der beiden großen Königsstädte Anuradhapura und Polonnaruwa, Sigiriyas oder Mihintales. Und doch ist Yapahuwa ein lohnenswertes Ausflugsziel. Hier zeigt sich, was die ceylonesische Kultur innerhalb weniger Jahre an Leistungen zu vollbringen vermochte. Wie Sigiriya war auch Yapahuwa nur während der Herrschaftszeit eines einzigen Königs die Metropole der Insel (1272–84). In zwölf Jahren entstand hier eine befestigte Stadt mit Palästen und Tempeln, Stadtmauern und Teichen, die schon kurz nach ihrer Erbauung wieder von Tamilenheeren zerstört wurde. Die Stadt lag am südlichen Fuß eines 90 Meter hoch aus der Ebene aufragenden, teils überhängenden Felsblocks. Zwei Mauern umgaben sie: ein äußerer Mauerring aus mit Ziegeln verkleidetem Erdreich und ein zweiter, innerer Mauerring aus mächtigen Granitblöcken. Jeder der beiden Mauern war ein Wassergraben vorgelagert, in dem Krokodile mögliche Angreifer zusätzlich abschrecken sollten. Zwischen den beiden Mauerringen lag die sogenannte Äußere Stadt, in der wohl überwiegend die einfache Bevölkerung wohnte. Von ihr sind nur noch vier Badeteiche erhalten geblieben. Heute betritt oder befährt man Yapahuwa meist durch die Osttore. Im 13. Jahrhundert besaß die Stadt zwei weitere Zugänge, einen im Süden und einen im Westen. Man parkt vor dem noch bewohnten Kloster aus dem 18. Jahrhundert. Dort warten einheimische Führer darauf, den Fremden begleiten zu dürfen.
Die Hauptattraktion von Yapahuwa ist die außergewöhnlich steile Freitreppe, die unmittelbar vor dem Felsen in halber Höhe ins Nichts zu führen scheint. Schwindelfreiheit ist hier unbedingt vonnöten. Von einer kleinen Plattform aus, vor den letzten 34 Stufen, erblickt man am Abschluß der Treppe ein prächtiges, steinernes Portal, das von zwei reichverzierten Fensteröffnungen flankiert wird. Die Steinmauern zu beiden Seiten der Stufen sind hier ebenfalls mit Reliefs und Skulpturen dekoriert. Doch hinter dem Portal ist die Pracht dann auch schon wieder vorbei – nur einige Ziegelmauern stehen auf der höchsten Plattform unmittelbar vor dem dunklen Fels. Die Wissenschaftler sind sich in der Interpretation wieder einmal nicht einig: Befand sich hier oben der Palast des Königs oder gar der Tempel des heiligen Zahns, der ja immer dort verwahrt wurde, wo auch der Herrscher residierte? Grandios ist jedenfalls der Blick hinunter auf die Ausgrabungen von Yapahuwa und weit hinaus über Reisfelder und

Dschungel. Wer Zeit und Kondition besitzt, kann von dieser Terrasse aus auf einem kleinen Dschungelpfad auch noch weiter hinaufsteigen bis auf die Felskuppe, wo die Reste eines aus dem Fels gehauenen Teichs, eines größeren Gebäudes und einer Dagoba aus dem 18. Jahrhundert zu erkennen sind.

Nach dem fast atemberaubenden Abstieg auf der Freitreppe zeigen die Führer dem Gast gern noch die Grundmauern der Bauten aus dem 13. Jahrhundert in der Inneren Stadt sowie einen kleinen Höhlentempel.

Ausgrabungsstätte
Tgl. von Sonnenauf- bis -untergang
Eintritt frei, die Mönche und Führer
erwarten eine Spende bzw. Trinkgeld
Tel. 037/513
Tgl. 7–21 Uhr

Anfahrt: Yapahuwa liegt 5 km östlich des Bahnknotenpunktes Maho und ist von dort aus am besten per Taxi zu erreichen.

Paradiese für Pflanzenfreunde:
Botanische Gärten bei Kandy und Nuwara Eliya

Ein ausgedehnter Spaziergang durch den Botanischen Garten von Peradeniya bei Kandy schenkt dem Besucher nicht nur ein einmaliges botanisches, sondern auch ein besonders schönes landschaftliches Erlebnis. Der Park liegt wie eine Halbinsel in einer Schleife des längsten Inselflusses Mahaweli Ganga (Großer Sandfluß). Manche Uferabschnitte scheinen dem Traumbild vieler Europäer von den Tropen nachgebildet zu sein, zum Beispiel dort, wo dicht an dicht haushoher Bambus wächst, oder an der Stelle, wo eine altertümliche Hängebrücke über den Fluß führt. Auch Filmemacher haben das entdeckt: So wurden im Botanischen Garten mehrere Szenen für »Die Brücke am Kwai« gedreht.

Ein erster königlicher Lustgarten wurde auf dieser Halbinsel schon 1371 angelegt. Tempel und Palastgebäude standen hier, bis die Briten sie zu Beginn des vorigen Jahrhunderts niederrissen, um sich Platz für einen landwirtschaftlichen Versuchsgarten zu schaffen. Um 1900 erhielt der Park dann sein heutiges Gesicht. Über 4000 Blumen und Sträucher aus allen tropischen Regionen der Erde gedeihen hier, die Bäume allein sind mit über 10000 Exemplaren vertreten. Die Vielzahl der Pflanzen kann vor allem deshalb hier wachsen, weil der Fluß Mahaweli Ganga über Jahrhunderte und Jahrtausende hinweg die verschiedensten Böden angeschwemmt hat, so daß ganz verschiedene Spezies beste Bedingungen vorfinden.

Für den Besucher besonders reizvoll sind die langen Palmenalleen, der große Orchideengarten und der weite Zentralplatz, um den herum Staatsbesucher aus aller Welt Bäume pflanzten, vor denen jetzt das jeweilige Namensschild des »Pflanzers« steht. Aufschlußreich sind Spaziergänge durch den Gewürz- und Kräutergarten, in dem viele Heilpflanzen gezogen werden, die in der einheimischen Ayurveda-Medizin eine Rolle spielen.

Vielleicht nicht so exotisch-tropisch, dafür aber auf andere Weise schön ist der Botanische Garten von Hakgala. Er liegt ein paar Kilometer außerhalb von Nuwara Eliya in südöstlicher Richtung – in über 1700 Meter Höhe. Deshalb wachsen hier ganz andere Pflanzen als in Peredeniya. Hakgala ist also für Liebhaber der Flora dieser äquatornahen Insel eine ideale Ergänzung zum Garten von Kandy. Besonders stolz sind die Hakgala-Gärtner auf ihre Rosenzucht und auf die diversen, teilweise baumhohen Farnsorten. Einheimische Besucher, unter ihnen meistens große Gruppen junger Mönche, lieben diese 22 Hektar große Anlage mit ihren Lotusteichen, den Akazienalleen und den vielen bunten Ziersträuchern. Europäische Gäste bestaunen in Hakgala neben den floristischen Sehenswürdigkeiten die vielen schönen Ausblicke in das Tiefland auf der einen und das Uva-Hochland auf der anderen Seite. Uva ist die Heimat der besten Ceylon-Teesorten.

Botanischer Garten Peredeniya
Tgl. 7.30–17 Uhr
Eintritt 15 Rps., Studenten 7,5 Rps., Kinder (unter 12 Jahren) 1 Rp.
Anfahrt: Der Botanische Garten liegt 6 km von Kandy entfernt. Vom Uhrturm in Kandy fahren die Busse Nr. 1 2, 652 und 654 dorthin, alle 5 Min. zwischen 5 und 23 Uhr.
Botanischer Garten Hakgala
Tgl. 8–18 Uhr
Eintritt 50 Rps.
Anfahrt: An der A5 etwa 5 km südöstlich von Nuwara Eliya gelegen.

Wanderungen und organisierte Rundreisen

Zu Fuß auf Sri Lankas heiligen Berg:
Der Adam's Peak im zentralen Hochland

Ein anderthalb Meter langer und siebzig Zentimeter breiter Fußabdruck auf Sri Lankas fünfthöchstem Berg, dem Adam's Peak
(2233 m), macht diesen für die Angehörigen aller auf der Insel vertre-
tenen Religionsgemeinschaften zum heiligen Berg und zum beliebten Pilgerziel. Zwischen Ende Dezember und Anfang April streben allnächtlich Hunderte von frommen Ceylonesen und auch so mancher

Der Weg zum heiligen Fußabdruck wird geschmückt mit zahllosen bunten
Gebetsfähnchen

Tourist dem Gipfel zu, um den gigantischen Fußabdruck zu bestaunen und zu ehren.

Die Buddhisten halten den Fußabdruck dort oben für den Buddhas. Die Hindus erkennen ihn entweder als den Shivas an oder als den Buddhas als einer Inkarnation Vishnus. Christen und Moslems verehren den Abdruck im Fels als den Adams, letzterer soll nach der Vertreibung aus dem Paradies 1000 Jahre hier oben gestanden und den Verlust beweint haben.

Zwei Wege führen hinauf auf den heiligen Berg. Der eine beginnt bei der Kautschukplantage von Carney bei Ratnapura, der Marsch dauert hier etwa sechs bis acht Stunden; der zweite, einfachere und darum mehr begangene in der Dalhousie-Teeplantage bei Maskeliya. Dieser Weg, der drei bis vier Stunden in Anspruch nimmt, sei auch dem Touristen empfohlen, zumal hier Leben und Treiben herrschen. Die Pilger ziehen nämlich keineswegs schweigend hinauf auf den Adam's Peak, sondern singen und murmeln Gebete, baden zu Beginn des Aufstiegs in einem Bach, heften unterwegs Gebetsfähnchen an Büsche und Sträucher, machen hier und da in den zahlreichen kleinen Teebuden entlang des Aufstiegs Rast.

Oben angekommen, zieht man zunächst seine Schuhe aus und darf dann eine Glocke so oft läuten, wie man die Pilgerfahrt schon unternommen hat. Danach legt man seine Opfergaben – häufig sind es Blüten – im kleinen Tempel über dem heiligen Fußabdruck nieder, vollzieht die in der jeweiligen Religion verwurzelten Riten und besteigt dann die kleine Gipfelterrasse, um auf den Sonnenaufgang zu warten. Hier oben ist er ein unvergeßliches Schauspiel: Der Adam's Peak wirft seinen langen markanten Schatten auf die Ebene tief drunten. Langsam mit dem Sonnenlauf wandert dieser mit, immer kürzer werdend, bis er schließlich ganz verschwindet. Für Pilger und Touristen wird es dann Zeit, sich auf den Abstieg vorzubereiten und in die Städte zurückzufahren. Der Muskelkater kommt meist erst am nächsten Tag.

Besondere Hinweise: Nehmen Sie eine Taschenlampe mit. Der Weg von Dalhousie aus ist zwar gut, der von Carney immerhin teilweise beleuchtet, bisweilen reicht das Licht aber doch nicht aus!

Festes Schuhwerk ist unbedingt notwendig, da der Weg meist über Waldboden führt und mitunter rutschig sein kann. Auf dem Gipfel empfiehlt es sich, seine Schuhe in den Händen zu tragen und nicht einfach abzustellen, da solche Schuhe für manchen Pilger doch eine Verlockung darstellen können!

Der Temperaturunterschied zwischen der Küstenebene und dem Gipfel des Berges ist recht groß, selbst wenn die Temperatur dort droben noch um die 20 Grad beträgt, häufig ist es aber auch sehr viel kühler. Da der Aufstieg zudem schweißtreibend ist, braucht man unbedingt einen Pullover oder eine Jacke für die Teepausen und für die Zeit auf dem Gipfel!

In Dalhousie gibt es zahlreiche einfache Restaurants, in denen man die Zeit bis zum Aufstieg (nicht vor 24 Uhr aufbrechen!) verbringen kann. Die Pilgerherbergen dort sind jedoch sehr einfach und werden von vielen als unzumutbar empfunden. *Anfahrt:* Nach Dalhousie: Am besten mit Taxi oder Mietwagen von Colombo aus über Avissawella und Maskeliya (165 km). Mit dem Linienbus von Colombo nach Avissawella, von dort nach Maskeliya und weiter nach Dalhousie. Mit dem Zug bis Hatton, von dort mit dem Bus nach Dalhousie. Nach Carney: Mit Taxi oder Mietwagen ab Colombo über Ratnapura (125 km). Mit Linienbus nach Ratnapura, von dort abends nach 19 Uhr während der Pilgersaison mehrere Busse nach Carney.

Nostalgisch reisen:
Mit dem Viceroy Special durch Sri Lanka

Sri Lankas Züge fahren langsam. Seit 1986 fährt zumindest einer auch wieder unter Dampf: der Viceroy Special. Die Srilanker haben mit Interesse die Erfolge des Maharaja-Expreß in Indien und der Transsibirischen Eisenbahn verfolgt und dann ein besonderes Reiseangebot entwickelt, das dem Wunsch vieler Urlauber nach Nostalgischem entspricht. Sie haben eine alte Dampflok wieder blank geputzt, ein paar Erster-Klasse-Salonwagen modernisiert und mit Klimaanlage ausgerüstet und ein Programm zusammengestellt, das beschauliches Reisen, westlichen Komfort und Besichtigungen abseits der Strecke miteinander verbindet.

Geschlafen wird nicht an Bord, sondern in sehr guten, modernen Hotels, die zu den besten der jeweiligen Übernachtungsorte gehören. Die Besichtigungen an den Zielorten werden im klimatisierten Bus durchgeführt, der die Gäste auch zu Attraktionen in der Nähe bringt, zu denen eben keine Schienenstränge gelegt sind. Ein besonderer Reiz sind auch die kurzen Zwischenstopps auf freier Strecke zum Blumenpflücken und Fotografieren. Stewards servieren während der Fahrt Tee und Mahlzeiten – und die fliegenden Händler an vielen Bahnhöfen erweitern das kulinarische Angebot noch um frisch gepflückte Kokosnüsse und exotische Früchte.

Der Viceroy Special fährt am ersten Tag von Colombo nach Anuradhapura, das am zweiten Tag ausgiebig besichtigt wird. Am dritten Tag geht es über Aukana weiter nach Polonnaruwa, übernachtet wird

in Giritale. Am vierten Tag heißt das Tagesziel Habarana, von wo aus
es dann mit dem Bus nach Sigiriya geht. Am fünften Tag setzt sich
der Zug dann gen Kandy in Bewegung, und am siebten Tag geht es
zurück nach Colombo.

Dieses eher exklusive Abenteuer mit Vollpension hat seinen Preis –
je nach Saison kostet die feine Nostalgie-Tour (zum Beispiel für eine
zweitägige Fahrt nach Kandy) bis zu umgerechnet ca. 180 DM. Nur
einen Bruchteil davon muß ausgeben, wer mit einem »normalen«
Zug fährt, zum Beispiel auf der Bergstrecke, die wohl zu den schönsten Eisenbahnlinien der Welt gehört. Und abenteuerlich ist so ein
Alltagsvergnügen auch, wenn auch nicht so bequem wie im Zug des
Vizekönigs.

Auskunft und Reservierung
Tel. 01/587996
sowie in vielen Reisebüros

Erst zu Fuß, dann mit dem Schlauchboot
Trekking und Rafting in tropischen Regenwäldern

Nur dreißig Kilometer nordöstlich von Kandy erheben sich bis zu
1854 Meter hoch die Knuckles, ein Gebirgszug mit tropischen Berg-
wäldern und ungestörter Tierwelt. Die Knuckles sind das Hauptziel jener Abenteuerreise, die *Walkers* für Gruppen ab etwa zehn Personen anbietet. Wer mitmacht, sollte körperlich fit sein und auf jedwe-
den Komfort verzichten können.

Schon am zweiten Abend der Reise steigen die Teilnehmer quasi zur
Eingewöhnung auf Sri Lankas heiligen Berg, den 2233 Meter hohen
Adam's Peak (→ Der gute Tip S. 115). Nach einem dann eher gemächlichen Tag in Kandy wird am vierten Tag aufgebrochen zum eigentlichen Trekking durch die Knuckles, die sogenannten »Handknö-
chelberge«. Hier entspringen viele Flüsse der Insel, unter anderen
der Mahaweli Ganga, der längste Fluß Sri Lankas. Dreimal hintereinander übernachtet man in Zelten am Lagerfeuer; tagsüber werden
Berggipfel bestiegen und Regenwälder durchwandert. Einen der
größten Wasserfälle (212 Meter), den »Koslanda Bridol Veil«, findet
man ebenfalls in dieser Gegend. Vom achten bis zum zehnten Tag ist
man mit dem Schlauchboot auf dem Fluß Mahaweli Ganga unterwegs. Höhepunkt der Fahrt ist die Flußstrecke entlang des völlig un-

Dieser Mönch im Kloster Alu Vihare ritzt heilige
Pali-Texte in Palmblattmanuskripte

Die Wanderung durch die tropischen Regenwälder führt auch an Wasserfällen entlang

zugänglichen Wasgomuwa-Naturreservats. In der Nähe von Polon-naruwa wartet dann wieder der Bus auf die »Abenteurer« und bringt sie noch für zwei Tage zur Erholung in den Badeort Negombo.

Walkers Tours   Tel. 01/27540 oder 29657
130. Glennie Str.   Telex 21228
Colombo-2   Preis auf Anfrage

Sri Lanka von A bis Z

Von Klaus Bötig und Bernd Schiller

Informationen für ganz Sri Lanka

Anreise

Mit dem Flugzeug Von Amsterdam, Frankfurt, Wien und Zürich bestehen Linienflugverbindungen nach Colombo mit Air Lanka, Singapore Airlines, Swissair und KLM. Aus Deutschland und der Schweiz fliegen auch Chartermaschinen direkt nach Colombo. Die Flugzeit beträgt beim Nonstop-Flug ca. 9 Stunden. Viele Flüge führen über Abu Dhabi, Bahrein oder eine andere Zwischenstation zum Auftanken am Persischen Golf. Dann dauert die Reise etwa 10 Stunden.
Ein Linienflug mit der Lufthansa von beispielsweise Hamburg nach Colombo kostete 1992 je nach Saison zwischen 5121DM und 5378 DM.

Renommierte deutsche Charter-Fluggesellschaften sind LTU (u. a. ab Düsseldorf und München) sowie die Condor, die ab Frankfurt und München nach Colombo fliegt. Bei Condor-Flügen nach Sri Lanka wird seit einiger Zeit gegen Aufpreis von ca. 800 DM eine »Komfort-Klasse« angeboten – mit breiteren Sitzen und einem verfeinerten Service. Die 16 Sitze dieser neuen Klasse werden stark nachgefragt.
Nach Auskunft der Charter-Unternehmen kostet der Flug von Hamburg nach Colombo und zurück etwa 1700 bis 1900 DM. Wer individuell reisen will, sollte unbedingt in mehreren Reisebüros nach Restplätzen und Sonderangeboten fragen – diese liegen zuweilen bis zu ganzen 200 Mark unter den normalen Charterpreisen. Wer kein Büro in seiner Nähe kennt, das Restplätze vermittelt, kann sich z.B. wenden an:

Reisebüro auf den Häfen
Auf den Häfen 7-10
2800 Bremen 28
Tel. 0421/75047
SSR Reiseladen
Rothenbaumchaussee 61
2000 Hamburg 13
Tel. 040/4102081
Team-Reisen
Potsdamerstraße 109
1000 Berlin 30
Tel. 030/7800000

Travel Overland
Barerstraße 73
8000 München 40
Tel. 089/272760

Ankunft in Colombo Bei der Paßkontrolle müssen die im Flugzeug verteilte Einreisekarte und die Devisenerklärung vorgelegt werden. In der Ankunftshalle finden Sie ein Informationsbüro und einen Wechselschalter der »Bank of Ceylon«.

Vom Flughafen ins Hotel Sollten Sie keine Pauschalreise gebucht haben, bei der der Transfer zum Hotel im Preis inbegriffen ist, erscheint das Taxi als bequemstes Verkehrsmittel.
Nach Colombo ca. 300 Rps.
Nach Negombo ca. 150 Rps.
Außerdem gibt es die Möglichkeit, sich von speziellen Transfer-Limousinen ans Ziel bringen zu lassen.
Nach Colombo ca. 350 Rps.
(mit Klimaanlage ca. 400 Rps.)
Linienbusse (Route Nr. 187 und 300) fahren an der Hauptstraße hinter dem großen Parkplatz des Empfangsgebäudes ab.
Nach Colombo 6,50 Rps.

Rückflugbestätigung Die Flüge der Air Lanka können direkt am Flughafen rückbestätigt werden; für alle anderen Flüge wende man sich ans Stadtbüro der Fluggesellschaften.

Fluggesellschaften
Aeroflot
Hemas Building
81, York Street
Colombo 1
Tel. 01/25580
Air India
IMBA Building
108, Sir Baron Jayatilleke
Mawatha-Colombo 1
Tel. 01/25832 und
422249

Air Lanka
14, Sir Baron Jayatilleke
Mawatha-Colombo 1
Tel. 01/421291
Condor VIP-Tours
57A Dharmapala
Mawatha-Colombo
LTU
c/o Walker Tours
11A, York Street
Colombo 1
Tel. 01/29881

Mit dem Schiff Regelmäßige Passagierverbindungen von Europa nach Sri Lanka gibt es schon lange nicht mehr. Kreuzfahrtschiffe laufen Colombo an.

Es gibt auch die Möglichkeit, mit dem Frachtschiff nach Colombo zu fahren. Das dauert – je nachdem, wie viele Häfen angelaufen werden – bis zu einem Monat und kostet zwischen 3000 und 3800 DM (einfache Fahrt). Je nach Schiffstyp können bis zu 12 Passagiere mitreisen. Oft sind es schnelle Containerschiffe, die auf dem Weg nach Bombay, Singapur, Hongkong oder Japan einen Tag, höchstens 2 Tage in Colombo anlegen.

Auskunft über Frachterreisen:
Hamburg-Süd Reiseagentur
Passage-Abteilung
Ost-West-Str. 59
2000 Hamburg 11
Tel. 040./370559 –95

Archäologische Stätten (archaeologica sites)

Erste archäologische Ausgrabungen fanden in Ceylon schon im vergangenen Jahrhundert statt. Briten und Srilanker haben seitdem viele historische Stätten freigelegt und zahlreiche Funde gemacht, die heute in Museen im In- und Ausland stehen. Der Arbeitsschwerpunkt der Archäologen lag dabei immer auf den beiden mittelalterlichen Königsstädten Anuradhapura und Polonnaruwa. Doch selbst hier wird auch dem Laien beim Umherwandeln deutlich, wieviel Arbeit auf die Archäologen noch wartet: Überall verstreut umherliegende Baureste weisen darauf hin. Doch Sri Lanka ist ein armes Land. Größere Geldmittel für die archäologische Forschung zur Verfügung zu stellen, ist ihm angesichts vieler wichtigerer Aufgaben unmöglich. Hilfe muß hier von außen kommen.

Das Projekt »Kulturdreieck«
Während der Unesco-Generalversammlung 1978 in Paris beschloß die Weltorganisation die Unterstützung eines Projekts zur Erforschung bedeutender historischer Stätten in einem Gebiet, das zwischen den drei gedachten Linien liegt, deren Schnittpunkte Anuradhapura, Polonnaruwa und Kandy sind, eben im sogenannten »Kulturdreieck« (Cultural trian-gle). Innerhalb dieses Dreiecks wurden bereits sechs verschiedene archäologische Aufgaben in Angriff genommen: die Untersuchung und Konservierung der Abhayagiri Vihara und der Jetavana Vihara in Anuradhapura, der Alahana Pirivena in Polonnaruwa, des Königspalastes und der vier Devalas in Kandy, der Wassergärten in Sigiriya und der Höhlentempel von Dambulla. Seit

1980 sind an diesen Stätten Wissenschaftler aus aller Welt tätig.

Die Finanzierung erfolgt zu 60 Prozent durch die Unesco, 40 Prozent bringt Sri Lanka selbst auf. Auch Touristen können spenden. Auskunft über Spendenmöglichkeiten:

Central Cultural Fund
212, Bauddaloka Mawatha
Colombo-7

Andere archäologische Stätten

Auch außerhalb des »Kulturdreiecks« gibt es eine ganze Reihe interessanter archäologischer Stätten. Manche davon sind bequem mit dem Auto oder Bus zu erreichen, andere liegen im Dschungel versteckt und können nur zu Fuß angesteuert werden. Um die Auswahl fürs eigene Besichtigungsprogramm zu erleichtern, haben wir im folgenden die ohne Probleme erreichbaren Ausgrabungsorte nach ihrer Bedeutung für den archäologischen Laien klassifizert.

– *Archäologische »Dreisterne-Objekte«:* Archäologische Stätten, die für jedermann einen Umweg oder Ausflug lohnen, sind wie gesagt die Ausgrabungen in Anuradhapura, Polonnaruwa und auch Sigiriya (→ Der gute Tip S. 92, 93, 99).

– *Archäologische »Zweisterne-Objekte«:* Archäologische Stätten, die für jeden durchschnittlich an Kunst

und Architektur Interessierten einen Besuch lohnen, zumal sie auch landschaftlich reizvoll gelegen sind, sind die Ausgrabungen von Mihintale (→ Der gute Tip S. 91), Nalanda (→ Der gute Tip S. 97) und Yapahuwa (→ Der gute Tip S. 112) sowie das Höhlenkloster von Dambulla (→ Der gute Tip S. 95).

– *Archäologische »Einstern-Objekte«:* Archäologisch und kunsthistorisch besonders interessierte Laien werden außerdem in Aukana, Jaffna, Kandy, Nillakgama, Panduvas Nuwara und anderen fündig.

Öffnungszeiten und Eintrittspreise: Sie sind bei den jeweiligen Beschreibungen genannt. Für die Besichtigung von Anuradhapura, Dambulla, Polonnaruwa und Sigiriya sowie der Ausgrabungen von Kandy (also nicht für den Zahn-Tempel) ist das Lösen eines Sammeltickets dann günstiger, wenn man mindestens drei dieser Stätten besucht. Es kostet 20 US-$ und beinhaltet auch die Fotografier- und Tonbandaufnahmeerlaubnis. Es ist an jedem Ort jedoch nur für jeweils einen Tag gültig. Sammeltickets gibt es an den Kassen aller Orte des Kulturdreiecks sowie im
Kultusministerium
Malay Str.
Colombo-2
Mo−Fr 8.30−16.15 Uhr

Bettelei

Erfahrene Asien-Reisende schätzen an Sri Lanka, daß man hier relativ wenig Bettler sieht, daß man so gut wie unbehelligt durch die Straßen gehen und an den Stränden liegen kann. Wer bisher nur in Europa Urlaub machte, ist hingegen oft entsetzt darüber, wie oft er in Sri Lanka um eine Zigarette, einen Kugelschreiber oder andere kleine Geschenke gebeten wird. Sri Lanka ist nicht mit Indien zu vergleichen, aber eben auch nicht mit Deutschland oder der Schweiz. Aufdringlich oder gar gefährlich sind jene, die am Reichtum der Touristen um jeden Preis teilhaben wollen, in Sri Lanka aber sind die Menschen eigentlich nicht aggressiv. Oft ist gerade bei Kindern der Wunsch nach einem Geschenk nur ihre Art, überhaupt Kontakt mit Fremden aufzunehmen. Man sollte deswegen nicht heftig reagieren, sondern es lieber mit einem höflichen Lächeln und vielleicht sogar mit einem Scherz oder Gespräch versuchen.

Dennoch sind ein paar Mitbringsel zum Verschenken unterwegs gewiß kein schlechter Bestandteil des Reisegepäcks. Kugelschreiber oder Feuerzeuge etwa finden als kleine Aufmerksamkeiten gegenüber hilfreichen Ceylonesen Beachtung. Und auch Kleidungsstücke, die man nicht mehr mit heimnehmen will, finden Abnehmer, die sie durchaus gebrauchen können. Man sollte sie nur nicht auf der Straße verteilen, sondern sie jemandem überlassen, den man etwas kennt: einem Taxifahrer beispielsweise, einem Kellner oder Zimmermädchen. Dabei ist dann zu beachten, daß diese oft eine schriftliche Bestätigung brauchen, daß sie die Kleidungsstücke tatsächlich geschenkt bekommen haben.

Diplomatische Vertretungen

Vertretungen der Bundesrepublik Deutschland, Österreichs und der Schweiz in Sri Lanka:

Botschaft der Bundesrepublik Deutschland
40, Alfred House Avenue
Colombo-3
Tel. 01/580531–34
Fax 01/580440

Österreichisches Konsulat
424, Union Place
Colombo-2
Tel. 01/91613

Schweizer Botschaft
Baur's Building
7-1/1, Upper Chatham Str.
Colombo-1
Tel. 01/547663 und 547157

Vertretungen Sri Lankas in der Bundesrepublik Deutschland, Österreich und der Schweiz:

Botschaft der Republik Sri Lanka in der BRD
Rolandstr. 52
5300 Bonn
Tel. 0228/332055
Mo–Fr 9.30–12.30 Uhr

Generalkonsulat der Republik Sri Lanka in Österreich
Wiesingerstr. 8
A-1010 Wien
Tel. 0222/513148

Botschaft der Republik Sri Lanka in der Schweiz
54, Rue de Moillebeau
CH-1211 Genève
Tel. 022/349340

Einreise (immigration)

Einreisedokumente Bürger der Bundesrepublik Deutschland, Österreichs und der Schweiz benötigen für die Einreise als Tourist einen Reisepaß, der mindestens noch drei Monate lang gültig ist. Bei der Einreise wird eine Einreisegenehmigung für einen Monat erteilt. Für Kinder unter 16 Jahren genügt ein Kinderausweis mit Lichtbild.
Auf Verlangen muß bei der Einreise ein gültiges Rückflugticket bzw. Weiterflugticket vorgewiesen werden können oder ein entsprechender Geldbetrag. Außerdem muß der Einreisende auf Verlangen genügend Geldmittel vorweisen, um seinen Aufenthalt in Sri Lanka finanzieren zu

können (wobei 400 Rps./Tag schon ausreichen). Kreditkarten von American Express, Diners, Eurocard oder Visa gelten als Bargeldersatz.
Impfnachweise sind bei der Einreise nicht notwendig; es sei denn, man reist aus einem Gebiet mit Gelbfieber-Gefährdung ein (gewisse Staaten Afrikas und Südamerikas).

Aufenthaltsverlängerung (extension of stay) Wer länger als einen Monat in Sri Lanka bleiben möchte, kann seinen Aufenthalt an Ort und Stelle um einen Monat verlängern. Man geht zum Controller of Immigration and Emigration, wo über den Antrag entschieden wird. Dort muß man ein Rückflugticket und genügend Barmittel (30 US-$ pro Tag oder eine Kreditkarte) vorweisen können. Das Verlängerungsvisum kostet ca. 15 DM. Mit Wartezeit und etwas Bürokratie muß man aber rechnen.

Wer also von vornherein weiß, daß er länger als einen Monat in Sri Lanka bleiben will, beantragt sein Visum besser schon daheim bei der Botschaft Sri Lankas.

Department of Immigration and Emigration of Sri Lanka
Galle Buck Road
Unit 1
Colombo-1
Mo–Fr 8.45–12 Uhr

Aliens Registration Office
Police Headquarter
New Secretary Building
Colombo-1

Einreise mit Hunden Wer seinem Hund eine Fernreise »gönnen« will, muß dessen Ankunft unter Angabe der Flugnummer und des Ankunftsdatums im voraus melden beim
Animal Quarantaine Office
41, Morgan Road
Colombo-2
Tel. 01/337 97 und 321 60
Bei der Einreise muß dann ein amtstierärztliches Gesundheitszeugnis in englischer Sprache vorgelegt werden. Zur Zeit ist keine Quarantäne für Haustiere vorgeschrieben.

Essen und Trinken

Wer nicht mag, muß in Sri Lanka nicht ceylonesisch essen. In den meisten Hotels und sogar in manchen Rasthäusern werden europäische Gerichte angeboten, und in den größeren Städten sowie in den Badeorten hält sogar schon die Hamburger- und Steak-Kultur Einzug.

Preiskategorien

Die Preise der von uns ausgewählten und empfohlenen Restaurants (→ Der gute Tip S. 75 ff. sowie bei den einzelnen Städten und Ortschaften S. 168 ff.) beziehen sich auf ein Hauptgericht pro Person ohne Getränk. Wir haben sie in folgende Kategorien unterteilt:
Luxuskategorie: ab 350 Rps.
1. Kategorie: bis 350 Rps.
2. Kategorie: bis 150 Rps.
3. Kategorie: bis 50 Rps.

Immer verschieden: Rice & Curry

Wer nicht ceylonesisch ißt, verzichtet freilich auf einen kulinarischen Hochgenuß. Einmal zumindest sollte jeder Sri-Lanka-Reisende »Rice & Curry« probieren.

Auf der ganzen Welt wächst kein Gewürz, das Curry heißt. Curry ist eine Gewürzmischung, für die es ja schon bei uns viele verschiedene Rezepturen gibt. In Sri Lanka hat jede Hausfrau, hat jeder Koch ein eigenes Curry-Rezept – und nicht nur eins, sondern viele, je nachdem, was es gerade zu würzen gilt. Die Gewürzmischung heißt bei den Ceylonesen auch nicht »Curry«, sondern »Curry powder« (Currypulver). Als »Curry« wird hingegen das fertige, mit Currypulver gewürzte Gericht bezeichnet.

Im Mittelpunkt einer solchen Mahlzeit steht dabei als Sattmacher eine große

Portion Reis, die begleitet wird von vielen kleineren Portionen verschiedener Curries. Der Reis wird entweder ungeschält serviert, ist dann besonders nährstoffhaltig und sieht rötlichbraun aus, oder geschält, wie bei uns üblich. An Festtagen sowie in besonders guten Restaurants kommt außerdem gelber Reis auf den Tisch, der seine Farbe vom Safran annimmt und der außerdem mit allerlei Gewürzen, Nüssen und anderen Zutaten nach Wahl verfeinert ist.

Für die Curries der ceylonesischen Reistafel gibt es eine Unzahl von Möglichkeiten. Man bekommt nahezu alles als Curry zubereitet: Gemüse und Fisch, Fleisch und Schalentiere. Nach ihrer Farbe werden drei Grundkategorien von Curries unterschieden:

White Curries (Weiße Curries) werden mit viel Kokosmilch zubereitet und sind meist relativ mild.

Red Curries (Rote Curries) enthalten vor allem reichlich rote, geraspelte Chillies und sind immer sehr scharf.

Black Curries (Schwarze Curries) enthalten viel dunkelbraun gerösteten Koriander, Kreuzkümmel und Fenchel und sind besonders aromareich.

Wenn Sie also keine scharfgewürzten Curries wünschen, bestellen Sie am besten ausdrücklich White Curries oder sagen ausdrücklich without chillies – ohne Chillies.

Falls dann doch einmal ein Curry zu scharf für Sie war, sollten Sie das Brennen sofort mit Kokosraspeln löschen, die fast immer mit auf dem Tisch stehen. Getränke helfen meist wenig – wenn, dann am ehesten Tee oder Bier.

Ursprünglich aßen die Ceylonesen nicht von Tellern, sondern von Bananenblättern. Heute haben sich Teller jedoch weitgehend durchgesetzt. In die Mitte des Tellers kommt der Reis, darum herum arrangiert man die Curries. Beim Essen wird der Reis jeweils mit einem oder mehreren Curries gemischt, so hat man die Möglichkeit, immer wieder neue Geschmacksvarianten zu erleben. In den Hotels und Rasthäusern ißt man mit Löffel und Gabel (Messer sind eigentlich überflüssig, da es nichts zu schneiden gibt); die Ceylonesen selbst essen jedoch gemeinhin mit den Fingern der rechten Hand. Eingesetzt werden dabei nur die Fingerspitzen, die man wie einen Löffel zusammenhält. Lippen und Mund gehen den Fingerspitzen entgegen. Es versteht sich, daß die Hände vor und nach dem Essen gründlich gereinigt werden. Meist steht auf dem Tisch zusätzlich noch ein Schüsselchen mit lauwarmem Wasser.

Uns mag diese Art zu essen unappetitlich erscheinen. Die Ceylonesen jedoch halten unsere Eßgewohnheiten für deutliche Zeichen einer Verarmung der Sinne. Für sie bedeutet essen eine Meditationsübung: Duft und Anblick der Speisen entspannen den Körper. Das Erfühlen des Essens vertieft diese Entspannung. Die Konzentration auf die Fingerbewegungen macht den Geist frei von anderen Gedanken und hält ihn doch wach. Beim Schmecken verbinden sich Geist und Körper auf harmonische Art miteinander.

Bei Ceylonesen eingeladen

Wer Bekanntschaften mit Einheimischen schließt, erhält vielleicht auch einmal eine Einladung, ins Haus eines Ceylonesen zu kommen. Meist wird dann ein Essen serviert, eben Rice & Curry. Häufig ist man nicht der einzige Gast, vielmehr werden zu solchen Anlässen auch noch ceylonesische Freunde und Verwandte eingeladen. Ein Gastgeschenk mitzubringen, ist dabei durchaus üblich. Bevor man ißt, wird jedem Gast ein Glas Wasser angeboten. Man braucht es nicht zu trinken, sollte das Glas aber auf jeden Fall kurz mit beiden Händen berühren: Damit nimmt man die Einladung zum Essen guten Herzens an. Meist reicht der Platz an der Tafel für die vielen Gäste gar nicht aus. Darum speist zunächst nur der Hausherr mit den vornehmsten Gästen. Sind sie fertig, lassen sich andere Familienmitglieder gegebenenfalls mit den noch verbliebenen Gästen an der Tafel nieder. Die Frauen der gastgebenden Familie essen ganz zuletzt – oder überhaupt nicht in Anwesenheit der Gäste.

Mit dem Essen kann man beginnen, sobald man sich alles Gewünschte aufgetan hat. Man braucht nicht zu warten, bis alle soweit sind; auch einen guten Appetit zu wünschen, ist in Sri Lanka unüblich. Man sollte alle angebotenen Curries zumindest kosten. Besonders kostbare, teure, nur dem Gast zu Ehren zubereitete Curries sollte man entsprechend beachten, insbesondere, wenn der Gastgeber sie einem anpreist. Tischgespräche führt man in Sri Lanka normalerweise nicht, die ganze Konzentration gilt dem Essen. Dafür ist der Geist dann nach dem Mahl um so offener gegenüber den anderen.

Bei größeren Anlässen wird in wohlhabenden Familien manchmal auch ein Buffet aufgebaut. Dabei ist zu beachten, daß sich Ceylonesen am Buffet weder drängeln noch lange Schlangen bilden; jeder weiß, daß genug für alle da ist. Auch gilt es als unschicklich, sich von seinem Lieblingscurry überaus viel aufzutun.

Sehr dankbar sind die Ceylonesen für ein Dankschreiben an einem der nächsten Tage nach dem Essen. Man erwähnt dabei die große Gastfreundschaft und die köstlichen, kostbaren Speisen in so lobenden Worten, daß sie bei uns schon als Übertreibung gelten würden. Wer genug englisch spricht, sollte aber auch schon während des Abends einige anerkennende Worte für den Gastgeber finden.

Gewürze

Ohne Gewürze wäre die ceylonesische Küche nicht denkbar. Als Wirtschaftsfaktor ist die Gewürzproduktion vor allem deswegen von Bedeutung, weil der Anbau von Gewürzen mit Ausnahme von Zimt und Kardamom ausschließlich in bäuerlichen Kleinbetrieben geschieht und das in solchen Mengen, daß kaum noch Gewürze eingeführt werden müssen. Vielmehr haben die Gewürze einen Anteil von drei Prozent am Gesamtwert aller srilankischen Exporte errungen.

Cardamom (Kardamom, Elettaria cardamomum) Kardamom ist die getrocknete Kapselfrucht einer in Indien heimischen, staudigen Gewürzpflanze. Kardamom wird in nahezu allen Fleisch- und Fisch-Curries verwendet sowie als Pulver auch in Gebäck und Süßspeisen. Industriell wird Kardamom zur Herstellung von Parfüms und Likören wie Curacao, Goldwasser und Angostura genutzt.

Kardamon kann ganzjährig geerntet werden, auf Ceylon macht man das jedoch vorzugsweise zwischen September und Januar. Das Gewürz wächst vor allem in den Gebieten von Kandy, Matale und Nuwara Eliya. Die gesamte Anbaufläche beläuft sich auf mehr als 6000 ha. Exportiert wurden 1981 216 t, 1983 136 t, überwiegend in den Mittleren Osten. Hauptanbaugebiete für Kardamom sind noch vor Sri Lanka die Länder Guatemala und Indien.

Chillies (Cayennepfeffer, Capsicum annuum) Chillies sind die Beerenfrüchte eines krautigen Nachtschattengewächses. Die Früchte ähneln unseren wohlbekannten Paprikas, sind jedoch kleiner und bis zu zwanzigmal schärfer. Es gibt sie in verschiedenen Farben: Rot, Orange und Gelb. Chillies sind notwendiger Bestandteil aller scharfen Curries; sie liegen aber oft auch getrocknet als ganze Früchte mit auf dem Tisch oder geraspelt in Schälchen, so daß sich jeder seinen Curry noch nach Wunsch nachschärfen kann. Mit unserem Chilipulver haben die ceylonesischen Chillies nur wenig gemeinsam: Chilipulver nämlich ist wie Curry bei uns ein Mischgewürz aus bis zu zwölf verschiedenen Ingredienzen. Reines Chilipulver wird bei uns als Cayenne-Pfeffer verkauft.

Chillies werden in Sri Lanka auf etwa 40 000 ha Fläche angebaut und ausnahmslos im Lande selbst verzehrt. Der Anbau geschieht vor allem während der Trockenzeit auf bewässerten Feldern, da Chillies keine »nassen Füße« vertragen.

Cinnamom (Zimt, Ceylonkaneel, Cinnamomum zeylanicum) Als Zimtgewürz nutzbar ist die getrocknete und eventuell zu Pulver vermahlene Innenrinde des Zimtbaums, einer Pflanze aus der Familie der Lorbeergewächse. Auf Zimtplantagen wird der Baum zur Strauchhöhe gehalten, wird dort also nicht höher als 3 m. Man baut Zimt nur in den feuchten Küstenregionen unter 650 m Höhe an, vor allem in den Bezirken von Galle, Matara, Ratnapura, Colombo und Negombo. Geerntet wird zwei- bis dreimal jährlich, vornehmlich im April und August. Bei dieser »Ernte« werden von jedem Zimtbaum nur einige wenige, etwa anderthalbjährige Triebe abgeschnitten. Die Innenrinde wird losgelöst, aufgerollt und zu sogenannten »Quills« gebündelt, die dann zunächst im Haus und anschließend in der Sonne trocknen. Dabei erst nimmt die Rinde ihre zimtbraune Farbe an. Aus den Blättern des Zimtbaums kann man außerdem Zimtöl gewinnen, das für Parfüms, Liköre

und Arzneimittel Verwendung findet.

Zimt ist Bestandteil mancher Curries und Pickles, wird wie bei uns für Gebäck verwendet und verleiht auch so mancher Tasse Tee einen besonders feinen Beigeschmack.

Die Kolonialmächte haben am ceylonesischen Zimt ein Vermögen verdient. Während der portugiesischen Herrschaft mußten die Ceylonesen jährlich 125 000 kg Zimt als Tribut abliefern, während der holländischen Herrschaft durfte nirgends sonst in ihrem Herrschaftsbereich Zimt angebaut werden. Heutzutage sind in Sri Lanka 15 000 ha mit Zimtbäumen bepflanzt; mit etwa 6000 bis 9000 t jährlich ist Sri Lanka immer noch der bedeutendste Zimtexporteur der Welt, weit vor den Seychellen und Madagaskar.

Cloves (Gewürznelken, Eugenia carophyllata) Gewürznelken sind die kurz vor dem Erblühen geernteten, olivgrünen und durchs Trocknen fast schwarz gewordenen Blütenknospen des Gewürznelkenbaumes, einer Pflanze aus der Familie der Myrtengewächse. Gewürznelken finden in Curries und Backwaren Verwendung und gelten als Schmerzmittel bei Zahnweh. Auch zur Herstellung von Parfüms und in der pharmazeutischen Industrie werden Gewürznelken gebraucht.

In Sri Lanka sind 3200 ha der Landesfläche mit Gewürznelkenbäumen bepflanzt, vor allem in den Bezirken Kandy, Matale und Kegalle. Exportiert werden jährlich 1200–1750 t, überwiegend ins benachbarte Indien.

Coriander (Koriander, Wanzenkraut, Coriandrum sativum) Koriander nennt man die getrockneten oder gemahlenen Spaltfrüchte eines Doldengewächses, das auch in unseren Breiten z.B. in Thüringen, angebaut wird. Hierzulande findet Koriander außer in Lebkuchen und Spekulatius auch in Kümmelschnäpsen und Gin

Verwendung. In Sri Lanka würzt man bisweilen verschiedene Wurstsorten mit Koriander, aber niemals die Currygerichte; er gilt jedoch als Appetitanreger und als Medizin gegen Husten und Erkältungen. Mütter nehmen Koriander unmittelbar nach der Geburt als Stärkung zu sich.

Cummin (Kreuzkümmel, Cuminum cyminum) Eine botanische Verwandtschaft zu unserem Kümmel besteht nicht. Kreuzkümmel ist die Spaltfrucht eines einjährigen Doldengewächses, das etwa 30 cm hoch wächst und weiße oder rötliche Blüten trägt. Kreuzkümmel wird sparsam in vielen Curries und Chutneys verwendet; als Mitbringsel ist es vor allem für schlechte Köche gut, da es selbst angebrannten Speisen noch einen angenehm-exotischen Geschmack verleiht. Wirtschaftlich spielt der Kreuzkümmelanbau in Sri Lanka keine große Rolle.

Curry leaves (Curry-Blätter) Curry-Blätter sind bei uns völlig unbekannt. Der Name der Blätter ist eher irreführend, da es ja gar kein Currygewächs gibt. Diese Blätter aber werden für fast alle Currygerichte verwendet, daher der Name. Sie stammen von verschiedenen Arten einer Pflanze namens Murraya Koenigil.

Mace (Muskatblüte, Myristica fragrans) Die Muskatblüte ist keineswegs eine Blüte, sondern der getrocknete Samenmantel des Muskatnußbaums. Die Ernte beginnt, wenn die fleischige Fruchthülle, aus der in Sri Lanka Marmelade hergestellt wird, aufspringt. Darunter kommt dann der Samenmantel tiefrot zum Vorschein. Beim Trocknen nimmt er seine typische, orangegelbe Farbe an. Muskatblüte wird in geringen Mengen für Fleisch- und Fischcurries benutzt und auch für Gebäck und Puddinge. Bei uns setzt man Muskatblüte einigen Likören bei (z. B. Chartreuse).

Nutmeg (Muskatnuß, Myristica fragrans) Die Muskatnuß wird vom Samenmantel, der Muskatblüte, eingehüllt. Sie ist im botanischen Sinne keine Nuß, sondern der Kern einsamiger, an Aprikosen erinnernder Beeren. Muskatnußbäume werden auf rund 1600 ha ceylonesischen Landes angebaut, Nüsse und Blüten werden auch exportiert. Muskatnußbäume tragen viele Jahre Früchte: ein siebenjähriger Baum etwa 250 pro Jahr, ein zwanzigjähriger 2500.
Geriebene Muskatnuß wird in Sri Lanka vor allem für Süßigkeiten und Gebäck verwendet, in Curries hingegen seltener aufgrund der Süße. In ihrer Schale sind Muskatnüsse lange haltbar, ist die Schale jedoch erst einmal entfernt, sollte man sie nur luftdicht abgeschlossen aufbewahren, um Aromaverluste zu vermeiden.

Pepper (Pfeffer, Piper nigrum) Pfeffer findet in fast jedem Curry Verwendung. Rund 8000 ha Land sind auf Ceylon mit Pfeffer bepflanzt, einem Kletterstrauch, der entweder an Gerüsten oder Bäumen hochgezogen wird. Schwarzer und weißer Pfeffer stammen beide von der gleichen Pflanze: Die Beeren sind zunächst grün, verfärben sich dann im Reifezustand rot und werden schließlich gelb. Zur Gewinnung schwarzen Pfeffers werden die Beeren grün geerntet, kurz bevor sich die ersten Beeren der Pflanze rötlich verfärben. Sie werden dann entweder maschinell oder in der Sonne getrocknet und nehmen dabei ihre schwarze Farbe und ihr runzliges Äußeres an. Weißer Pfeffer wird entweder durch Schälung des schwarzen Pfeffers gewonnen oder durch Ernte der roten, reifen Beeren, die dann gewässert, von ihrer Fruchthaut befreit und schließlich getrocknet werden. Hauptexporteure von Pfeffer sind Indien, Brasilien, Malaysia und Indonesien, aber auch Sri Lanka führt jährlich immerhin noch 1000 bis 2000 t aus.

Turmeric (Kurkuma, Gelbwurz, Curcuma longa) Dieses Gewürz wird aus den Wurzelknollen einer Pflanze aus der Familie der Ingwergewürze gewonnen. Das aus den Knollen gemahlene Pulver ist gelblich und färbt auch die Speisen gelb. Man verwendet es daher hauptsächlich für Curries und gelben Safranreis. Kurkuma wächst nahezu ausschließlich in den feuchten Küstenregionen der Insel. Die Tamilen fügen auch dem Wasser etwas Kurkuma bei, mit dem sie ihre Tempel reinigen.

Getränke

In vielen Hotel- und Gästezimmern steht eine Thermoskanne mit eisgekühltem Wasser bereit. Dieses Wasser wurde in der Regel zuvor abgekocht und ist also ohne weiteres trinkbar. Wer dennoch mißtrauisch ist, erhält in allen größeren Hotels auch Quell- oder Mineralwasser in Flaschen. Tonic, Cola und andere Limonaden gibt es selbst in den kleinsten Dörfern überall entlang der Straße zu kaufen, Fruchtsäfte sind meist auch erhältlich. In den Küstenregionen ist der Saft der Königs-Kokosnuß ein beliebtes Getränk, das die Einheimischen Thambili nennen. Man sucht sich eine Königs-Kokosnuß aus, der Verkäufer schlägt ein Stück davon ab, steckt einen Strohhalm hinein und fertig – ein Genuß, den man bei uns nicht kennt.
Bier gibt es natürlich auch, es wird in Sri Lanka schon seit langem gebraut. Das München oder Dortmund Ceylons ist dabei Nuwara Eliya. Man hat die Wahl zwischen dem »Three Coins Lager«, dem »Lions Lager« sowie einem dunklen Starkbier, dem »Stout«. Ausländische Biere sind ebenfalls erhältlich, kosten jedoch sehr viel mehr. Wein und Sekt werden grundsätzlich importiert, sind dementsprechend teuer und nur in guten Restaurants und großen Hotels zu bekommen.
Der einheimische Palmwein, Toddy, kann nur dort gekauft werden, wo man ihn auch zapft (→ Der gute Tip S. 58). Der Palmblütenschnaps (Arrak) hingegen findet sich auf jeder Getränkekarte. Man trinkt ihn pur, aber auch mit Limonade oder Cola vermischt, und man nimmt ihn als Grundlage für leckere Cocktails. Auch Whisky, Gin und Rum gibt es aus lokaler Produktion; in Hotels und Restaurants hat man somit immer die Wahl zwischen der billigeren einheimischen Sorte (»local«) und der importierten (»foreign«). Bestellt man einen Cocktail oder Long Drink, kann man ebenfalls wählen, ob man das Getränk auf der Basis einheimischer oder ausländischer Spirituosen gemixt haben möchte. Als Heißgetränk ist Tee allgegenwärtig. Die Einheimischen trinken ihn nach britischer Art fast immer süß und mit Milch. Kaffee und Kakao werden ebenfalls häufig angeboten, da beide Früchte ja auch auf Ceylon selbst geerntet werden, der Geschmack ist jedoch meist enttäuschend. Kaffeeliebhaber sollten sich daher besser einen Vorrat löslichen Kaffees von daheim mitbringen.

Frühstück

In Hotels, Gast- und Rasthäusern hat der Gast fast überall die Wahl zwischen drei verschiedenen Frühstücksarten: *Ceylonese breakfast* (ceylonesisches Frühstück), *Continental breakfast* (kontinentaleuropäisches Frühstück), *Full Breakfast* (englisches Frühstück).
Das kontinentaleuropäische Frühstück besteht aus Milchbrötchen, Toast, Hörnchen, Butter und Marmelade, das englische Frühstück außerdem noch aus Getreideflocken und einem Teller mit Ei, Schinken und Würstchen. Immer

gehören ein Fruchtsaft und Tee oder Kaffee dazu. Das ceylonesische Frühstück muß meist bereits am Vorabend geordert werden, weil dafür einige Vorbereitungen notwendig sind und weil es gewöhnlich nur wenige Europäer genießen. Zum ceylonesischen Frühstück gehören Curd und Hoppers, eine Art Quark aus der Milch des Wasserbüffels und eine Art Pfannkuchen aus Reismehl, Kokosmilch, Kokosflocken und Salz. Die Hoppers werden entweder mit Spiegeleiern (»egg hoppers«) oder mit einem Curry gegessen.
In den meisten Hotels wird Frühstück zwischen 7 und 10 Uhr serviert.

Spezialitäten des Landes

Viele Spezialitäten der ceylonesischen Küche sind ein fester Bestandteil der Rice-&-Curry-Tafel. Sie werden meist nur nach dem Gemüse, Fleisch oder Fisch genannt, um den herum das Currygericht komponiert ist. Dazu gibt es ein paar besondere Soßen, die zusätzlich zum Würzen auf den Tisch kommen – und eine ganze Reihe von Süßspeisen und kleineren Gerichten, die man etwa zum Arrak genießt. Am besten, Sie probieren sie einfach mal durch. Allerdings brauchen Sie etwas Mut, denn viele dieser Spezialitäten, insbesondere die Süßspeisen, gibt es nur an Straßenständen, nicht aber in Hotels. Da muß dann jeder persönlich seine kulinarische Neugier und gesundheitlichen Bedenken gegeneinander abwägen.

ash plantain: Grüne Gemüsebanane, die gekocht als Curry oder geröstet wie Chips gegessen wird.

bibikan: Kuchen aus Reismehl, Kokosraspeln, Nüssen, Eiern, Jaggery und Gewürzen.

breadfruit: Brotfrucht. Runde, bräunliche oder grünliche Frucht (10 bis 20 cm im Durchmesser) eines 12 bis 18 m hohen Baumes, die selten roh, sondern gekockt, gebraten oder gebacken gegessen wird.

cherimoyer: Cherimoya, bis zu 7 kg schwere, grüne Frucht eines bis zu 5 m hohen Baums mit weißem, süßem Fruchtfleisch.

Cumberland sauce: Soße aus Portwein, Orangensaft und Johannisbeergelee.

custard apple: Anone, pinienzapfenförmige, grüne bis gelbliche Obstfrucht eines Magnoliengewächses.

dhal: Ein Gericht aus roten Linsen, die beim Kochen gelb werden. Die Linsen werden in Kokosmilch mit Zwiebeln, Trockenfisch, grünen Chillies, Curryblättern und Salz gekocht, später werden noch Knoblauch, getrocknete Chillies und Senfkörner, Öl und Gelbwurz zugegeben. Dhal, in Sri Lanka auch Parippu genannt, gehört fast immer zu Reis & Curry.

durian: Stinkfrucht, eine kopfgroße, wohlschmeckende, stachelige Frucht mit übelriechendem Fruchtmus, der auch als Aphrodisiakum gilt; frisch im Juli und August.

guava: Guaven, runde bis birnenförmige Früchte, außen hellgelb bis kastanienbraun, innen lachsrot oder weiß, die frisch gegessen oder zu Marmelade verarbeitet werden können.

hoppers: Äußerst populäre Pfannkuchen, die schon zum Frühstück, aber auch noch am späten Abend erhältlich sind. Sie werden in einer runden Pfanne hauchdünn ausgebacken und bestehen aus Reismehl, Kokosmilch, Hefe oder Toddy. Man ißt sie goldgelb, wie sie aus der Pfanne kommen, mit Obst oder mit Eiern (egg hoppers). Eine besondere Art dieser Pfannkuchen sind die Stringhoppers, sie werden aus spaghettiartigen Reismehlnudeln gebacken. Stringhoppers bekommt man häufig mit einem Curry schon zum Frühstück.

jaggery: Eine feste Masse aus nicht raffiniertem braunem Zucker, der aus Palmblütensaft gewonnen wird. Jaggery gilt als Zutat für manche Gerichte, wird aber auch zu Getränken wie Tee oder als Bonbonersatz verwendet.

jak-fruit: 6–10 kg schwere Frucht, eng verwandt mit der Brotfrucht. Ganz reif ißt man sie roh als Obst, sonst in jedem Entwicklungsstadium als Gemüse. Eine Jakfrucht ergibt eine vollständige Mahlzeit für vier Personen. Die Samen werden gelegentlich geröstet gegessen.

kiri bath: Ein buddhistisches Festgericht, das Buddha unterm Baum der Erleuchtung zu sich nahm; eine Art Milchreis, der zunächst in Wasser und dann in Kokosnußmilch gekocht wird.

kool: Eine im tamilischen Norden beliebte, einer Bouillabaisse ähnliche Fischsuppe, deren Fond aus den Wurzeln der Palmyra-Palme zubereitet wird.

lamprais: Eine von den Holländern während ihrer Kolonialherrschaft entwickelte Variante des Rice & Curry. Dabei werden gekochter Reis und verschiedene Curries in ein Bananenblatt gewickelt und gebacken oder gebraten.

mango: Mango, eine Frucht mit vielen, im Geschmack ganz unterschiedlichen Arten. Die kleinsten Mangos werden nicht größer als Pflaumen, die größten wiegen bis zu 2,3 kg.

mangosteen: Mangosteen, runde, dunkelviolette Früchte mit schneeweißem Fruchtfleisch, das mit seinen Segmenten an Mandarinen erinnert. Die Früchte werden roh gegessen. Im Tiefland reifen sie zwischen Mai und Juli, im Hochland zwischen Juli und Oktober.

manioc: Maniok, die Knolle eines Wolfsmilchgewächses, das äußerst einfach und kostengünstig anzubauen ist. Maniokknollen müssen zunächst eine Stunde lang in offener Pfanne gekocht werden, damit sie ihre Giftstoffe abgeben können. Das aus Maniok gewonnene Mehl ist unter dem Namen Tapioka oder Kassavestärke bekannt.

pani bol: Süße Kuchen aus Kokosnuß und Honig.

Papadam: Ein flaches, knuspriges Brot, das auf jede Rice-&-Curry-Tafel gehört.

papaw: Papaya, eine melonenförmige, gelbe oder gelbgrüne Frucht, die sowohl roh als auch gekocht genossen werden kann.

pie: Pastete gefüllt mit Hackfleisch oder als Nachtisch mit Obst, auch Auflauf.

pittu: Gebackene Klößchen aus Reismehl und Kokosraspeln.

rambutan: Rambutan, Longanpflaume, hellrote, hühnereigroße, ovale, stachelige Frucht mit schmackhaftem Fruchtfleisch, das roh gegessen wird. Hauptreifezeit: Juli und August.

roti: Ohne Öl in der Pfanne ausgebackene handtellergroße und sehr dünne Brotfladen aus Mehl, Kokosraspeln, Wasser und Salz.

sambol: Eine Würzsoße, die aus Kokosraspeln, Zwiebeln, Chillies, Pfeffer, Knoblauch, Zitronensaft und Salz zusammengesetzt ist und meist sehr scharf ausfällt.

sateh, satay: Eigentlich ein malaiisches, aber auch in Ceylon bekanntes Gericht – Fleisch- oder Geflügelspieße mit einer milden Erdnußsoße.

short eats: Kleinigkeiten, die man vor allem als Beilage zu Getränken verzehrt.

trifle: Leicht alkoholischer Nachtisch aus Biskuit, Obst, Vanillecreme, Sahne und Sherry.

wadai: Fleischbällchenersatz für Vegetarier aus roten Linsen, die gern als Snack an Schranken und Busbahnhöfen angeboten werden.

wattalappan: Ein moslemisch-malaiisches Gericht: dunkler Pudding aus Jaggery, Eiern, Milch, Vanille, Kardamom, Nelken und Zimt, der so fest wird, daß man ihn mühelos aus der Hand essen kann. Wird oft an Straßenständen verkauft.

yam: Yamswurzel, viele Arten umfassende Gattung von Gewächsen, deren Wurzelknollen bis zu 10 kg schwer und bis zu 1 m lang werden. Sie sind in ihrer Bedeutung für die Ernährung der Ceylonesen unserer Kartoffel gleichzusetzen und sind eins der wichtigsten Gemüse der Insel.

Getränke- und Speisenlexikon

Getränke

alcohol: Alkohol
arrack: Schnaps aus Palmblütensaft
beer: Bier
beverages: Getränke
bitter lemon juice: bitterer Zitronensaft
bottle: Flasche
brandy: Cognac
champagne: Sekt
cheers: Prost
cocoa: Kakao
coffee (white, black): Kaffee mit Milch, ohne Milch
cream: Sahne
cup: Tasse
decaffeinated: koffeinfrei
draught beer: Faßbier
dry wine: trockener Wein
fruit juice: Obstsaft
ginger ale: Ingwersaft
ginger beer: Ingwerbier
glass: Glas
grapefruit juice: Pampelmusensaft
hard drinks: Spirituosen
ice cubes: Eiswürfel
king-coconut: Königskokosnuß
kurumba: Saft der jungen Kokosnuß
lager beer: helles Bier
lemonade: Limonade
lemon juice: Zitronensaft
lime juice: Limonensaft
liqueur: Likör
liquors: Spirituosen
malt whisky: Malzwhisky
mango juice: Mangosaft
milk: Milch
mineral water: Mineralwasser
on the rocks: Getränk mit Eiswürfeln
orange juice: Orangensaft
port: Portwein
pot (tea, coffee): Kanne

red wine: Rotwein
rosé wine: Roséwein
soft drinks: alkoholfreie Getränke
spirits: Spirituosen
stout: dunkles Starkbier
sweet: süß
tea: Tee
thambili: Königs-Kokosnuß
tipsy: beschwipst
toddy: Palmwein
water: Wasser
white wine: Weißwein

Speisen

almonds: Mandeln
apple: Apfel
artichoke: Artischocke
asparagus: Spargel
aubergine: Aubergine
avocado: Avocado

bacon: Schinkenspeck
baked: gebacken
banana: Banane
beef: Rindfleisch
beet root: rote Bete
biscuit: Keks
black currant: schwarze Johannisbeere
boiled: gekocht
boiled potatoes: Salzkartoffeln
bread: Brot
breakfast: Frühstück
brinjal: Aubergine
Brussels sprouts: Rosenkohl
buffalo: Wasserbüffel
buns: Milchbrötchen

cabbage: Kohl
cake: Kuchen
caraway: Kümmel

carp: Karpfen
carrots: Karotten, Mohrrüben
cassava: Maniok
cauliflower: Blumenkohl
celery: Sellerie
cereals: Getreideflocken wie z. B. Corn-flakes
cheddar: Hartkäse
chicken: Hühnchen
chips: Pommes frites
chops: Koteletts
coconut: Kokosnuß
cold meat: kalter Braten
conjee: Reispudding
cooked: gekocht
cooling: die Schärfe lindernd
corn on the cob: Maiskolben
crab: Krebs
cranberry: Preiselbeere
crayfish: Languste
cucumber: Gemüsegurke
cup: Tasse
curd: Quark, Yoghurt

dinner: Abendessen
dish: Gericht
dried fish: Tintenfisch
duck: Ente

egg: Ei (soft boiled: weichgekocht; hard boiled: hartgekocht; fried: gebraten = Spiegelei; poached: pochiert; scrambled: Rührei)

fennel: Fenchel
filling: Füllung
fish: Fisch
fork: Gabel
French beans: grüne Bohnen
fried potatoes: Bratkartoffeln
fruit: Obst

game: Wild
gammon: geräucherter Schinken
garlic: Knoblauch
gigot: Lammkeule
ginger: Ingwer
glass: Glas
goose: Gans
gravy: Bratensoße
green peppers: Pfefferschoten
grilled: gegrillt

haricot beans: weiße Bohnen
heaty: Bezeichnung für Gewürze, die das Essen schärfen
herbs: Kräuter
herring: Hering
honey: Honig
horseradish: Meerrettich
hot: scharf

ice cream: Speiseeis

jam: »süße« Marmelade
jellied: in Aspik
joint: Braten, Keule

kidney: Niere
knife: Messer

ladies fingers: Okra-Schoten
lamb: Lamm
leek: Porree, Lauch
lentil: Linse
lettuce: Kopfsalat
liver: Leber
lobster: Hummer
loin: Lendenstück
lunch: Mittagessen

marinated: mariniert
mashed potatoes: Kartoffelmus
meringue: Baiser Schaumgebäck
meat: Fleisch
meat balls: Fleischbällchen
menu: Speisekarte
minced meat: Hackfleisch
mint: Minze, Pfefferminze
mushroom: Pilz
mussel: Muschel
mustard: Senf
mutton: Hammelfleisch

noodles: Nudeln

oil: Öl
onion: Zwiebel
oxtail: Ochsenschwanz
oyster: Auster

paddy: ungekochter Reis
pancake: Pfannkuchen
parsley: Petersilie
passion fruit: Passionsfrucht
pea: Erbse

peach: Pfirsich
peanut: Erdnuß
pear: Birne
pepper: Pfeffer
pickled cabbage: Sauerkraut
pigeon: Taube
pineapple: Ananas
plaice: Scholle
plantain: Gemüsebanane
plate: Teller
plum: Pflaume
pomegranate: Granatapfel
pork: Schweinefleisch
porridge: Haferbrei
potato: Kartoffel
pot roast: Schmorbraten
poultry: Geflügel
prawn: Krabbe
prune: Backpflaume
pudding: warme Süßspeise
puff pastry: Blätterteig

radish: Radieschen
raisin: Rosine
raspberry: Himbeere
red cabbage: Rotkohl
red currant: rote Johannis-
    beere
rib: Rippchen
rice: Reis
roast: Braten
roll: Brötchen

salad: Salat
salmon: Lachs
salt: Salz
sausage: Würstchen
savoy cabbage: Wirsingkohl
seafood: Meeresfrüchte
self catering: Selbstversorgung
shark: Haifisch
shrimp: Krabbe
skate: Rochen
slice: Scheibe
smoked: geräuchert

sole: Seezunge
soup: Suppe
sour cream: saure Sahne
soya beans: Sojabohnen
spices: Gewürze
spinach: Spinat
spoon: Löffel
starter: Vorspeise
steak: Steak (well done: gut durch-
    braten; medium: mittel durchbra-
    ten; rare: innen fast roh)
steamed: gedämpft
stew: Ragout
stewed: geschmort
Stilton: Blauschimmelkäse
strawberry: Erdbeere
stuffed: gefüllt
stuffing: Farce (Füllung)
sugar: Zucker
sundae: Eisbecher
sweet: süß
sweet potato: Süßkartoffel
sweets: Bonbons
swordfish: Schwertfisch

tail: Schwanz
tart: Torte
taste: Geschmack
teaspoon: Teelöffel
tender: zart
tongue: Zunge
tough: zäh
trolley: Teewagen
trout: Forelle
tunny: Thunfisch
turkey: Truthahn
turtle: Schildkröte

veal: Kalb
vegetable: Gemüse
vegetarian: Rohkostler
vinegar: Essig

whipped cream: Schlagsahne
wild boar: Wildschwein

Feiertage

Der Sonntag ist wöchentlicher Feiertag – ein Relikt aus der britischen Kolonialzeit. Ansonsten wird der srilankische Festkalender von der Vielfalt der Religionen geprägt. Hinduistische, moslemische und christliche Feiertage werden
ebenso wie die meisten buddhistischen von der ganzen Nation begangen, an-

dere werden nur an bestimmten Orten oder nur von religiösen Gruppen gefeiert. Die Mehrzahl der religiösen Feste richtet sich nach dem Mondjahr, ist also beweglich. In Sri Lanka gilt ansonsten unser Kalenderjahr. An allen nationalen Feiertagen sind sämtliche Behörden und viele Geschäfte geschlossen.

Feiertage mit festem Datum

Independence Commemoration Day (Unabhängigkeitstag) 4. Februar
Maifeiertag 1. Mai
National Heroes Day (Tag der Nationalhelden) 22. Mai
Bank Holiday (Bankfeiertag) 30. Juni
Weihnachten 25. Dezember
Bank Holiday 31. Dezember

Bewegliche Feste Die Termine der beweglichen Feste für die nächsten Jahre zu berechnen oder berechnen zu lassen, war uns nicht möglich. Viele dieser Termine richten sich nicht nur nach dem Kalender, sondern auch nach den Empfehlungen der Astrologen, so daß geringfügige Abweichungen von einem angenommenen Rhythmus möglich sind. Wir geben hier deswegen nur den ungefähren Zeitpunkt an und verweisen im übrigen auf die aktuelle Liste des Ceylonesischen Fremdenverkehrsamtes, die jedoch auch noch kurzfristigen Änderungen unterworfen sein kann.

Poya Day Zusätzlich zu den Sonntagen ist jeder Vollmondtag des Jahres ein Feiertag – es gibt also jährlich zwölf bis dreizehn solcher Poya Days. Vor allem für die Buddhisten ist dies der Hauptfeiertag eines jeden (Mond-)Monats, an dem in den Tempeln viel Gedränge herrscht. Kinos, Theater und andere Unterhaltungsstätten bleiben an Poya Days geschlossen, alkoholische Getränke dürfen nicht in der Öffentlichkeit konsumiert werden. Hotelgäste können jedoch schon am Tag vorher Getränke für den Poya Day auf ihr Zimmer bestellen.

Eine aktuelle Liste der jährlichen Poya Days verschickt das Ceylonesische Fremdenverkehrsamt.

Thai Pongal Day Erntedankfest der Tamilen.
Ende Dez./Anfang Jan.

Maha Sivarathri Day Hindufest zu Ehren des Gottes Shiva.
Mitte Febr.

Karfreitag
Datum wie bei uns

Buddhistischer und Tamilischer Neujahrstag Fest mit vielen Prozessionen und Tanzveranstaltungen.
Mitte April

Der Tag nach dem Vollmondtag des Monats Wesak Ein Feiertag, weil der Wesak Poya Day zur Erinnerung an Buddhas Geburt, Erleuchtung und Eingang ins Nirwana besonders ausgiebig gefeiert wird.
Ende April/Anfang Mai

Ramadan Festival Day Islamischer Feiertag am Ende des islamischen Fastenmonats Ramadan.
Mitte Juni

Hadji Festival Day Islamischer Feiertag zu Ehren der Mekkapilger.
Mitte Aug.

Deepawali Festival Day Hinduistisches Lichterfest.
Anfang, Mitte Nov.

Geburtstag des Propheten Islamisches Fest zur Erinnerung an den Geburtstag des Propheten Mohammed.
Mitte Nov.

Fotografieren

Viele Touristen nehmen sich leider oft gar nicht die Zeit, alles Fremde auf sich wirken zu lassen, sie sind nur pausenlos auf Motivsuche.
Die Ceylonesen lassen sich im allgemeinen gern fotografieren. Durch eine Geste oder ein fragendes Lächeln kann man leicht ihr Einverständnis einholen

und ihnen bedeuten, daß man ihre Persönlichkeitsrechte zu respektieren weiß. Oft geben die Leute dem Fotografen sogar ihre Adresse, weil sie gern einen Abzug hätten. Den sollte man ihnen nicht verweigern, sondern quasi als eine Art Fotohonorar auch tatsächlich zusenden.

Nicht alle Ceylonesen, die man auf Zelluloid bannt, sind arm und bedürftig. Wer als »Fotohonorar« unbedacht kleine Geschenke wie Bonbons, Kugelschreiber oder Rupien verteilt, kann damit so manche Peinlichkeit hervorrufen. Einem Fischer, einem Schmied im Lendenschurz oder einem Plantagenarbeiter sollte man lieber eine Zigarette anbieten. Wohlgemerkt: anbieten, nicht zustecken. Aus einem solchen Akt entwickelt sich dann vielleicht wieder ein menschlicher Kontakt.

In Tempeln sollte es sich von selbst verstehen, besonders bedacht und rücksichtsvoll vorzugehen. Auch die gläubigen Buddhisten und Hindus haben normalerweise keine Einwände gegen das Fotografieren, wenn sie nur gefragt werden. Moslems hingegen dulden grundsätzlich keine Kameras in ihren Moscheen, wenn man letztere überhaupt betreten darf. Grundsätzlich verboten ist es, vor Statuen und religiösen Bildern zu posieren.

Für viele Museen und archäologische Stätten wird eine Foto-Erlaubnis gefordert, die gegen Gebühr an der Kasse gelöst werden kann.

Ein UV-Filter sorgt in südlichen Ländern immer für bessere Fotos. Auch ein Polfilter leistet gute Dienste, wenn man die besondere, häufig von Wolkenbildern geprägte Stimmung einfangen möchte. Da viele interessante Motive meist im Schatten liegen und die Menschen in einem so heißen Land naturgemäß der Sonne entfliehen, sind auch die Mitnahme eines Blitzlichtgerätes und höher empfindlicher Filme anzuraten.

Film und Fotomaterial ist in Sri Lanka etwa doppelt so teuer wie bei uns. Man sollte seinen Vorrat daran deshalb nicht zu knapp bemessen. Müssen Filme nachgekauft werden, dann am besten in den großen, klimatisierten Hotels. Kamerareparaturen kann man in Colombo durchführen lassen.

Fremdenführer (guides, tourist guide lecturers)

Staatlich registrierte Fremdenführer begleiten die meisten, von Reisebüros und -veranstaltern angebotenen Rundfahrten und Busausflüge. Viele sprechen gut deutsch. Auch die Tourist Information Centres vermitteln *guides*.

An allen Ruinenstädten und Museen finden Sie außerdem Einheimische, die sich als Fremdenführer anbieten. Sie haben zwar keine dementsprechende Ausbildung, meist nur geringe Englisch- oder Deutschkenntnisse und kaum Sachwissen, kennen jedoch meist die Wege und Sehenswürdigkeiten und verleihen dem Besucher ein Gefühl der Sicherheit. Sie erwarten für ihre Dienste am Ende ein Trinkgeld, das ihrer Leistung entsprechend bemessen sein sollte: 15 Rps. pro Std. sind ausreichend.

Fremdenverkehrsbüros

Tourist Information Centres (TIC) in Sri Lanka
Zentrale:
P O. Box 1504 Colombo-3
78, Stewart Place

Tel. 01/437059 und 447060
Fax 01/437953
– Katunayake Airport (Colombo)
Ankunftshalle
Tel. 045/2411

Geöffnet zu allen ein- und ausgehen-
den Flügen (Tag und Nacht)
– Colombo-4
41, Glen Aber Place
Tel. 01/58 95 85–86
Mo–Fr 8.30–16.45 Uhr
Sa, So und feiertags 8–12.30 Uhr
– Kandy
Kandyan Arts Association Building
72, Victoria Drive
Tel. 08/22661

Mo–Fr 8–18 Uhr (mit unregelmäßiger Mittagspause); an Wochenenden und feiertags 8–16 Uhr
**Ceylonesisches Fremdenver-
kehrsamt für Westeuropa und
Großbritannien**
Allerheiligentor 2–4
6000 Frankfurt/Main
Tel. 069/28 77 34 und
28 82 16
Fax 069/28 83 7̄

Geld (money, currency)

Die srilankische Währungseinheit ist die Rupie (Rupee/Rupees), hier abge-
kürzt Rp./Rps. Sie ist in 100 Cent unterteilt. Im Umlauf sind Banknoten zu 1, 2,
5, 10, 20, 50, 100, 500 und 1000 Rps. sowie Münzen zu 1, 2 und 5 Rps., außerdem 2-, 5-, 10-, 25- und 50-Cent-Münzen.
Der Wechselkurs ist bei allen Banken Sri Lankas einheitlich und schwankt täglich ein wenig. Zur Zeit bezahlen Sie für 100 Rps. im Land ungefähr 5 DM
(beim Ankauf in Deutschland ca. 8 DM; Stand Dezember 1992). Für Reiseschecks erhält man einen geringfügig besseren Wechselkurs als für Bargeld.

Banken (banks) Geld kann bei allen Banken gewechselt werden, am
einfachsten jedoch bei denen in Colombo und Kandy sowie in denen der
Badeorte. Wo der Geldumtausch
nicht zum Alltag gehört, kann die Pro-
zedur leicht eine halbe Stunde Zeit
in Anspruch nehmen. Abseits der
Haupttouristenrouten können die
Deutsche Mark, der US-Dollar und
das britische Pfund meist problemlo-
ser gewechselt werden als andere
Währungen. Grundsätzlich ist beim
Geldtausch der Reisepaß und fast
immer auch die Devisenerklärung
vorzulegen.
Öffnungszeiten der Banken: Am
Montag von 9 bis 13 Uhr und diens-
tags bis freitags von 9 bis 13.30 Uhr.
Samstags, sonntags sowie an allen
Poya- und anderen Feiertagen sind
die Banken geschlossen.
Der Wechselschalter der Bank of
Ceylon am Internationalen Flughafen von Colombo ist jedoch zu allen
Ankünften und Abflügen geöffnet. Außerdem gibt es in Colombo verschie-
dene Banken, die auch außerhalb
der normalen Zeiten geöffnet haben.

Eine Reihe von Hotels und Geschäften ist im übrigen autorisiert, für die
Bezahlung von Waren und Dienstlei-
stungen Devisen entgegenzuneh-
men. Fragen Sie vorher nach dem
Wechselkurs. Meist liegt er nur geringfügig ungünstiger als auf den
Banken.

Kreditkarten (credit cards) Mit Kreditkarten kann man in Sri Lanka, vor
allem in den größeren Städten, in vielen Hotels, Restaurants und Geschäften bezahlen.
Alle großen Kreditkartenorganisatio-
nen bieten auf Sri Lanka einen Bar-
geld-Service an. Inhaber dieser Kreditkarten können also auf ihre Karte
hin bei Vertragsbüros über bestimmte Beträge in bar oder in Reiseschecks verfügen, deren Höhe von
Organisation zu Organisation unterschiedlich sein kann.
American Express
45, Janadhipathi Mawatha
Colombo-1
Tel. 01/431288
Mastercard
20, Sir Chitt. Gardiner Mawatha

Colombo-1
Tel. 01/260 46 und 43 41 47
Visa
c/o Hongkong Bank
24, Sir B. Jayatilleke Mawatha
Colombo-1
Tel. 01/277 69 und 44 65 98
Auch die Zweigstellen von *Sampath Bank* und *Hatton National Bank* helfen Inhabern von Kreditkarten weiter.

Rücktausch Gegen Vorlage der Devisenerklärung kann nicht verbrauchte Landeswährung am Flughafen in andere Währungen zurückgetauscht werden, soweit diese verfügbar sind.

Schecks (cheques) Reiseschecks werden von allen Banken sowie in Hotels und Geschäften akzeptiert. Mit Euroschecks kann man hingegen so gut wie nichts anfangen; nur eine einzige Bank akzeptiert sie:
European Asian Bank
90, Union Place
Colombo-2
Tel. 01/54 70 62–67

Gesundheitsvorsorge

Selbst wenn ein Urlaub auf Ceylon nicht mit übermäßig hohen Gesundheitsrisiken verbunden ist, da gefährliche Epidemien wie Typhus oder Cholera erfolgreich zurückgedrängt wurden und der Hygiene-Standard relativ hoch ist, sollte man gewisse Vorsichtsmaßnahmen dennoch beachten.

Impfungen Gesetzlich vorgeschrieben sind Impfungen nicht. Nur wer aus Gelbfiebergebieten kommt, muß eine entsprechende Schutzimpfung nachweisen. Zu empfehlen sind jedoch Schutzimpfungen gegen Typhus sowie eventuell eine Gammaglobininjektion zur Stärkung der Abwehrkräfte gegen Hepatitis. Auch eine Tetanus-Schutzimpfung ist, sofern nicht ohnehin vorhanden, sinnvoll. Ganz wichtig ist die Malaria-Prophylaxe, da immer noch Malaria-Fälle in Sri Lanka auftreten. Auskünfte über alle Schutzimpfungen geben die örtlichen Gesundheitsämter im Heimatland, an die man sich spätestens sechs Wochen vor Reisebeginn wenden sollte.

Ernährung Leitungswasser ist in Sri Lanka kein Trinkwasser. Meiden Sie es unbedingt. Zum Zähneputzen und zum Abwaschen von Obst nehme man entweder Tafelwasser oder das in den meisten Hotelzimmern bereitgestellte, abgekochte und oft eisgekühlte Wasser aus der Thermoskanne. Vorsicht ist außerdem bei Speiseeis und Salaten geboten. Beides ißt man besser nur in den großen, internationalen Hotels.

Krankheiten Die häufigste Gesundheitsstörung bei Touristen dürfte wohl Durchfall sein. Ihr Arzt sollte Ihnen ein Mittel verschreiben für den Fall, daß es Sie erwischt. Hält der Durchfall länger an, oder sollte er sogar daheim nicht verschwinden, empfiehlt sich unbedingt die rasche Konsultation eines Arztes, denn es kann sich um Amöbenruhr handeln, die schneller Behandlung bedarf. Gelegentliche Insektenstiche lassen sich auf Ceylon kaum vermeiden. Ein Mittel wie Autan wirkt hier vorbeugend. In nichtklimatisierten Hotels sollte man auch unbedingt nachts von den überall vorhandenen Moskitonetzen Gebrauch machen, die das Bett freilich lückenlos umschließen müssen. Im Dschungel und auf Plantagen wird man gelegentlich von Blutegeln (leeches) befallen. Der Blutegel bringt mit seinem Speichel Hirudin in die Wunde, ein Ferment, das die Blutgerinnung verhindert. Läßt das Tier nicht von selbst ab, soll man es mit Salz oder Öl einreiben. Die

Wunde muß dann auf jeden Fall noch ein paar Minuten lang ausbluten, bis man mit einem Mulltupfer einen festen Druckverband anlegen kann. Die Einheimischen verreiben statt dessen Papierasche auf der Wunde.

Schlangenbisse und Skorpionstiche sind in Sri Lanka selten. Das Risiko, in Deutschland von einem Auto überfahren zu werden, ist um ein Vielfaches höher. Sollte einem dieses Übel jedoch widerfahren, muß selbstverständlich unverzüglich ein Arzt aufgesucht werden.

Zahnweh kann einen überall überfallen. Die Zahnärzte Sri Lankas sind nur selten so modern eingerichtet wie die unsrigen – um das Risiko der Begegnung mit einem altertümlichen Bohrer möglichst klein zu halten, geht man daher besser vor Reiseantritt noch einmal zum eigenen Zahnarzt.

Versicherungen Die gesetzlichen Krankenkassen übernehmen die Behandlungskosten in Sri Lanka nicht. Wer gesetzlich krankenversichert ist, braucht also unbedingt eine private Reisekrankenversicherung. Zu Hause privat Versicherte sind in der Regel auch auf Reisen ins außereuropäische Ausland für die Dauer von vier Wochen durch ihre Versicherung geschützt. Im Zweifelsfall empfiehlt sich das Nachblättern in den Versicherungsbedingungen.

Hotels und andere Unterkünfte

Vom internationalen Luxushotel bis hin zur einfachen Schlafsaalunterkunft sind in Sri Lanka Quartiere aller Art vorhanden An Orten von touristischer Bedeutung hat man immer die Wahl zwischen verschiedenen Betrieben, und abseits dieser Zentren findet sich meist auch eine einfache Herberge. Staatlicherseits kategorisiert werden die Beherbergungsbetriebe des Landes nicht; auch in der Preisgestaltung sind die Vermieter völlig frei. So entscheidet häufig die Geschäftslage über die Tarife. Sind noch viele Betten frei, bietet der Vermieter häufig schon von sich aus einen Preis an, der unter den veröffentlichten Tarifen liegt, ansonsten hat man fast überall die Möglichkeit zu handeln. Die Preisangaben (Preiskategorien) bei den Hotels in diesem Reiseführer (→ Der gute Tip S. 80 ff. sowie bei den verschiedenen Städten und Ortschaften S. 168 ff.) beziehen sich meist auf die veröffentlichten Tarife, sind also mögliche Höchstpreise.

Einen vollständigen Führer für Quartiere aller Art mit aktuellen Preisangaben gibt alljährlich das Ceylonesische Fremdenverkehrsamt heraus; man kann es von dort kostenlos beziehen.

Preiskategorien

Die nebenstehenden Preise gelten für eine Übernachtung inkl. Frühstück.

Luxuskategorie: ab 1000 Rps.
1. Kategorie: bis 1000 Rps.
2. Kategorie: bis 650 Rps.
3. Kategorie: bis 350 Rps.

Estate-Bungalows (Plantagen-Bungalows) Eine sehr gute Möglichkeit, das Leben auf den Teeplantagen besser kennenzulernen, bieten die Estate-Bungalows. Sie haben meist drei bis fünf Zimmer und unterscheiden sich preislich kaum von Rast- und Gasthäusern oder Privatzimmern.

Hotels An Hotels herrscht in Sri Lanka kein Mangel. In den 80er Jahren und Anfang der 90er Jahre wurden vor allem in der Metropole neue Häuser errichtet, insbesondere auf dem Luxussektor. Steuerliche Gründe waren dafür maßgebend. So findet man heute nicht nur in Colombo und in den Badeorten ordentliche Hotels, sondern auch im Inselinneren.

Guesthouses (Gasthäuser) Im Gegensatz zu den Rasthäusern sind die Gasthäuser immer das Ergebnis der individuellen Initiative eines Einheimischen. Oft kümmern sich die Inhaber noch selbst um ihre Gäste, kochen für sie und setzen sich gelegentlich auch mit ihnen zu Tisch. Personal wird hier nur für »niedere« Dienste engagiert. Der Standard der Gasthäuser ist so unterschiedlich, wie ihre Besitzer es sind; doch versucht man in der Regel, einfachen mitteleuropäischen Ansprüchen an Komfort und Hygiene gerecht zu werden.

Railway Retiring Rooms (Bahnhofsräume) Sehr preiswerte und sehr einfache Unterkünfte für den Notfall bieten für Fahrkarteninhaber die Bahnhöfe von Anuradhapura, Batticaloa, Galle, Jaffna, Kandy und Talaimannar an. Je nach Bahnhof stehen zwischen fünf und elf Räume zur Verfügung.

Resthouses (Rasthäuser) Die srilankischen Rasthäuser stammen fast ausnahmslos aus der Kolonialzeit. Sie dienten den durchreisenden Beamten als Quartier. Heute werden sie von größtenteils in staatlichem Besitz befindlichen Gesellschaften mit unterschiedlicher Zielsetzung verwaltet. Die besten unterstehen der Ceylon Hotels Corporation, andere der Urban Development Authority.

Besonders einträgliche Rasthäuser wurden in den 80er Jahren privatisiert. Jedes Rasthaus trägt seine individuellen Züge. Klimatisierte Zimmer gibt es allerdings selten, dafür ist die Größe der Zimmer für heutige Verhältnisse meist recht beträchtlich. Dusche und WC sind die Regel. Besonders aufmerksam ist der Service in den Rasthäusern, da hier meist tatsächlich mehr Personal zur Verfügung steht, als das Haus überhaupt Zimmer hat. Auch die landschaftliche Lage vieler Rasthäuser ist hervorzuheben: Schließlich waren die britischen Kolonialherren in gewisser Weise auch schon Touristen mit entsprechenden Ansprüchen. Unterkünfte, in denen mehr Atmosphäre herrscht als in den Rasthäusern, findet man auf der ganzen Insel nur selten.

Rooms in Homes (Privatzimmer) Wer mehrere Tage lang an einem Ort bleiben will und den Kontakt zum Vermieter nicht scheut, ist auch in Privatzimmern gut aufgehoben. Die Vermieter stellen ein bis drei Räume zur Verfügung; manche betreiben das Geschäft wie ein kleines Gasthaus, andere bieten noch richtigen Familienanschluß. Telefonische Vorausreservierung ist auf jeden Fall notwendig; preislich ergeben sich gegenüber Rast- und Gasthäusern meist keine Vorteile. Manche der Privatzimmervermieter offerieren auch Vollpension, in deren Rahmen man dann echt ceylonesische Hausmannskost kennenlernen kann.

Youth Hostels (Jugendherbergen) Christliche und buddhistische Jugendorganisationen sowie die nationale Jugendherbergsverband unterhalten Herbergen ganz unterschiedlicher Art – vom Gasthaus-Typ bis hin zum Schlafsaallager. Ihre Adressen sind, soweit empfehlenswert, bei den jeweiligen Ortsbeschreibungen genannt.

Kinder

Obwohl die größeren Hotels an der West- und Südwestküste fast alle Swimmingpools haben und obwohl die Einheimischen und ganz besonders die Kellner sowie das übrige Personal in den Hotels sehr kinderlieb sind, kann die Tropeninsel nicht unbedingt als Paradies für einen Urlaub mit Kleinkindern bezeichnet werden. Der lange Flug, die Zeitverschiebung und der – besonders im Winter – oft recht abrupte Klimawechsel machen den Sprößlingen zuweilen zu schaffen.

Von Rundfahrten zu den Königsstädten und den anderen historischen oder landschaftlichen Sehenswürdigkeiten haben Kinder bis etwa 12 Jahre wenig. Ab etwa 10 Jahren finden Kinder im Robinson-Club Bentota reichlich Abwechslung – und meistens auch andere Spielkameraden im Teenie-Alter. Sehr empfehlenswert für Kinder aller Altersgruppen ist ein Ausflug in das Elefanten-»Waisenhaus« bei Pinnawela (→ Der gute Tip S. 62). Spannung versprechen auch Safaris, die mit Jeeps unternommen werden. Sie sind zur Zeit nur im Yala-Park möglich (→ Der gute Tip S. 85).

Mit dem Essen tun sich Urlauberkinder auf Ceylon (und damit auch ihre Eltern) nicht immer ganz leicht, vor allem diejenigen, die auf Individualurlaub schwören: Kleinere, von Einheimischen geführte Hotels, Pensionen und Rasthäuser werden nur selten jene Speisen anbieten können, die Kinder heute so gerne mögen. Dagegen ist es in größeren Strandherbergen, die vor allem von Pauschalgästen gebucht werden, kaum ein Problem, z. B. Spaghetti oder Pommes frites zu bekommen. Auch auf diesem Gebiet ist natürlich das Angebot im Robinson-Club ideal.

Kleidung

Baumwollkleidung ist für die Tropen am besten geeignet. Wer nicht nur am Strand oder Pool herumliegt, sondern viel unternimmt, wird sie öfters wechseln müssen wegen der hohen Luftfeuchtigkeit. Der Koffer braucht deswegen aber nicht übermäßig vollgepackt zu werden, da alle Hotels und auch viele kleinere Gast- und Rasthäuser einen Wäscheservice anbieten. Wichtig ist eine Kopfbedeckung, falls man öfter zu Fuß gehen will oder Besichtigungen auf dem Programm hat. Ebenso unerläßlich ist zu jeder Jahreszeit eine Regenjacke oder ein Regenschirm – kaum ein Ceylonese, der keinen besitzt. Für das Hochland benötigt man zudem unbedingt wärmere Kleidung, zumindest einen Wollpullover oder eine Strickjacke.

Die ceylonesischen Frauen verhüllen Brust und Beine züchtig. Männer laufen nur dann in Shorts herum, wenn sie sich keine längere Beinkleidung leisten können. Wer die Einheimischen respektiert, nimmt in der Kleidung Rücksicht auf ihre Moralvorstellungen. Bikini, Badeanzug und Badehose gehören an den Strand – und nirgends anderswohin. Damen, die Busen sehen lassen – und sei es nur durch einen weiten Ärmelausschnitt –, gelten leicht als Prostituierte. Nur der Respekt vor dem Reichtum der Weißen verbietet es den Ceylonesen, sie dementsprechend zu behandeln.

Anzüge, Krawatten und Abendkleider kann man getrost zu Hause lassen. Nur in einigen wenigen Luxushotels werden sie gelegentlich, zum Beispiel, wenn ein besonderes Fest gefeiert wird, getragen, Vorschrift sind solche Bekleidungsstücke jedoch nirgends.

Klima und Reisezeit

Bei uns bestimmen die Jahreszeiten den Jahresrhythmus. In Sri Lanka ist es der Monsun. Er bringt heftige Regenschauer mit sich und oft auch starke Brandung, die das Baden im Meer dann fast unmöglich macht. Die verschiedenen Landesteile werden unterschiedlich betroffen, verbindliche Termine lassen sich nicht festlegen. Allgemein gilt jedoch, daß der Südwest-Monsun die West- und Südwestküste der Insel sowie das zentrale Hochland von Mai bis Juli und manchmal gar bis in den September hinein mit Regen bedenkt, während der Nordost-Monsun den Norden und Osten Ceylons im Dezember, Januar und manchmal auch noch im Februar trifft. Freilich regnet es auch dann nicht tagelang ununterbrochen, die Sonne kommt immer wieder durch. Auch außerhalb der Monsunzeiten sind heftige Gewitterschauer keine Seltenheit, insbesondere im April und Oktober. Wer Regen nicht mag, reist am besten im Februar oder März.

Die Luftfeuchtigkeit ist in Sri Lanka das ganze Jahr über gleichbleibend hoch und liegt häufig bei etwa 90 Prozent. Nur im Hochland über 1500 m sinkt sie auf mitteleuropäische Werte ab. Die Temperaturschwankungen zwischen Tag und Nacht sind relativ gering. An den Küsten liegt die Tageshöchsttemperatur zwischen 29 und 33 Grad, die nächtliche Tiefsttemperatur zwischen 22 und 25 Grad. Mit zunehmender Höhe sinken selbstverständlich die Temperaturen: in Kandy liegen sie tagsüber bei 28 bis 31 Grad, nachts bei 17 bis 21 Grad; in Nuwara Eliya tagsüber bei 18 bis 21 Grad, nachts bei 14 bis 16 Grad. Die Meerwassertemperaturen bewegen sich an allen Küsten das ganze Jahr über zwischen 27 und 29 Grad.

Kunst

Die ceylonesische Kunst ist im wesentlichen buddhistische Kunst mit hinduistischen Einflüssen. Viele Werke der Malerei und der Plastik können auch wir mit unseren Maßstäben als schön empfinden, aber bei der Architektur versagt bisweilen unsere Urteilskraft. Zuviel ist fremd und unverständlich. Wir vermögen Funktionen und Bedeutungen der meisten Elemente nicht zu verstehen und finden daher nur schwierig Zugang zur ceylonesischen Kunst. Es erscheint daher notwendig, zunächst einmal ihre wichtigsten und auffälligsten Elemente zu entschlüsseln. Dazu benötigen wir das Wissen um die grobe Einteilung in Epochen.

Epochen der ceylonesischen Kunst

1. Anuradhapura-Zeit (ca. 400 v. Chr. – 1017 n. Chr.)   Die Singhalesen besiedeln die Insel, übernehmen den Buddhismus und schaffen ein Königreich mit hohem Organisationsgrad. Hauptstadt der Insel ist in dieser Epoche Anuradhapura. Für wirtschaftliches Wohlergehen sorgt die Schaffung eines einzigartigen Bewässerungssystems. Destabilisierende Faktoren sind die Unabhängigkeitsbestrebungen vor allem südceylonesischer Provinzen sowie seit dem 5. Jh. sich häufende Einfälle südindischer Tamilen.

2. Polonnaruwa-Zeit (1017–1255)   Nachdem das Reich von Anuradhapura 1017 untergegangen war und ganz Ceylon von den südindischen Cholas beherrscht wird, regt sich im Süden der Insel Widerstand. Doch bis zum Jahr

1070 ist ganz Ceylon wieder unter einem singhalesischen Herrscher vereint, der das von den Cholas gegründete Polonnaruwa zu seiner Hauptstadt macht. Die singhalesische Kultur erlebt eine zweite Blütezeit. Kurz vor 1200 führen Thronstreitigkeiten und erneute Tamileneinfälle aus Südindien jedoch wieder zur Schwächung und schließlich zur Auflösung des Reiches.

3. Zeit der Teilreiche (1255–1505) Für 250 Jahre zerfällt die Insel in mehrere Teilkönigreiche, wobei im Norden ein tamilisches Reich entsteht. Festungen sind naturgemäß in diesen unruhigen Zeiten wichtigere Bauten als Tempel.

4. Kandy- und Kolonialzeit (1592–1815 bzw. 1505–1948) Während die europäischen Kolonialmächte sich zunächst nur um die Küstenregionen bemühen, entsteht in Kandy im zentralen Bergland ein neues, starkes singhalesisches Königreich, das Ceylon seine dritte und letzte Blütezeit beschert. Von den Briten wird es schließlich 1815 liquidiert.

5. Zeit der Unabhängigkeit (seit 1948) Seit Erlangung der Unabhängigkeit setzt eine Rückbesinnung auf die singhalesische Kunst der Vergangenheit ein, insbesondere in der Architektur.

Die Klosteranlage als wichtigster Baukomplex antiker und mittelalterlicher ceylonesischer Kunst

Ein buddhistisches Kloster ist eine Stätte der Lehre und der Meditation. Im Mittelpunkt jeder Aktivität aber steht die Verehrung des Buddha. Diese drei Funktionen bedingen die baulichen Elemente der Klosteranlagen. Drei dieser Elemente haben ihren Ursprung in der Frühzeit des Buddhismus, in der es noch keine Buddha-Statuen gab, sondern in der der Religionsstifter anikonisch verehrt wurde. Es sind dies der Bodhi-Baum, der Steinthron und die Dagoba.

1. Der Bo(dhi)-Baum (bot.: Ficus religiosa): Unter einem Ficus religiosa kam dem Prinzen Siddharta die Erleuchtung, die ihn zum Buddha, zum Erleuchteten, machte. Ein Ableger dieses Baumes gelangte schon in den Anfangsjahren der Missionierung Ceylons nach Anuradhapura. Ableger dieses Baumes wurden in jedem buddhistischen Kloster gepflanzt. Schon aus praktischen Gründen mußten diese Bäume besonders geschützt werden, damit sie nicht etwa von den Tieren zernagt wurden. Man zog stets eine Mauer um sie herum und pflanzte sie auf eine erhöhte Terrasse. Auf einer solchen Terrasse stehen auch heute noch alle Bodhi-Bäume.

2. Der Steinthron (Asana): Unter jedem Bodhi-Baum steht an den Kardinalpunkten der Einfassungsmauer ein steinerner Thron. Er symbolisierte und erhöhte ursprünglich den meditierenden Buddha. Heute steht auf ihm oft eine Buddha-Statue.

3. Die Dagoba (auch Cetiya, Caitya, Stupa, Thupa genannt): Dagobas sind heute die beeindruckendsten Bauwerke der antiken Stätten, da sie die sie umgebende Landschaft weithin beherrschen. Auch die Dagoba war und ist ein Symbol für den Erleuchteten, sie übernimmt zugleich aber auch die Funktion eines Reliquienschreins. Die Dagoba erhebt sich auf einer fast immer kreisrunden Basis (Medhi), die von allen vier Seiten aus über Stufen erreichbar ist. Ein steinernes Geländer begrenzt diese erhöhte Fläche, aus welcher der Dom

(Anda) emporwächst, der meist annähernd die Form einer Halbkugel hat. Nach der Form dieses Domes werden vier Dagoba-Grundtypen unterschieden:

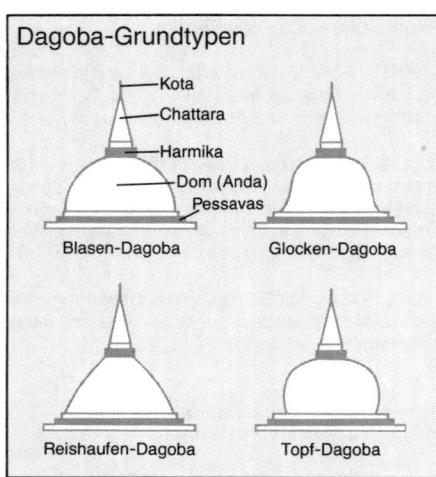

die Blasen-Dagoba,
die Glocken-Dagoba,
die Reishaufen-Dagoba,
die Topf-Dagoba.

Der Dom wird unten von drei Stufen (Pessavas) umlaufen. Gegenüber den Treppenaufgängen springen aus dem Dom Altäre oder kleine Statuenhäuser (Vahalkadas) hervor.

Auf dem Dom sitzt ein viereckiger, oft reich gegliederter Aufsatz, die Harmika. Aus der Harmika wiederum strebt ein kegelförmiger Aufbau, der mitunter wie ein umgestürzter Kinderkreisel aussieht. Ihn umlaufen in konzentrischen Kreisen steinerne Wülste, die auch als Schirme bezeichnet werden. Auf diesem Aufbau, der Chattra, sitzt dann noch eine vergoldete oder gar mit Edelsteinen verzierte Spitze (Kota).

Die eigentliche Reliquienkammer befindet sich im Innern des Doms und ist unzugänglich.

Dem gesamten Aufbau der Dagoba wird symbolische Bedeutung zugemessen. Ihre vier Aufgänge zeigen die Universalität und Offenheit der Lehre des Buddha, die Basis steht für den Unterleib, der Dom für den Oberkörper und die Harmika für den Kopf des Menschen. Die Chattra mit ihren Wülsten symbolisiert die Stufen der rechten Versenkung, die Spitze Weisheit und Erleuchtung. Eine andere Interpretation betrachtet den Dom als das Universum, die Harmika als die Welt darüber, also den Wohnsitz der Götter, die Spitze als das erstrebenswerte Ziel, das Nirwana.

Entwickelt hat sich der Typ der Dagoba wahrscheinlich aus vorbuddhistischen Fürstengräbern oder Stätten des Ahnenkults. Der Legende nach soll Buddha selbst die Anregung zur Dagoba gegeben haben: Er soll gewünscht haben, sein Grab möge einer umgestürzten Almosenschale gleichen.

Auf Dauer kommt – außer dem Islam – keine Religion ohne Bilderverehrung aus. Im Buddhismus entwickelten sich die ersten Buddha-Bildnisse um die (christliche) Zeitenwende herum im heute pakistanischen Gebiet von Gandhara, das stark unter hellenistisch-römischem Einfluß stand. So ist es auch verständlich, daß Buddha-Statuen unserem Denken zugänglicher sind als die buddhistische Architektur. Die Bilderverehrung machte ein neues Bauelement in den Klosteranlagen notwendig:

4. Das Statuenhaus (Pilimage): Das Statuenhaus wurde durch den Brauch der Bilderverehrung bald zum bedeutendsten Bauwerk eines jeden Klosterkomplexes. Oft wurde es innen auch noch ausgemalt.
Bevorzugtes Thema waren dabei die Jataka-Geschichten, 547 Legenden, die Ereignisse aus den irdischen Existenzen des Erleuchteten erzählen. Buddha nahm als Siddharta verschiedene Gestalten an, war zum Beispiel König, Kastenloser, Gott, Hirsch, Elefant. Jede dieser Jataka-Geschichten zeigt die jeweiligen Tugenden des Buddha in diesen Existenzen und wirkt somit moralisch belehrend.
Im Laufe der Geschichte haben sich zusätzlich zwei Sonderformen des Statuenhauses entwickelt:

4a. Der Zahntempel (Dalada Maligawa): Nachdem im 4. Jh. die Zahnreliquie des Buddha nach Ceylon gekommen war, entstand für sie ein eigener Tempel, der Zahntempel. Zahntempel wurden fortan in den wechselnden, jeweiligen Königsstädten errichtet (→ Der gute Tip S. 101).

4b. Der Rundtempel (Vatadage): Die frühesten Dagobas waren wahrscheinlich überdacht. Aus dieser Bauform entwickelte sich ein rundes Statuenhaus, das zwar nur selten, dann aber besonders kunstvoll errichtet wurde.
Neben den reinen Kultbauten gehörten (und gehören) zu jedem Klosterkomplex noch zahlreiche weitere Gebäude mit überwiegend praktischen Funktionen: das Badehaus (Janthaghara), die Bibliothek (Potthakalaya), das Hospital (Arogyasala), die offene Lehrhalle (Dhammasala), die Meditationshalle der Mönche (Padhanaghara), das Refektorium (Bhojanasala) und die Unterkunft der Mönche (Pasada).

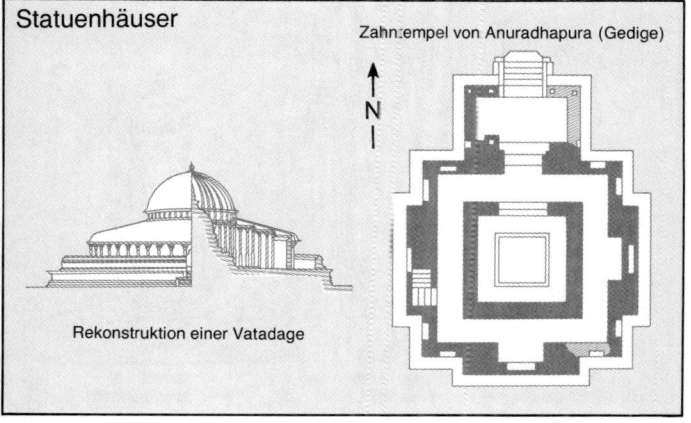

Statuenhäuser

Zahntempel von Anuradhapura (Gedige)

N

Rekonstruktion einer Vatadage

Buddha-Statuen

Buddha-Statuen sieht man überall in Sri Lanka, in Museen, Tempeln und archäologischen Stätten. Buddha ist dabei in verschiedenen Posen dargestellt, die jeweils eine besondere symbolische Bedeutung haben. Die wichtigsten Posen bei Buddha-Statuen sind:

Pose der Furchtlosigkeit (Abhaya Mudra) Buddha steht. Der linke Arm liegt am Körper oder rafft das Gewand (Kandy-Zeit), der rechte Arm ist gebeugt, die rechte Hand mit der Handfläche nach vorn erhoben.

Pose der Lehre (Vitarka Mudra) Buddha steht. Der linke Arm liegt am Körper oder rafft das Gewand (Kandy-Zeit). Der rechte Arm ist gebeugt, die erhobene rechte Hand bildet mit Daumen und Zeigefinger einen Kreis, der das Rad der Lehre darstellt.

Pose der Wunscherfüllung (Varada Mudra) Buddha steht. Sein rechter Arm ist gebeugt, die rechte Hand mit der Handfläche nach vorn erhoben. Der linke Unterarm ist vorgestreckt, die Handfläche zeigt nach außen, die Finger weisen zur Erde.

Pose der Meditation (Samadhi- oder auch Dhyana-Mudra) Buddha sitzt und hat beide Hände mit den Handflächen nach oben im Schoß übereinandergelegt. Buddha ruft die Erde als Zeugen für seine Erleuchtung an (Bhumisparsa).

Schlafende Pose Buddha liegt, die Füße liegen parallel nebeneinander. Buddha geht ins Nirwana ein (Paranirwana): Buddha liegt, die Füße leicht gegeneinander verschoben.

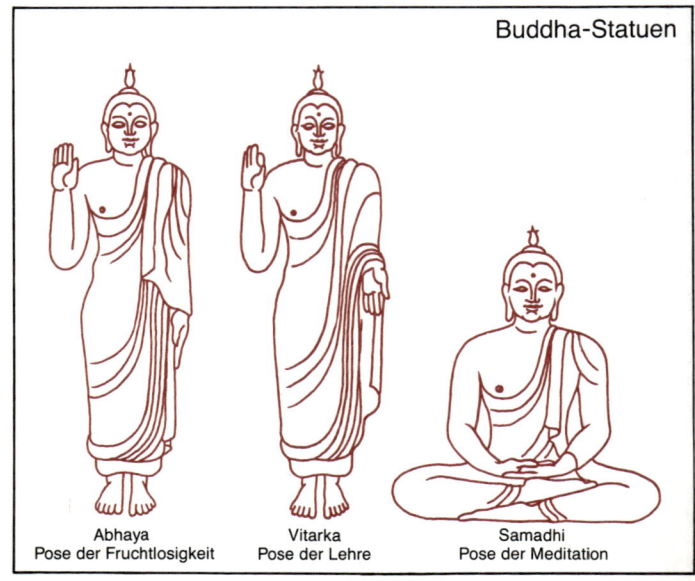

Buddha-Statuen

Abhaya	Vitarka	Samadhi
Pose der Fruchtlosigkeit	Pose der Lehre	Pose der Meditation

Stilelemente der ceylonesischen Architektur

Stilelemente, die man überall findet, sind insbesondere Balustradensteine, Mondsteine und Wächterstelen.

Balustradensteine Sie flankieren die Aufgänge zu den Statuenhäusern und anderen Kultbauten und sind als Drachen (Makara) gestaltet. Der Drache ist in der buddhistischen Kosmologie das Symbol des Wassers. Die Quelle liegt in einem mythischen See im Himalaya, sie macht die Erde fruchtbar.

Mondsteine Sie liegen in der Regel als Halbkreis, seit der Polonnaruwa-Epoche auch als halbes Oval und in der Kandy-Zeit sogar als Dreieck vor der untersten Stufe des Aufgangs zum Kultbau. Reliefs schmücken den Stein. Während der Anuradhapura-Zeit hatten sie eine starke symbolische Bedeutung, die später allerdings oft nicht mehr verstanden wurde und deshalb zu einer freieren Gestaltung der Reliefs führte. Der klassische Mondstein der Anuradhapura-Epoche trägt außen ein Flammenband. Es symbolisiert die von Verlangen entflammte Welt. Tierbänder stehen für die Elemente der von Buddha erkannten edlen Wahrheit vom Leiden: der Elefant für die Geburt, der Löwe für die Krankheit, der Stier für das Alter und das Pferd für den Tod. Das Rankenband steht für eine der Ursachen vom Leiden, die Lebensgier. Ein weiteres Reliefband mit Gänsen symbolisiert die Abkehr vom irdischen Leben, den Weg zur Erleuchtung. Die Lotusblüte im Zentrum des Mondsteins steht schließlich für das Ziel, die Überwindung des Leidens, die Erleuchtung. Wer den Kultbau über den Mondsteinen betritt, durchläuft also alle Stufen von Erkenntnis und menschlichem Sein.

Wächterstelen Sie gehören ebenfalls zu jedem sakralen Treppenaufgang. Zunächst waren es einfache, nicht verzierte, aufrecht stehende Steinplatten. Später wurden Blumentöpfe in sie eingekerbt. In der Blütezeit des Anurachapura-Reichs zeigten die Wächterstelen die beiden Begleiter der Gottheit des Wohlstands, die Zwerge Samkhanidi und Padhmanid. Die reifste Form der Wächterstele ist die, die den Schlangenkönig (Nagaraja) darstellt. In den Händen hält er eine Blumenvase. Sie stehen als Symbole der Fruchtbarkeit und des Überflusses. Der Schlangenkönig trägt auf seinem Haupt eine vielköpfige Kobrahaube – die Kobra ist die Beschützerin des lebensspendenden Wassers.

Die Fülle der ceylonesischen Kunst ist damit bei weitem nicht vollständig erfaßt. Vieles muß unerwähnt bleiben, manches findet sich noch in den Beschreibungen der Sehenswürdigkeiten bei den einzelnen Orten. Vielleicht vermag aber diese kleine Einführung bei einigen Reisenden das Interesse an einer intensiveren Beschäftigung mit der Kunst des Landes zu wecken. Auf weiterführende Literatur wird später hingewiesen.

Leihfahrzeuge

Mietwagen mit Chauffeur sind in Sri Lanka billiger als Mietwagen zum Selbstfahren. Den Vermietern sind ihre Autos zu kostbar, als daß sie sie gern Inselfremden in die Hand geben würden. Angesichts der nicht ganz einfachen Verkehrsverhältnisse (Linksverkehr!), mangelhafter Ausschilderung und möglicher Sprachprobleme bei Pannen spricht auch gar nichts dafür, sich selbst ans Lenkrad zu setzen. Die Chauffeure sprechen meistens recht gut englisch, sind hilfreich und kennen zudem meist auch noch empfehlenswerte Restaurants und Übernachtungsstätten.

Mietwagen zum Selbstfahren kann man nur in Colombo mieten. Mietwagen mit Chauffeur gibt es hingegen auch in Kandy und allen Badeorten. Sie werden durch die Reiseleitung oder Hotelrezeption vermittelt; oft wird man aber auch von Fahrern auf der Straße angesprochen. Selbstverständlich bestimmt auch bei Mietwagen mit Chauffeur der Kunde, wohin die Reise gehen soll. Die Zeitplanung kann er ganz und gar selbst übernehmen. Der Arbeitslohn des Chauffeurs ist bereits im Mietpreis inbegriffen. Zusätzlich verlangt wird nur ein Aufschlag für Spesen (umgerechnet 20 DM pro Tag). Motorräder, Mopeds und Fahrräder kann man in den meisten Badeorten, aber auch in Kandy, Anuradhapura und Polonnaruwa mieten.

Preise Vermietet werden meist Peugeot-Fahrzeuge oder (immer öfter) japanische Autos. Preisbeispiel für einen Datsun B 310 oder einen Sunny B 11: ca. 0,50 DM/km (mit Aircondition und inkl. Benzin). Hinzu kommt die Tagespauschale für den Fahrer (umgerechnet ca. 20 DM pro Tag), mit der dessen Kosten für Übernachtung und Essen abgegolten sind. Eine einwöchige Autotour kostet also bei ca. 1500 km rund 1000 DM.

Teurer und viel anstrengender ist die Wagenmiete für Selbstfahrer, nämlich ab 5000 Rps., aber plus Benzin und mit einer Freigrenze von nur 500 km – darüber hinaus pro gefahrenen km noch mal 6,50 Rps. Zu diesen Preisen kommt noch eine Versicherungsprämie, weil die Autovermieter das Risiko für Selbstfahrer hoch einschätzen – und nebenbei den einheimischen Fahrern auch gern die Arbeitsplätze sichern.

Literatur

Zur intensiven und umfassenden Vorbereitung und auch zum Nacherleben einer Reise nach Sri Lanka empfehlen wir das aufwendig illustrierte MERIAN-Heft »Sri Lanka · Ceylon«.

Als spezielle und vertiefende Reisebücher nennen wir ferner:

Sri Lanka (Führer und Bildbände):

Aubert, H. J.: *Sri Lanka – Kunst- und Reiseführer,* Stuttgart 1984

Bernhart, U./Hilscher, S.: *Sri Lanka – Expedition durch das Gestern und Heute,* Frankfurt 1991

Görgens, M. (Fotos), und J. Bringenberg: *Sri Lanka,* kritisches Fotobuch, Oberhausen o. J.

Palme, H.: *Ceylon – Stille Tropen.* Ein Fotobericht, München 1975

Pfannmüller, G., und Schiller, B.: *Ceylon/Sri Lanka,* Bildband, Hamburg 1985

Uthoff, H. R., und Schiller, B.: *Sri Lanka/Ceylon. Ein tropischer Bilderbogen,* Lübeck 1981

Buddhismus:

Conze, E.: *Der Buddhismus.* Wesen und Entwicklung, Stuttgart 1986

Nyanaponika: *Geistestraining durch Achtsamkeit,* Konstanz 1984

Nyanatiloka: *Der Weg zur Erlösung,* Konstanz 1956

Schmaltz, K. B.: *Der Kindermönch,* Würzburg 1983

Schumann, H. W.: *Der historische Buddha,* Köln 1982

Snelling, J.: *Buddhismus. Ein Handbuch für den westlichen Leser,* München 1991
Andere Themen:
Grandjot, W.: *Reiseführer durch die Pflanzenwelt der Tropen,* Leichlingen 1981
Ingermann, B.: *Teegrün ist mein Land.* Ein Mädchen aus Sri Lanka erzählt, Wuppertal 1984

Maße und Gewichte

Seit 1981 gilt zwar in Sri Lanka das metrische System; aber das englische Standardsystem ist noch meistens anzutreffen. Entfernungsangaben an Hauptstraßen finden Sie inzwischen oft schon in Kilometern, auf Nebenstraßen hingegen häufig noch in Meilen. Auf den Märkten hat sich als Gewichtseinheit das Kilogramm zwar weitgehend durchgesetzt, doch man trifft auch noch auf die englischen Einheiten. Gleiches gilt auch für alle anderen Bereiche, so daß man manchmal umrechnen muß.

Gewichte
1 ounce (oz.) = 28,35 g
1 pound (lb.) = 16 oz. = 453,6 g
1 stone (st.) = 14 lb. = 6,35 kg
1 quarter (qr.) = 28 lb. = 12,7 kg
1 hundredweight (cwt.) = 4 qr. = 50,8 kg
1 ton (t.) = 20 cwt. = 1,016 t

Zahlenmaß
1 lakh = 100 000

Längenmaße
1 inch (in.) = 2,54 cm
1 foot (ft.) = 12 in. = 30,48 cm
1 yard (yd.) = 3 ft. = 91,44 cm
1 mile (m.) = 1,609 km

Hohlmaße
1 gill (gl.) = 0,142 l
1 pint (p.) = 4 gl. = 0,568 l
1 quart (qt.) = 2 pt. = 1,136 l
1 gallon (gal.) = 4 qt. = 4,546 l

Medizinische Hilfe

Apotheken (pharmacies, dispensaries, chemists) In Colombo und Kandy gibt es gutbestückte Apotheken, die freilich überwiegend britische und US-amerikanische Medikamente führen. Man sollte sich darum Standard-Arzneimittel von daheim mitbringen. Außerhalb dieser beiden Großstädte obliegt die Versorgung mit Medikamenten meist den »dispensaries«, die oft zugleich Arzt- und Krankenstation sind.
Hier noch ein paar nützliche, englische Begriffe:

Abführmittel: *laxative*
Durchfall: *diarrhoea*
Heftpflaster: *adhesive plaster*
Kopfschmerzen: *headache*
Magenschmerzen: *upset tummy*

Schnupfen: *cold*
Tabletten: *tablets*
Verbandszeug: *bandages*
Zahnschmerz: *toothache*

Ärzte (doctors) In Colombo und Kandy ist die ärztliche Versorgung gut, außerhalb dieser Städte jedoch nach unseren Maßstäben recht mangelhaft. Wer einen Arzt braucht, sollte sich unbedingt an seinen Reiseleiter, die Hotelrezeption oder, in dringenden Fällen, an einen Taxifahrer wenden. Eine Liste guter Fachärzte hält die Deutsche Botschaft in Colombo bereit. In Notfällen kann man sich auch direkt an ein Krankenhaus wenden. Privatkliniken sind dabei gewöhnlich besser als staatliche Krankenhäuser.

Da fast alle Ärzte englisch sprechen, empfiehlt es sich, sich vor Reiseantritt von seiner Krankenkasse einen Patientenratgeber für Auslandsreisen mit dem wichtigsten medizinischen Fachvokabular zusenden zu lassen.

Rechnungen sind immer an Ort und Stelle bar zu begleichen; man sollte deshalb unbedingt eine Auslandskrankenversicherung abschließen.

Museen (museums)

Die srilankischen Museen erfüllen nur selten unsere Erwartungen an Präsentation und Erläuterung der Exponate. Am besten erscheint in dieser Beziehung das auch an Schätzen besonders reiche Nationalmuseum in Kandy. Das Volkskundemuseum in Anuradhapura und das Nationalmuseum in Colombo erfüllen ihre Aufgabe noch leidlich. Kaum mehr als ein Dach über wertvollen Kunstschätzen bilden hingegen die übrigen archäologischen Museen im Lande.

Nationalparks (national parks)

Nationalparks und strikte Wildschutzgebiete nehmen rund zehn Prozent der Inselfläche ein. Die ersten Nationalparks wurden bereits 1938 eingerichtet. Von den vier Nationalparks sind in friedlichen Zeiten drei für Besucher zugänglich: Der Wilpattu-Nationalpark westlich von Anuradhapura, der Yala-Nationalpark (auch Ruhuna genannt) im Südosten der Insel und der Gal-Oya-Nationalpark nördlich des Yala-Parks. Ein vierter Nationalpark, der erst 1972 gegründete Uda-Walawe-Park, darf nicht betreten werden.

Hotels stehen am Rande aller Nationalparks, zum Teil kann man sogar in Bungalows in den Parks selbst wohnen, dann muß man jedoch lange im voraus reservieren.

Den Wilpattu-Nationalpark kann man mit Geländefahrzeugen und Chauffeur durchfahren, den Yala-Nationalpark nur im Bus, den Gal-Oya-Nationalpark mit Boot oder Geländefahrzeug. Zusätzlich zum Preis für die Tour sind auch Eintrittsgelder für die Parks zu entrichten.

Angaben zu den verschiedenen Parks → bei den einzelnen Orten.

> Aktuelle Lage: Bei Redaktionsschluß für diesen Reiseführer durfte aus Sicherheitsgründen nur der Yala-Nationalpark betreten werden!

Öffnungszeiten (business hours)

Kaufhäuser und Läden haben gemeinhin montags bis freitags von 8.30 bis 16.30 Uhr und sonnabends von 8.30 bis 13 Uhr geöffnet. Gesetzlich festgeschrieben sind diese Zeiten jedoch nicht. An Sonn- und Feiertagen bleiben die Geschäfte immer geschlossen. Grundsätzlich gilt, daß nach Schließung der Läden überall die große Zeit der Straßenhändler anbricht. Die zahlreichen Minibuden und Bretterverschläge halten ohnehin so lange geöffnet, wie sie Lust haben – meist bis in die späten Abend hinein.

Polizei (police)

In Notfällen wendet man sich am besten an die Touristenpolizei, so etwa für die Meldung von Diebstählen oder Beschwerden über Unterkünfte und Restaurants. Büros der Touristenpolizei (tourist police) gibt es in Colombo, Mount Lavinia, Negombo, Bentota und Hikkaduwa. Die Touristenpolizei stellt bei Bedarf auch Kontakt zu anderen örtlichen Polizeibehörden her.

Kann oder will die Touristenpolizei nicht weiterhelfen oder erscheint es notwendig, sofort am Ort die reguläre Polizei einzuschalten, sollte man sich nach Möglichkeit der Vermittlung seiner Hotelrezeption, seines Reiseleiters oder eines Taxifahrers bedienen, da sonst Sprachprobleme leicht jede Kommunikation verhindern können. Eine allgemeine Notrufnummer für ganz Sri Lanka gibt es nicht.

Post

Die Postämter sind normalerweise montags bis freitags von 8.30 bis 16.30 Uhr und samstags von 8.30 bis 13 Uhr geöffnet. Für eine Postkarte nach Mitteleuropa benötigt man eine 8-Rupien-Marke, für Luftpostbriefe eine 13-Rupien-Marke. Die Post ist mit *Air Mail* zu markieren. Um sicherzugehen, daß die Briefmarken nicht abgelöst und wiederverkauft werden, läßt man sie am besten gleich abstempeln. Auch die Postabgabe in den Hotels ist sicher.

Radio und Fernsehen

Der ceylonesische Staatsrundfunk (Sri Lanka Broadcasting Corporation) sendet täglich Programme in sechs Sprachen, darunter auch in Englisch. Das Programm dauert täglich von 6 bis 23 Uhr. Ausgebaut wurde das Hörfunkprogramm auf der Insel zwischen 1969 und 1978 mit deutscher Entwicklungshilfe. Der private Sender Studio STX sendet werktags von 18 bis 23 und sonntags von 10 bis 23 Uhr.

Außerdem gibt es drei Fernsehprogramme. Das staatliche Programm Rupavahini strahlt sein Programm werktags von 17 bis etwa 23 Uhr aus, sonntags bereits ab 15.30 Uhr. Englischsprachige Nachrichten werden um 20.30 (bei Rupavahini) und 22.30 Uhr (bei ITN) gesendet.

Reisen im Land

Mit dem Bus   Dichter als auf Sri Lanka ist wohl kaum ein Busnetz der Welt. Der Bus ist auf der Insel das Transportmittel schlechthin. Allein die staatliche Busgesellschaft CTB (Central Transport Board) unterhält mehr als tausend Linien im Überlandverkehr, deren Streckenlänge sich auf über 50000 km beläuft. Dafür unterhält CTB in fast hundert Depots über 7500 Busse, die zusammen pro Jahr etwa eine halbe Milliarde Kilometer zurücklegen.

Bis 1979 war CTB eine staatliche Monopolgesellschaft; seither erhalten auch private Unternehmen Lizenzen für Busrouten, die mit denen von CTB konkurrieren. Die privaten Busgesellschaften setzen jedoch keine großen, sondern fast ausschließlich japanische Kleinbusse ein, die nur etwa 15–22 Sitzplätze haben – und häufig durch eine ziemlich rücksichtslose Fahrweise auffallen.

Busbahnhöfe und -haltestellen
In allen Städten gibt es Busbahnhöfe, an denen man auch Auskünfte über Abfahrtszeiten und Verbindungen erhält. Die privaten Mini-Busse halten immer in unmittelbarer Nähe dieser Busbahnhöfe, besitzen jedoch kein Auskunftsbüro.

Alle anderen Busse außer den Expreß-Bussen der CTB halten an den jeweils mit »Bus Stop« oder auch nur durch ein Bussymbol gekennzeichneten Haltestellen; die Mini-Busse meistens und die staatlichen manchmal auch auf Handzeichen irgendwo entlang der Strecke. Wer längere Fahrten plant, sollte jedoch immer an einem Busbahnhof zusteigen, da hier die Chancen auf einen Sitzplatz am größten sind.

Die CTB läßt auf den Hauptstrecken neben den normalen Bussen auch Expreß-Busse verkehren, die seltener halten und darum schneller am Ziel sind.

Auskunft:
Ceylon Transport Board
Central Bus Station
Olcott Mawatha
Colombo-1
Tel. 01 / 28081

Fahrkarten Fahrkarten, auch die der privaten Kleinbusse, kauft man beim Schaffner im Bus. Für die Expreß-Busse sind auch Sitzplatzbu-chungen im voraus möglich, sofern die Busroute am Zustiegsort ihren Ausgang nimmt.

Fahrpreise Die Busfahrpreise in Sri Lanka gehören zu den niedrigsten der Welt. Für eine Rupie kann man je nach Strecke und Busart etwa 5−10 km zurücklegen. Die Privatbusse sind immer geringfügig teurer als die staatlichen.

Fahrpreisbeispiele (CTB) von Colombo nach:
Anuradhapura 38 Rps.
Galle 20 Rps.
Kandy 25 Rps.
Matara 28 Rps.

Gepäck Gepäckfächer oder Dachgepäckträger besitzen die ceylonesischen Busse nicht. Man muß sein Gepäck mit in den Bus nehmen (manchmal gibt es hinter dem Fahrer einen Abstellplatz für Gepäck). In den großen CTB-Bussen ist das schon unbequem, in den privaten Mini-Bussen jedoch eine Tortur − wer mit Gepäck reist, sollte nur CTB-Busse oder besser die Bahn benutzen.

Die ceylonesischen Busse bieten ohnehin keinerlei Komfort. Die Sitze sind eng, häufig muß man stehen, da die Busse meist überfüllt sind: Für Lüftung sorgen offene Fenster und Türen. Die privaten Mini-Busse sind so niedrig, daß man in ihnen noch nicht einmal aufrecht stehen kann.

Mit der Eisenbahn Die erste Eisenbahn fuhr in Ceylon schon 1864. Die Briten benötigten sie vor allem, um die Produkte ihrer Plantagen zu den Häfen bringen zu können. Heute beträgt das Streckennetz der Sri Lanka Railway, eines staatlichen Betriebs, knapp 1500 km. Nur etwa 100 km davon sind zweigleisig ausgebaut. Die Spurweite auf den Hauptstrecken entspricht der in Indien (Breitspur, 1676 mm), einige Nebenstrecken verlaufen als Schmalspurbahnen (700 mm Spurbreite). Dampfloks (→ Der gute Tip S. 117) sind nur noch selten zu sehen, üblich sind Dieseltriebfahrzeuge. Befördert werden jährlich fast 100 Millionen Fahrgäste.

Auskunft Auskünfte erhält man am Schalter aller Bahnhöfe für die jeweils von dort ausgehenden Züge. Allgemeinere Informationen sind persönlich oder telefonisch erhältlich bei

Railtours
Fort Railway Station
Colombo-1
Tel. 01 / 43 42 15
Tgl. 8.30−12 und 13−16.30 Uhr

Railway Information Centre
Colombo Airport
Katunayake
Tel. 01/931 10
Tgl. 8.30–12 und 13–16.30 Uhr

Einen vollständigen Fahrplan zum Mitnehmen gibt es nicht; auszugsweise ist der Fahrplan abgedruckt im Heft »This Month in Sri Lanka«, das monatlich erscheint, aber durchaus nicht immer vollständig auf den neuesten Stand gebracht wird.

Fahrkarten und Klasseneinteilung
Fahrkarten erhält man auf allen Bahnhöfen sowie im Railway Information Centre am Flughafen.
Die meisten Züge fahren nur mit Waggons der 3. und 2. Klasse. Nur auf einigen Fernzügen werden auch Wagen 1. Klasse eingesetzt, die dann entweder Liegewagen, Waggons mit Klimaanlage oder Aussichtswagen sind. Wagen 3. Klasse haben nur Holzbänke und sind oft hoffnungslos überfüllt. Die Türen stehen während der Fahrt häufig offen, Scheiben in den Fenstern fehlen bisweilen. Wagen 2. Klasse sind schon sehr viel besser und weisen oft gepolsterte Sitzbänke oder gar gepolsterte Einzelsitze auf. Abteile sind jedoch auch in der 2. Klasse unüblich. Wagen 1. Klasse bieten durchaus Komfort, sie sind mit europäischen Bahnen vergleichbar. Aussichtswagen 1. Klasse werden in einigen Zügen auf den Strecken von Colombo entlang der Südwestküste nach Matara sowie von Colombo über Kandy ins Hochland nach Badulla eingesetzt. Vor allem auf dieser Strecke ins Hochland bieten sie ein einmaliges Erlebnis.

Platzreservierungen In den Bahnhöfen der größeren Städte sind Platzreservierungen ab 10 Tage vor Reiseantritt möglich; theoretisch für alle Klassen, in der Praxis jedoch nur für die 1. Klasse und für Liegewagen 2. Klasse.
Reservierungsgebühren:
Liegewagen 1. Klasse 50 Rps.
Liegewagen 2. Klasse 30 Rps.
1. Klasse Klimaanlage 40 Rps.
Aussichtswagen 1. Klasse 25 Rps.

Preisbeispiele Für eine Fahrt von Colombo nach zum Beispiel Anuradhapura zahlen Sie in der 1. Klasse ca. 170 Rps., in der 2. Klasse ca. 97 Rps. und in der 3. Klasse nur noch 35 Rps. Nach Galle zahlen Sie in der 1. Klasse 93 Rps., in der 2. Klasse 54 Rps. und in der 3. Klasse rund 20 Rps.

Streckennetz Das Streckennetz in Sri Lanka ist ganz deutlich auf die Hauptstadt Colombo ausgerichtet. Von hier aus sind zahlreiche Städte per Eisenbahn direkt zu erreichen. Die wichtigsten Strecken:
Colombo–Kandy–Nanu Oya–Badulla
Colombo–Trincomalee
Colombo–Polonnaruwa–Batticaloa
Colombo–Anuradhapura (Talaimannar und Jaffna)
Colombo – Bentota – Hikkaduwa – Galle – Matara
Colombo–Negombo

Zugrestaurants Es gibt normalerweise keine Speisewagen in den Zügen, auf vielen Bahnhöfen bieten jedoch fliegende Händler kleine Snacks, einige Getränke und frisches Obst an.

Religionen

Anhänger von vier der fünf Weltreligionen leben auf Sri Lanka zusammen. In Glaubensdingen herrscht große Toleranz. Die Kämpfe zwischen Singhalesen und Tamilen sind denn auch nicht religiös, sondern sozial und politisch bedingt; hinduistische Tempel wurden während der singhalesischen Pogrome fast nirgends angegriffen. Auch der tamilische Terrorakt im Heiligen Bezirk von Anuradhapura galt mehr dem singhalesischen Nationalismus als dem Buddhismus.

Rund 70 Prozent der Inselbevölkerung sind Buddhisten, 17 Prozent Hindus, über 7 Prozent Christen (davon ⁴/₅ römisch-katholische Christen) und 6 Prozent Moslems.

Der Buddhismus

Buddha ist der einzige Stifter einer Weltreligion, dessen Lehre keines Gottes bedarf. Buddha leugnet zwar die Götter nicht, für die Erlösung des Menschen spielen sie jedoch keinerlei Rolle. Sie sind Daseinsformen wie Mensch und Tier auch, die der Erleuchtung bedürfen, um das Ziel jeder Existenz zu erreichen: die Auflösung der eigenen Existenz, den Eingang ins Nirwana. Der Buddhismus läßt deswegen seinen Anhängern viele Freiheiten in kultischen Dingen, in Götter- und Geisterverehrung. Es gibt keine zentrale Instanz für Glaubensfragen wie etwa christliche Synoden oder den Papst, es besteht auch keinerlei Verpflichtung zum Tempelbesuch wie beispielsweise im Islam. Buddha selbst ist kein Gott (wenn er vom einfachen Volk auch oft als gottähnliches Wesen verehrt wird), sondern nur Vorbild und Lehrer.

Der historische Buddha war ein nordindischer Fürstensohn, der in der zweiten Hälfte des 6. Jh. v. Chr. lebte. Seine Heimat war Lumbini im heutigen Nepal, sein Name Gautama Siddharta. Siddharta war zu jener Zeit ein durchaus üblicher Name, mit der Bedeutung »Der, der sein Ziel erreicht hat«. Gautama war ein hochverehrter indischer Weiser. Er wuchs in fürstlichem Wohlstand auf, war ein tapferer Krieger und Vater eines Sohnes.

Eine entscheidende Wendung nahm sein Leben mit 29 Jahren. Da lernte er der Legende nach auf vier aufeinanderfolgenden Ausfahrten die Schattenseiten des Daseins kennen, als er einem Greis, dann einem Kranken, dann einem verwesenden Toten und schließlich einem Asketen begegnete. Er verließ Familie und Palast und schloß sich verschiedenen Asketen an, um in ihren Lehren die Erleuchtung zu finden. Nach sechs Jahren ließ er von den Asketen ab und versuchte nun, durch Selbstkasteiung zum ersehnten Ziel zu gelangen. Als er auch diesen Weg verließ, kehrten sich fünf letzten Getreuen von ihm ab. Gautama Siddharta zog sich in den Hain von Uruvela bei Bodhgaya in Nordindien zurück und meditierte allein im Schatten eines Baumes. Hier erlangte er am neunundvierzigsten Tag die Erleuchtung. Buddha war nun sicher, den Kreis von Werden und Vergehen durchbrochen zu haben. Er wußte, daß er nach seinem leiblichen Tod ins Nirwana eingehen würde, das er geistig schon erreicht hatte. Er beschloß aber, noch nicht aus dem Leben zu scheiden, sondern das »Rad der Lehre« in Bewegung zu setzen, also anderen den Weg zur Erleuchtung zu weisen. Er begab sich in einen Park beim heutigen Benares – Sarnath –, wo die fünf Getreuen, die ihn als letzte verließen, seine ersten Schüler wurden. Noch 24 Jahre lang zog Buddha verkündend durch Indien, bevor er mit 80 Jahren in Kushinagara verstarb. Die ceylonesischen Buddhisten glauben übrigens, daß der Erleuchtete auch mindestens dreimal ihre Insel besucht habe.

Die Lehre des Buddha wurde rund 400 Jahre lang nur mündlich überliefert. Erste schriftliche Aufzeichnungen angeblicher Predigten des Buddha existieren erst seit dem 1. Jh. v. Chr.

Kernstück der Lehre ist die Erkenntnis der vier sogenannten »Edlen Wahrheiten«. Diese sind:

1. Die edle Wahrheit vom Leiden. Hier wird genannt, was vom Menschen (und unausgesprochen auch von allen anderen Wesen) als Leiden empfunden wird, nämlich Geburt, Krankheit, Alter, Tod, mit Unliebem konfrontiert zu sein, von Liebem getrennt zu sein und nicht zu erlangen, was man begehrt.

2. Die edle Wahrheit von der Ursache des Leidens. Leiden wird verursacht durch die zehn Verderbnisse: Gier, Haß, Hochmut, Unehrlichkeit, Unwissenheit, falsche Ansichten, Zweifel und Schamlosigkeit, Nachlässigkeit und Unklugheit. Aus diesen zehn Haltungen heraus entstehen die zehn Handlungen, die Leiden verursachen: Unzucht, Diebstahl und Mord, Angeberei, Lügen, Verleumdungen und Flüche, Lüsternheit, Mißgunst und falsche Anschauungen.

3. Die edle Wahrheit von der Beendigung des Leidens. Sie besagt, daß das Leiden nur aufgehoben werden kann, wenn die Ursachen des Leidens aufgehoben werden.

4. Die edle Wahrheit vom Weg zur Beendigung des Leidens. Dieser Weg wird durch die Erfüllung der sogenannten Tugenden des »Achtfachen Pfades« beschritten. Diese sind rechte Erkenntnis, rechte Gesinnung, rechte Rede, rechtes Tun, rechter Lebenserwerb, rechte Anstrengung, rechtes Denken und rechtes Meditieren. Rechte Rede und rechtes Tun werden in den sogenannten »Fünf Vorschriften« noch einmal näher erläutert, die insbesondere die buddhistische Moral prägen: nicht töten und verletzen, nicht stehlen, sich keinem ungesetzlichen Geschlechtsverkehr hingeben, nicht lügen, betrügen oder verleumden und sich aller Rauschmittel enthalten
Das Wesen, das in sich die Ursachen des Leidens aufgehoben hat, verliert auch die Lebensgier und kann so nach vielen Wiedergeburten endlich den Kreislauf von Werden und Vergehen durchbrechen. Es geht ins Nirwana ein.

Das Nirwana hat Buddha nie beschrieben. Es ist auf keinen Fall mit den naiven Vorstellungen des christlichen oder islamischen Paradieses gleichzusetzen. Nach buddhistischem Glauben gibt es ja keine ewige Seele. Vielmehr wirken in einem Individuum verschiedene Kräfte, die Dharmas, die durch ihr Zusammenwirken das Einzelwesen ausmachen. Diese Kräfte vereinen sich nach dem leiblichen Tod eines Menschen in einem neuen Individuum. In welchem Individuum sie sich vereinen, wird durch das Karma bestimmt, davon also, wie sittlich der Verstorbene gelebt hat. Was sittlich heißt, sagen dem Buddhisten die oben erwähnten »Fünf Vorschriften« und der »Achtfache Pfad«. Das Nirwana ist erreicht, wenn das Karma, also der ewige Kreislauf der Wiedergeburten, durch Auflösung aller Dharmas durchbrochen wird. Mit unserer Terminologie könnte man es wohl am besten als das »Nichts« bezeichnen.
Theravada-Buddhismus nennt man die in Sri Lanka herrschende buddhistische Richtung. Schon 150 Jahre nach dem Tode des historischen Buddha nämlich kam es zu einer Spaltung, die schließlich in die beiden Richtungen des Mahayana- und des Theravada-(oder auch Hinayana-)Buddhismus mündete.
Der Theravada-Buddhismus hat die Lehre Buddhas am reinsten erhalten. In ihm ist jedes Individuum auf dem Wege zur Erlösung ganz und gar auf sich gestellt, findet keine Helfer in überirdischen Bereichen. Im Mahayana-Buddhismus hingegen wird die Tatsache betont, daß der historische Buddha nach seiner Erleuchtung nicht gleich ins Nirwana einging, sondern noch viele Jahre

lang umherzog, um anderen Menschen den Weg zur Erlösung zu zeigen. So gibt es für die Anhänger dieser Richtung auch Hunderte von Boddhisattwas, die bereits die Erleuchtung errungen haben, aber so lange nicht ins Nirwana eingehen wollen, als nicht alle Menschen erlöst sind. An sie können ebenso wie an Buddha auch Gebete gerichtet werden.

Der Theravada-Buddhismus ist außer auf Sri Lanka noch in Birma, Thailand, Kambodscha, Laos und Vietnam beheimatet.

Der Hinduismus

Der Hinduismus ist, anders als der Buddhismus, keine Stifterreligion. Er hat sich vielmehr vor 3000 bis 4000 Jahren aus der Verschmelzung der Religion der vorarischen Induskultur mit der der damals dort eindringenden arischen Bevölkerung entwickelt. Im Hinduismus gibt es ebensowenig wie im Buddhismus eine zentrale Instanz in Glaubensfragen und auch keine alles erklärende, jedermann zugängliche Heilige Schrift. So finden sich unter den Hindus Anhänger eines philosophischen Systems, die an keinen persönlichen Gott glauben, neben Animisten, deren Glaubensvorstellung dem Okkultismus beziehungsweise Naturreligionen nahestehen. Manche Hindus erkennen nur einen einzigen Gott an, der in vielerlei Formen erfahrbar ist, andere glauben an die Existenz von bis zu 330 Millionen verschiedenen Göttern.

Für alle Hindus ist unzweifelhaft wahr:
– Menschen, Götter, Geister und Tiere sind der Seelenwanderung unterworfen.
– Das Karma, also das Wägen der guten und der bösen Taten, entscheidet darüber, in welcher Existenzform die Wiedergeburt einer Seele stattfindet.
– Das Karma bestimmt, in welche Kaste ein Mensch hineingeboren wird. Für jede Kaste gibt es genau festgelegte Verhaltensnormen, die eingehalten werden müssen, um ein gutes Karma für die nächste Wiedergeburt zu erlangen. (Bei den Tamilen Sri Lankas ist das Kastenwesen viel ausgeprägter als bei den Buddhisten, für die das Kastenwesen nicht religiös begründet ist.)
– Genau festgelegte, rituelle Handlungen müssen durchgeführt werden, um dem Willen der Götter zu entsprechen.
– Die Veden sind die heiligen Schriften des Hinduismus. (Die vedische Literatur entstand zwischen dem 2. Jahrtausend und der Zeitwende, verfaßt wurde sie in Sanskrit. Sie ist eine Sammlung von Liedern und Sprüchen, die alle Bezug zur Opferzeremonie haben, einer zentralen Kulthandlung im Hinduismus. Zu den Veden kommen noch weitere Schriften, vor allem die Brahmanas, die die heiligen Handlungen beschreiben und erklären, sowie die Upanishaden, die das philosophische Lehrgebäude des Hinduismus bilden. Aber auch Epen sind als heilige Schriften anerkannt, so das Ramayana und das Mahabharata.)
– Die Erlösung besteht wie im Buddhismus darin, den Kreislauf der Wiedergeburten zu durchbrechen. Ziel ist aber nicht das Nirwana, sondern das Einswerden mit dem Brahman, dem reinen, unveränderlichen und unpersönlichen Geist. (Den Weg dorthin sehen die Hindus unterschiedlich. Für manche führt er über Askese und Meditation, für andere über die genaue Befolgung aller kultischen Rituale. Wieder andere erhoffen die Erlösung durch den Gnadenakt eines Gottes.)

Hinduistische Gottheiten

Agni bedeutet auf Sanskrit Feuer. Ursprünglich war er einer der mächtigsten und verehrtesten Götter des Hinduismus, heute hat er vor allem die Funktion eines Feuergottes, der beim Feueropfer, bei der Leichenverbrennung und bei Vertragsabschlüssen angerufen wird.

Brahma ist der Hauspriester der Götter und vollzieht für sie die zeremoniellen Riten. Vom Volk wird er kaum verehrt, hingegen aber von den Priestern. Eigene Tempel besitzt er kaum, seine Statue muß jedoch in jedem Shiva- und Vishnu-Tempel in einer Nische der Nordwand stehen. Dargestellt wird Brahma meist mit vier Köpfen und vier Armen, auf einem Schwamm oder einer Lotusblüte sitzend.

Ganesha ist ein viel verehrter, elefantenköpfiger Gott. Er ist der erste Sohn der für die ceylonesischen Hindus höchsten Gottheit, Shivas. Ganesha gilt als besonders gutmütig, als Gott der Weisheit und des Wohlstands. Er wird häufig zusammen mit einer Ratte dargestellt, die in Asien als besonders klug gilt. Ganesha wird auch Ganapati oder Pillayar genannt.

Hanuman ist ein besonders in Sri Lanka geschätzter, affenköpfiger Gott. Er spielt eine wichtige Rolle im Epos Ramayana. Da ist er der Anführer des Affenheeres, das Rama, einer Inkarnation des Gottes Vishnu, zur Rückgewinnung seiner nach Lanka entführten Gemahlin Sita verhilft. Er gilt wie Ganesha als besonders gutmütig und dem Menschen gnädig gestimmt.

Lakshmi ist die Gemahlin Vishnus und die schönste Göttin im hinduistischen Pantheon, wie die griechische Göttin Aphrodite schaumgeboren. Sie gilt als Göttin der Schönheit, des Glücks und der Gesundheit und wird von Frauen bei Unfruchtbarkeit angerufen. Sie wird weniger in Tempeln als am häuslichen Altar verehrt. Als Tier ist ihr oft eine weiße Eule beigegeben. Sita, die Gemahlin Ramas im Ramayana, gilt als eine ihrer Inkarnationen.

Natha ist einer der vier Schutzgötter der Insel und zugleich Beschützer des Buddhismus auf Ceylon. Seine Statue steht auch in fast allen buddhistischen Tempeln Sri Lankas.

Parvati ist die Gemahlin des höchsten Gottes Shiva. Meist wird sie als zerstörerische, furchterregende Göttin verehrt, der sogar Tieropfer dargebracht werden. Sie trägt auch die Namen Uma, Durga oder Kali.

Pattini ist die Beschützerin der Ehe. Sie hat die Menschen den Reisanbau gelehrt und schützt sie vor Epidemien. Sie ist auch eine der vier Schutzgottheiten der Insel.

Saman ist der Hüter des heiligsten Berges der Insel, des Adam's Peak. Ihm sind eigene Tempel geweiht, z. B. in Ratnapura.

Sarasvati ist die Gemahlin Brahmas. Sie gilt als Göttin der Kunst, der Gelehrsamkeit und der Literatur; ihr wird das Geschenk der Sprache »Sanskrit« zugeschrieben. Sie wird häufig von einem Pfau begleitet.

Skanda ist nach Ganesha der zweite Sohn von Shiva und Parvati. Er ist der Gott des Krieges und wird insbesondere auch in Kataragama verehrt. So trägt er neben den Namen Karttikeya, Kandasamy, Muruga, Subramanya auch den Namen Kataragama. Er wird wie Sarasvati oft mit einem Pfau als Reittier dargestellt. Als Kataragama ist er ein weiterer der vier Schutzgötter der Insel.

Shiva wird von den Hindus auf Ceylon und vielen anderen als höchste Gottheit verehrt; für etliche Hindus sind sogar alle anderen Götter nur Formen Shivas. Er ist der Gott der Zerstörung und des Kreislaufs der Wiedergeburten, der Gott des Viehs und der Potenz. Er wird oft als vielarmiger, tanzender Gott dargestellt, trägt häufig eine Kette aus Totenschädeln, erscheint mit einem Dreizack oder als nackter, ascheverschmierter Asket. Sein Reittier ist der Stier, in jedem Shiva-Tempel steht als sein Symbol im Allerheiligsten ein phallusförmiger Stein, der Lingam.

Vishnu gilt als Erhalter der Welt. In Sri Lanka wird er nur selten als

Hauptgottheit verehrt, gilt jedoch unter dem Namen Upulvan als vierter der Schutzgottheiten der Insel. Für die Hindus war Buddha ebenso wie Rama eine Inkarnation Vishnus. Dargestellt wird er immer mit blauer Haut, oft mit vier Armen, Krone, Keule, Lotus oder Muschel. Sein Reittier ist der Vogel Garuda.

Der Islam

Die ceylonesischen Moslems sind wie die Mehrheit der Araber Sunniten. Der Islam hat auf der Insel keine besondere Ausprägung erfahren, so daß auch hier die sogenannten fünf Pfeiler des Islam gelten, die die Grundpflichten eines jeden Moslems bilden:
1. An Allah als einzigen Gott zu glauben und anzuerkennen, daß Mohammed sein letzter Prophet war.
2. Fünfmal am Tag zu beten, sich vor dem Gebet einer rituellen Reinigung zu unterziehen und nach Möglichkeit am Freitag mittag in der Gemeinschaft der Moschee am Gebet teilzunehmen.
3. Im Fastenmonat Ramadan zu fasten, also zwischen Sonnenauf- und -untergang weder zu essen noch zu trinken, noch zu rauchen, noch zu lieben.
4. Die Armensteuer zu entrichten, also ein Vierzigstel seines Einkommens an Bedürftige zu verteilen.
5. Nach Möglichkeit einmal im Leben die Pilgerfahrt nach Mekka anzutreten.

Das Christentum

Neben den 80 Prozent römisch-katholischer Katholiken, die besonders stark in der Negombo-Region vertreten sind, gibt es in Sri Lanka noch Anglikaner (Church of Ceylon), Holländisch-Reformierte, Methodisten, Baptisten, Siebentage-Adventisten und Mormonen sowie Presbyterianer (Church of Scotland). Gottesdienste finden teils auf englisch, teils auf tamilisch und singhalesisch statt.

Sicherheit – wohin kann man fahren?

In den Badeorten an der Küste, in Colombo und an den historischen Stätten im Kulturdreieck bemerkt man von der angespannten politischen Lage nur wenig. Was man bemerkt, sind durch Sandsäcke, Blechtonnen und hohe Zäune geschützte Polizeistationen. An den Straßen um Anuradhapura und Polonnaruwa sind gelegentlich Panzer und Schützenwagen zu sehen, der Zahntempel in Kandy wird durch Soldaten gesichert. In Anuradhapura endet mancher Weg im Ausgrabungsgelände an einem Schlagbaum, der von einem Zivilisten mit Waffe im Anschlag bewacht wird: Hier wollen ängstliche Ceylonesen selbst für ihren Schutz sorgen. Wie angespannt die Lage auf der Insel wirklich ist, merkt am deutlichsten, wer öfter einmal in eine englischsprachige ceylonesische Zeitung blickt. Da ist täglich von Kämpfen und Toten die Rede; freilich nicht in den von Touristen besuchten Gebieten, sondern im tamilischen Osten und Norden der Insel.
Nicht oder nur schwer zugänglich für Touristen waren 1992 das gesamte östliche Tiefland bis etwa zur Straße zwischen Badulla und Pottuvil einschließlich des Gal-Oya-Nationalparks und der Küstenorte Trincomalee, Batticaloa und

Kalkudah sowie die Jaffna-Halbinsel und ihre vorgelagerten Inseln im Norden. Empfehlung: Um sich über die aktuelle Lage zur Zeit Ihrer Reise zu informieren, wenden Sie sich am besten an Ihre Reiseleitung. Die europäischen Reiseveranstalter in Sri Lanka stehen in engem Kontakt miteinander und sind zumindest über die Situation in den Orten nahe der Grenzlinie bestens informiert. Sie stellen sich auch bei Ausflügen und Rundfahrten darauf ein.
Steht Ihnen keine Reiseleitung zur Verfügung, wenden Sie sich an das Ceylonesische Fremdenverkehrsamt in Colombo oder Frankfurt/Main.

Souvenirs

Würde man alles kaufen, was einem gefällt, man bräuchte einen Extrakoffer für die Heimreise. Schließlich gibt es in Sri Lanka so vieles, was nie in unsere Läden gelangt, daß die Auswahl wirklich schwerfällt. Da gibt es hervorragende Batiken (hauptsächlich in den Badeorten und entlang der Straßen von Colombo nach Kandy), bei deren Herstellung man zuschauen kann. Aus Galle kommt Keramik, in Kandy versilbert man Kupfer und verkauft es als Kandy-Silber. Nach der Besichtigung einer Teeplantage kauft man natürlich Tee von »seiner« Plantage, und die Gewürzgärten verläßt kaum jemand ohne einige Gewürze und aromatische Öle. Auf den Märkten locken am letzten Tag unbekannte tropische Früchte und Gemüse zum Mitnehmen, in Ambalangoda Masken, anderswo Korbwaren und Holzschnitzereien, handgebastelte Katamaran-Modelle jeder Größe oder kleine Ochsenkarren als Kinderspielzeug. Briefmarkensammler werden im Philatelic Bureau in Colombo fündig – und Edelsteine werden einem nicht nur in Ratnapura angeboten, sondern in jedem Ort, in dem sich Touristen aufhalten, meist sogar direkt in Hotelläden. Edelsteine kauft man übrigens am besten unverarbeitet, also nicht als fertiges Schmuckstück wie Ring oder Brosche, da Gold und Silber in Sri Lanka teurer sind als in Mitteleuropa. Auf jeden Fall lasse man sich ein Echtheits-Zertifikat geben. Hat man dann Zweifel an der Echtheit seines Steins, kann man ihn in Colombo testen lassen.

Sport

Die beliebteste Sportart der Einheimischen ist Cricket, ein Relikt aus der britischen Kolonialzeit. Für die Jugend des Landes ist es nicht nur ein Zeitvertreib, sondern wie der Fußball insbesondere in den südamerikanischen Ländern auch eine Möglichkeit zum sozialen Aufstieg. Gute Cricketspieler können zu Nationalhelden werden, die von Firmensponsoren umworben werden. So sieht man sie denn überall Cricket spielen: auf dem Strand, abseits von Fischerhütten aus Palmzweigen, zwischen den antiken Ruinen von Anuradhapura, auf Parkplätzen und in Palmenhainen. Internationale Cricketspiele werden in voller Länge in Fernsehen und Rundfunk live übertragen.
Wassersportmöglichkeiten bieten sich in vielen Badeorten, vor allem in geschützten Buchten oder an durch Korallenriffe vor dem offenen Meer geschützten Strandabschnitten sowie insbesondere auf Lagunen und in Flußmündungen. Zentren des Wassersports sind die Blaue Lagune von Negombo und die breite Flußmündung des Bentota River sowie mit Einschränkungen die Korallengärten von Hikkaduwa. Wassersport ist auch in Mount Lavinia, Hambantota, in der Arugam Bay (hier insbesondere Wellenreiten) sowie in Nilaveli bei Trincomalee möglich. Allgemein populär ist Windsurfen, Angebote finden sich

aber auch für Wasserskilaufen, Schnorcheln und Flaschentauchen. Einige Hotels in den Badeorten bieten Ausfahrten zum Hochseeangeln an. Tauchkurse finden in Negombo, Hikkaduwa, Unawatuna, Hambantota und Nilaveli statt. Durch ein umfangreiches Sportangebot zeichnet sich der Robinson Club Bentota aus.

An Land wird vor allem Tennis gespielt. Die meisten größeren Hotels besitzen eigene Plätze. Tischtennisplatten sowie Dart-Scheiben sind ebenfalls häufig vorhanden. Squash kann man in Colombo und Kandy spielen, Billard in manchen Hotels, insbesondere im Hochland. Die beiden 18-Loch-Golfplätze in Colombo und Nuwara Eliya freuen sich über Gäste.

Preisbeispiele:
Golf (Green Fees):
1 Tag 750 Rps.
1 Woche 3000 Rps.
2 Wochen 4500 Rps.
Caddies 45–60 Rps./Tag
Hochseeangeln 600 Rps./3–4 Std.
Ruderbootmiete 35 Rps./Std.

Tauchen (in Hikkaduwa) ca. 37 DM inkl. Ausrüstung/Tauchgang
Tennis: Platzmiete 100 Rps., 150 Rps. (Flutlicht)/Pers./Std.
Trainerstunde 250 Rps.
Wasserski 20–30 DM/Runde
Windsurfen ca. 20 DM/Std.

Sprachen

Drei Sprachen werden in Sri Lanka gesprochen: Singhalesisch (auch Sinhala genannt), Tamilisch (engl. gesprochen: Tämil) und Englisch. Nach 1956 versuchte die Regierung, Singhalesisch als einzige Staatssprche durchzusetzen, was nicht zuletzt auch zu den Spannungen zwischen Tamilen und Singhalesen beitrug. Seit 1977 versucht die neue Regierung diesen Prozeß rückgängig zu machen, das Tamilische gilt jetzt offiziell als zweite Nationalsprache. Englisch wird von allen sozial besser gestellten Ceylonesen gesprochen und verstanden sowie von allen, die beruflich mit Touristen zu tun haben. In den Badeorten sprechen sowohl Straßenhändler als auch Hotelangestellte inzwischen oft schon Deutsch. Das Singhalesische ist eine indoarische Sprache aus der großen Familie der indoeuropäischen Sprachen, zu denen auch das Deutsche gehört. Singhalesisch wird außer in Sri Lanka dialektal abgewandelt nur noch auf den Malediven und den Lakkadiven gesprochen. Die Sprache stammt ursprünglich aus Nordindien und kam mit den indoarischen Einwanderern des 5. Jh. v. Chr. auf die Insel. In der insularen Isolation hat sie sich dann weiterentwickelt, beeinflußt vor allem von der indoarischen, den ceylonesischen Buddhisten heiligen Sprache Pali sowie weniger stark vom Sanskrit und vom Tamilischen.

Das Singhalesische

kommt gesprochen mit 12 Vokalen und 20 Konsonanten aus. Da die singhalesische Schrift eine Silbenschrift ist, in der Konsonant und Vokal jeweils zu einem spezifischen Schriftzeichen zusammengezogen werden, ergeben sich daraus 240 mögliche Schriftzeichen. In der singhalesischen Literatur ist diese Zahl noch um einiges höher.

10 häufige Redewendungen:
guten Morgen: *suba udasanak*
guten Abend: *suba sandyawak*

gute Nacht: *suba rathriyak*
hallo, auf Wiedersehen: *ayubowan*
bitte (als Bitte): *karunakara*

bitte (als Antwort auf danke): *sada rayen piligamu*
danke (als Dank): *isthuthy*

danke (ablehnend): *unä*
ja: *owe*
nein: *nä*

Das Tamilische

ist eine drawidische Sprache, gehört also zur indischen Sprachfamilie, die aus insgesamt 23 Sprachen besteht. Sie werden hauptsächlich in Süd- und Ostindien, in Sri Lanka sowie von einer Minderheit in Pakistan und Siedlern in Südostasien sowie in Afrika gesprochen. Das Tamilische ist die älteste drawidische Literatursprache, vergleichbar dem indoeuropäischen Sanskrit. Die ersten Texte sind aus dem 3. Jh. v. Chr. überliefert. Allgemein wird das Tamilische heute in einer Vattellutu genannten Rundschrift, deren Alphabet aus 70 Zeichen besteht, geschrieben.

Fünf tamilische Wörter:
Gruß: *vanakkam*
bitte: *thayavu sai du*

danke: *nandri*
ja: *ahm*
nein: *la¹*

Das Englische

ist zwar nur für wenige Bürger die wirkliche Muttersprache, hat jedoch seinen festen Platz in den sozial hochgestellten Familien des Landes. Viele Angehörige der Elite sprechen auch untereinander nur englisch. In den Hotels und Nightclubs werden Sie viele Ceylonesen treffen, die auch mit ihren Familienangehörigen nur englisch sprechen.
Falls Ihr Englisch lückenhaft ist, nehmen Sie am besten ein Wörterbuch mit!

Strände

1600 km feiner Sandstrand warten in Sri Lanka auf den Urlauber. Im Westen, Südwesten und Osten der Insel sind die Strände von Kokospalmen gesäumt, im Norden und Südosten von Dünen und Palmyrah-Palmen. Am weitesten erschlossen sind die Strände im Westen und Südwesten; hier verbauen insbesondere in Negombo allerdings auch schon viele Hotels die freie Sicht vom Strand auf die Palmen. Die Strände der Ostküste gelten als die schönsten und einsamsten der Insel. (Sie sind aus Sicherheitsgründen im Moment jedoch nicht zu empfehlen.) Hier gibt es bisher nur vereinzelte Hotels, keine Hotelkolonien wie im Westen.
Auf vielen Stränden liegen Fischerboote oder stehen gar ganze Fischerdörfer aus Palmblatthütten. Das sieht idyllisch aus, bedeutet aber fast immer auch, daß die Menschen dort den Strand als Toilette benutzen. Das mag so manche Badefreude verderben.
Eins sind die ceylonesischen Strände gewiß nicht: kinderfreundlich. Fast überall fehlt Schatten – und häufig fällt das Ufer steil ab. Die mächtige Brandung ist auch für Erwachsene an vielen Stellen gefährlich. Generell gilt, daß das Baden im Meer an der Ostküste zwischen November und März nahezu unmöglich ist, an der Westküste im Sommer. Immer sollte man Badeverbote strikt beachten, am besten gar nicht an einsamen Stränden baden. Für Kinder und schwache Schwimmer sind, außer den Swimmingpools der Hotels, die Korallengärten von Hikkaduwa und die Bucht von Kalkudah am sichersten.

Stromspannung

Die Stromspannung beträgt im allgemeinen 220 oder 230 Volt, ist also für unsere Elektrogeräte geeignet. Auf gelegentliche Ausnahmen weisen Schilder an den Steckdosen hin. In vielen älteren und einfacheren Hotels finden sich noch Dreipunktsteckdosen. Man kann sie ohne weiteres und gefahrlos benutzen, wenn man nur einen Bleistift oder Kugelschreiber in das obere Loch steckt. Hat man selbst nicht den Mut dazu, kann man auch einen Hotelbediensteten zu Hilfe rufen.

Mit gelegentlichen Stromausfällen ist zu rechnen, in manchen Orten wird der Strom auch nachts ganz abgeschaltet. Man erkundige sich danach an der Rezeption.

Taxi

Taxis gibt es in nahezu allen ceylonesischen Städten. Sie sind meist an ihrem gelblackierten Dach zu erkennen. In Colombo fahren außer normalen Pkw-Taxen auch Dreiradtaxen (Trishaws). Ein Taxameter ist fast immer vorhanden, man sollte jedoch darauf achten, daß er auch eingeschaltet wird. In Colombo kann man die Taxen am Straßenrand anhalten, in den anderen Orten findet man sie vor den Bahn- und Busbahnhöfen sowie an den Hotels. Tip: Preis aushandeln, nachdem man sich vorher (z. B. beim Hotelpersonal) nach dem etwaigen Preis für die gewünschte Route erkundigt hat.

Preis per km (für Taxis und Trishaws) 10–15 Rps.

Telefonieren

Deutschland, Österreich und die Schweiz können von allen Orten Sri Lankas aus, die schon ans automatische Telefonnetz angeschlossen sind, direkt angewählt werden. Dennoch lassen die meisten Hotels die Gespräche noch über die Amtsvermittlung laufen, um die Kosten exakt ermitteln zu können. Die Verbindung wird in der Regel binnen weniger Minuten hergestellt. In allen größeren Städten kann man auch vom Telegrafenamt aus oder, wenn nicht vorhanden, vom Postamt aus anrufen. Am modernsten eingerichtet sind die privaten Telefonbüros in Colombo, Kandy und Jaffna, die nur geringfügig mehr fürs Gespräch verlangen als den offiziellen Tarif. Da hier keine Wartezeiten entstehen, sind sie den Post- und Telegrafenämtern vorzuziehen.

Auf den Post- und Telegrafenämtern zahlt man für ein Ortsgespräch 8 Rupien. Für Ferngespräche werden 8 Rps. pro Einheit berechnet. Ein Dreiminutengespräch nach Deutschland, Österreich oder in die Schweiz kostet 400 Rps. Der Aufschlag der privaten Telefonbüros beträgt durchschnittlich 10 Prozent, in den Hotels werden bis zu 100 Prozent Aufschlag berechnet.

So wählen Sie richtig:
Von der Bundesrepublik Deutschland, Österreich und der Schweiz nach Sri Lanka:
Zuerst Vorwahl Ausland 00, dann Vorwahl Sri Lanka 94, dann Vorwahl der gewünschten Stadt ohne die Null, schließlich Rufnummer des gewünschten Teilnehmers.

Vorwahlnummern für Städte in Sri Lanka:
Ahungalla 09
Ambalangoda 09

Anuradhapura 025
Batticaloa 065
Bentota 034
Beruwala 048
Colombo 01
Galle 09
Habarana 066
Hikkaduwa 09
Jaffna 021
Kandy 08
Matara 041
Negombo 031

Nuwara Eliya 052
Polonnaruwa 027
Sigiriya 066
Trincomalee 026

Von Sri Lanka ins Ausland:
Zuerst Vorwahl Ausland 00, dann Vorwahl des Landes (Deutschland 49, Österreich 43, Schweiz 41), dann Vorwahl der Stadt ohne die Null, schließlich Rufnummer des gewünschten Teilnehmers.

Tempelbesuche

Für christliche Kirchen gelten die gleichen Regeln wie bei uns: Jeder darf sie betreten, sollte dabei jedoch geziemend gekleidet sein.
Buddhistische und hinduistische Tempel und die dazugehörigen Höfe betritt man ohne Schuhe (Socken können anbehalten werden). Die Schuhe können bedenkenlos am Eingang zurückgelassen werden, auch wenn kein Schuhwächter da ist. In buddhistischen Tempeln können alle Räume mit Ausnahme der Mönchszellen betreten werden. In hinduistischen Tempeln ist der Zugang zum Allerheiligsten den Priestern vorbehalten. In einigen wenigen tamilischen Tempeln im Norden der Insel haben Männer nur mit freiem Oberkörper Zutritt. Moscheen dürfen von Nichtmoslems in der Regel nicht betreten werden. Erhält man die Erlaubnis zum Eintritt, muß man auch hier die Schuhe ausziehen. Tempelbesuche sind während der Poya-Zeiten (Gebetszeiten) am stimmungsvollsten. Poyas finden normalerweise frühmorgens (um 5.30 oder 6 Uhr) sowie spätnachmittags gegen 18 Uhr statt.

Tierwelt (wildlife)

Sri Lanka ist nicht Ostafrika, ist kein Safariland. Riesigen Tierherden werden Sie hier nicht begegnen, und Ausflüge in die Nationalparks dauern immer nur ein paar Stunden. Dennoch trägt auch die Tierwelt zum exotischen Reiz der Insel bei.
In nicht klimatisierten Räumen, auch in Hotelzimmern, ist der Gecko ein häufiger – und völlig harmloser – Gast. Die hellhäutigen, 5–15 cm langen Echsen tragen auf der Unterseite ihrer Finger und Zehen Haftlamellen, deren Saugwirkung es ihnen ermöglicht, sogar an glatten Zimmerdecken problemlos umherzulaufen. Sie ernähren sich von Insekten und geben einen Ton von sich, der sich wie »Tschiktschik« anhört. In Hotelgärten, in Parks und natürlich im Dschungel sieht man häufig Affen herumtollen. Die meisten ceylonesischen Affenarten gehören zur Familie der Languren, es gibt aber auch Makaken. Zu den Makaken gehört der in Zivilisationsnähe besonders häufige Ceylon-Hutaffe. Er hat ein rotbraunes Fell, ein rotpockiges Gesicht und häufig bläuliche Flecken am Bauch. Seine wirren, schopfartigen Haupthaare erinnern an Struwwelpeter. Manche von ihnen scheuen den Menschen so wenig, daß sie einem aus der Hand fressen – ob man sie dazu auffordert oder nicht. Weitere häufige Affenarten sind der Weißbartlangur, der Ceylon-Hulman und der Schlanklori, ein nachts lebender Halbaffe.

Das größte Tier Sri Lankas ist der Elefant. Man begegnet ihm nicht nur in den Nationalparks (am sichersten im Yala-Nationalpark – der derzeit einzig offene unter den großen Parks), sondern gelegentlich auch noch in freier Wildbahn, so zum Beispiel in der Gegend zwischen Anuradhapura und Polonnaruwa. Etwa 1500 dieser Tiere werden als Arbeitselefanten insbesondere in der Forstwirtschaft gehalten, Prozessionen (Peraheras) kommen ohne reich geschmückte Tempelelefanten nicht aus. Häufig zu beobachtende Tiere bei Fahrten über Land sind auch die Mungos, Schlangen fressende Schleichkatzen, und die Warane, Riesenechsen von über einem Meter Länge.

Leoparden sieht man mit viel Glück am ehesten noch im Wilpattu-Nationalpark. Noch seltener zu Gesicht bekommt man das Pangolin, ein echsenartig wirkendes Säugetier, das vor allem von Ameisen und Termiten lebt, sowie den von Bauern gefürchteten Lippenbären, einen langhaarigen braunen oder schwarzen Allesfresser, dessen Lieblingsspeise ebenfalls Termiten sind. Da er extrem schlecht sieht, kommt er Menschen manchmal so nahe, daß er sie erst im letzten Augenblick bemerkt und dann sogleich angreift.

Häufiger sind, vor allem in den Nationalparks, Wildschweine, Schakale, Wasserbüffel, Axishirsche sowie die Hirscharten Sambar und Muntjak zu sehen. Auch bis zu 4 m lange Krokodile sind in den Nationalparks oft zu erspähen, aber auch an außerhalb liegenden Wasserläufen.

Schlangen begegnet man in Sri Lanka fast nur vor den Hotels – wenn die Schlangenbeschwörer sie vorführen. In freier Wildbahn habe ich noch keine einzige Schlange auf Ceylon gesehen. Es soll sie aber geben: Kobras und Kettenvipern, die besonders giftige Krait und als einzige ceylonesische Riesenschlange die Tigerpython. An den Stränden Sri Lankas kann man manchmal nachts Meeresschildkröten beobachten, die zur Eiablage an Land kommen. In den ceylonesischen Gewässern leben über 850 Fischarten, von denen man außer auf den Märkten am ehesten noch eine ganze Zahl in den Korallengärten von Hikkaduwa auch als Nichttaucher sehen kann.

Ein Erlebnis ist die reiche Vogelwelt der Insel. Über 400 Vogelarten kommen hier vor. Krähen und die herrlich blauen Königsfischer wird jeder zu Gesicht bekommen, in den Nationalparks sind aber auch wilde Pfauen, Pelikane und Flamingos häufig anzutreffen. Im Dschungel lebt das einem Haushuhn ähnliche Dschungelhuhn. Apropos Haushuhn: Davon gibt es über 6 Millionen in Sri Lanka. Zweitwichtigstes Tier in der Landwirtschaft ist das Rind (ca. 1,7 Millionen), gefolgt von Büffel (900000) und Ziege (500000). Weiter geht die Liste des Viehbestands mit Schweinen (75000), Schafen (30000) und Pferden (2000).

Trinkgeld (tip)

Die Trinkgelder machen die Arbeit für Touristen für die Einheimischen attraktiv. Der Grundlohn ist für Kellner, Barmänner, Zimmermädchen, Reiseleiter und Busfahrer so gering, daß er gerade fürs Notwendigste reicht. Empfehlung: Lassen Sie sich nicht vom niedrigen Einkommensniveau leiten, geben Sie aber auch nicht *tips* in gleicher Höhe wie in Europa. Kofferträger bekommen etwa 5 Rps.; beim Taxifahrer die Summe aufrunden um ca. 10–20 Rps.; Zimmermädchen erhalten nach einer Woche Aufenthalt ca. 50 Rps. pro Person.

Zeitungen

Als Regierungssprachrohr gilt unter den englischsprachigen Zeitungen die »Daily News«; regierungskritisch erscheint am ehesten »The Island«. Deutsche Zeitungen sind nur in den großen Hotels in Colombo erhältlich.

Zeitunterschied

Wenn Sie aus Deutschland, Österreich oder der Schweiz kommend in Sri Lanka ankommen, müssen Sie während der Geltungsdauer unserer Sommerzeit ihre Uhren um 3¹/₂ Stunden vorstellen, während unserer Winterzeit um 4¹/₂ Stunden. Wenn es in Colombo 12 Uhr ist, ist es bei uns während der Sommerzeit 8.30 Uhr und während der Winterzeit 7.30 Uhr.

Zoll (customs)

Bei der Einreise nach Sri Lanka darf der Tourist all die Gegenstände zollfrei einführen, die er für seinen eigenen Bedarf während des Aufenthalts braucht. Gegenstände aus Edelmetall, auch Schmuckstücke, sowie Juwelen und Edelsteine müssen auf der Devisenerklärung, die bei der Einreise auszufüllen und abzustempeln ist, angegeben werden. Souvenirs aus anderen Ländern dürfen den Gegenwert von 1000 Rps. nicht übersteigen (wichtig für Urlauber, die beispielsweise aus Indien, Nepal oder von den Malediven aus einreisen). An Tabakwaren sind 200 Zigaretten oder 375 g Tabak oder 50 Zigarren zollfrei, an Spirituosen zwei Normalflaschen Wein und 1,5 l Spirituosen. Eau de Toilette ist bis zu 0,25 l zollfrei, Parfüm in kleinen, nicht genauer spezifizierten Mengen. Nicht eingeführt werden dürfen Narkotika und Rauschgifte, Feuerwaffen, Antiquitäten und pornographische Artikel. Ein Ausfuhrverbot aus Sri Lanka besteht für Antiquitäten sowie tote Tiere oder Teile davon (z. E. Felle, Elfenbein, Schildkrötenpanzer und Schildpatt). Elfenbein darf auch nicht in Schmuckstücke eingearbeitet sein! Edelmetalle, Edel- und Halbedelsteine in kommerziellen Mengen bedürfen einer Exportgenehmigung. Tee darf nur bis zur Höchstmenge von 3 kg/Person zollfrei exportiert werden!

Wiedereinreise nach Deutschland:
Bei der Wiedereinreise in die Bundesrepublik Deutschland sind außer den unten aufgeführten Mengen an Genußwaren und Parfüm Mitbringsel im Gesamtwert bis zu 420 DM zollfrei. Verboten ist die Einfuhr von toten Exemplaren einer ganzen Reihe von Tierarten sowie von Teilen davon, so z. B. auch von Elfenbein, Schildpatt und Schildkrötenpanzern. Auch geschützte Pflanzenarten dürfen nicht importiert werden. Mengenbegrenzung für Genußwaren und Parfüms:

Alkoholische Getränke
(Mindestalter 17 Jahre)
2 l Wein und 1 l Spirituosen über oder
2 l Spirituosen unter 22 Prozent

Kaffee
(Mindestalter 15 Jahre)
250 g gerösteter Kaffee oder 100 g Kaffeeauszüge

Parfüms und Toilettenwasser
50 g Parfüm oder 0,25 l Toilettenwasser

Tabakwaren
(Mindestalter 17 Jahre)
200 Zigaretten oder 100 Zigarillos oder 50 Zigarren oder 250 g Tabak

Tee
Wer sich großzügig mit Tee versorgen will, sollte daran denken, daß der Zoll 9,10 DM je kg über der erlaubten Freimenge kassiert.
(Mindestalter 15 Jahre)
100 g Tee

Weitere Informationen: Bei den Zollämtern ist die kostenlose Informationsbroschüre »Gute Fahrt mit dem Zoll« erhältlich.

Orte und Landschaften Sri Lankas

Anuradhapura

Vor 1500 Jahren war Anuradhapura flächenmäßig so groß wie das heutige Paris. Seine Einwohnerzahl mag damals eine halbe Million Menschen betragen haben. Heute ist die Bezirkshauptstadt Anuradhapura nur noch Heimat von etwa 40 000 Srilankern. Der Ortskern ist nicht größer als ein mittleres Dorf hierzulande; der Rest der Stadt besteht aus Parks, Weiden und Reisfeldern, Stauseen und überall emporstrebenden Pfeilern und Grundmauern antiker Gebäude. Mächtige Dagobas ragen zwischen exotischen Bäumen gen Himmel, neben antiken Palästen und Klöstern spielen Kinder Cricket, weiden Kühe, tollen Affen lebhaft herum. Kaum ein Zaun verhindert die ständige Begegnung des Alten mit der Gegenwart. Andere Orte wie Olympia in Griechenland oder Luxor in Ägypten haben ihre archäologischen Stätten; Städte wie Athen oder Rom erdrücken sie fast zwischen ihren gesichtslosen Neubauten – Anuradhapura aber ist ein einziger archäologischer Garten, in dem der moderne Ort kaum mehr als ein Sitzkissen im Kolosseum ist. Es gibt darum auch keine schönere Art, Anuradhapura kennenzulernen, als zu Fuß oder – besser noch – mit dem Fahrrad. Da öffnen sich einem immer wieder neue, überraschende Anblicke, da begegnet man den Menschen, die heute zwischen den Ruinenstätten leben, da offenbart sich einem erst die ganze Größe der antiken Königsstadt. Ein Besuch in Anuradhapura vermittelt nicht nur »Bildung«, sondern vor allem auch Entspannung und Erholung.

Geschichte: Wie die meisten Städte der Antike trägt auch Anuradhapura den Namen ihres legendären Gründers, der ein Krieger aus dem Gefolge Vijayas, des Anführers der ersten singhalesischen Siedler, gewesen sein soll. In den Rang einer Hauptstadt des singhalesischen Königreichs stieg die Stadt des Anuradha um 380 v. Chr. unter König Panduk Abhaya auf. Sie blieb es für mehr als 1150 Jahre; länger, als Athen das Zentrum des antiken Griechenlands, und länger, als Rom das Zentrum des Römischen Reichs war.

Die wirtschaftliche Voraussetzung für die führende Rolle der Stadt bildeten zum einen die zahlreichen Kanäle und Stauseen, die verschiedene Herrscher anlegen ließen. Schon Panduk Abhaya schuf mit dem heute noch nach ihm benannten Abhaya Wewa die Grundlagen des Bewässerungssystems, das eine intensive Reiswirtschaft erlaubte. Spätere Herrscher folgten seinem Beispiel, so etwa Devanampiya Tissa (250–210 v. Chr.) mit dem heute wieder instand gesetzten Tissa Wewa. Eine zweite Voraussetzung für die führende Rolle der Stadt lag in ihrer religiösen Bedeutung, die in unzähligen Pilgerzügen ihren Ausdruck fand. Ziel der Pilger war der eingepflanzte Ableger des Baums, unter dem Buddha die Erleuchtung erlangte, sowie die Schlüsselbein-Reliquie des Buddha, die in die Thuparama-Dagoba eingelassen worden war – beides bereits unter König Devanampiya Tissa, der als erster buddhistischer König der Insel gilt.

Zwei Gegensätze prägten die Geschichte der Stadt. Da war zum einen die fortwährende Bedrohung der singhalesischen Herrscherdynastien durch tamilische Heere aus Südindien, die mehrmals bis nach Anuradhapura vorstießen, die Könige ins Exil nach Süd-Lanka vertrieben und sie zu Rückeroberungen zwangen. Die meisten der tamilischen Eindringlinge zerstörten Anuradhapura

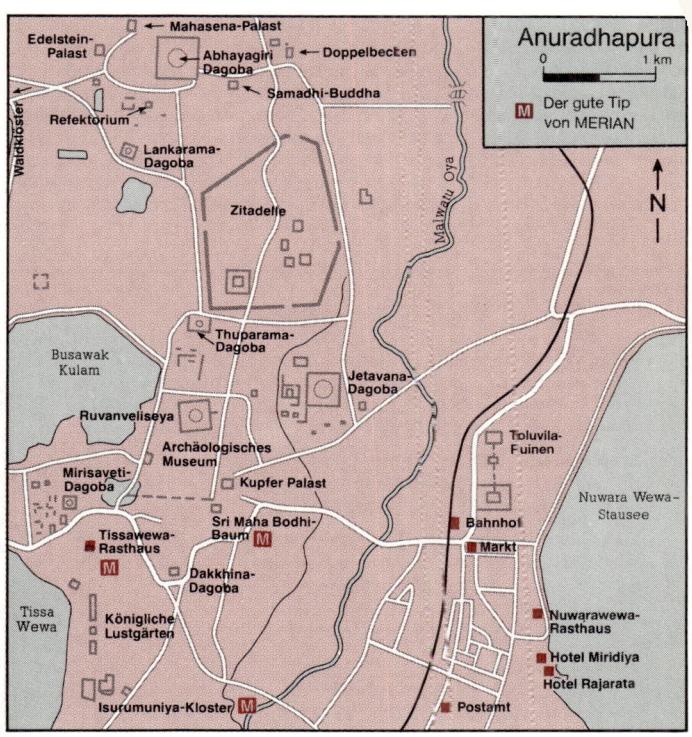

Anuradhapura

0   1 km

M Der gute Tip
von MERIAN

N

- Mahasena-Palast
- Doppelbecken
Edelstein-Palast
Abhayagiri Dagoba
Samadhi-Buddha
Waldklöster
Refektorium
Lankarama-Dagoba
Zitadelle
Busawak Kulam
Thuparama-Dagoba
Jetavana-Dagoba
Ruvanveliseya
Archäologisches Museum
Toluvila-Fuinen
Mirisaveti-Dagoba
Kupfer Palast
Malwatu Oya
Nuwara Wewa-Stausee
Sri Maha Bodhi-Baum
Bahnhof
Tissawewa-Rasthaus
Markt
Dakkhina-Dagoba
Tissa Wewa
Königliche Lustgärten
Nuwarawewa-Rasthaus
Hotel Miridiya
Hotel Rajarata
Isurumuniya-Kloster
Postamt

jedoch nicht, sondern förderten auch weiterhin cen Buddhismus. Bedrohlich
für die Stadt selbst wurden die Fremden erst unter Sena I. (833–853). Sie plün-
derten im 9. und 10. Jahrhundert die Metropole mehrmals, bis deren Aktivitäten schließlich von König Vijaya Bahu I. (1055–1110) ganz nach Polonnaruwa
verlagert wurden.
Der zweite Gegensatz wurde unter König Mahasena (274–301) manifest –
und zwar der zwischen den verschiedenen Strömungen des Buddhismus, zwischen Hinayana und Mahayana, Mahasena stiftete als erster singhalesischer
Herrscher des Landes ein Kloster für eine zum Mahayana neigende Sekte, die
fortan in der Abhayagiri Vihara residierenden Dhammaruci. Erst König Vikrama Bahu I. (1111–32) gelang es, die miteinander konkurrierenden Mönchsorden wieder zu verschmelzen und damit dem Hinayana-Buddhismus zum Sieg
auf der Insel zu verhelfen.
Gesellschaftlich war die Stadt in drei Zonen gegliedert. Innerhalb des ummau-
erten Bezirks der Zitadelle lebte die königliche Familie mit ihrem Hofstaat. Um
die Zitadelle herum lebten in weitem Umkreis in verschiedenen Klöstern die
Mönche. Außerhalb dieses aus vielen steinernen Gebäuden bestehenden
Zentrums siedelte die übrige Bevölkerung in Lehm- und Palmsrohhütten, be-

...ie Felder und ernährte Hofstaat und Mönche. Allein 1000 Straßenkeh-
...llen in Anuradhapura beschäftigt gewesen sein. Sozial war das Laien-
...k strikt gegliedert in Kasten. An der Spitze standen die Vaisya (Bauern und
...aufleute), gefolgt von den Sudra (Handwerker und Handarbeiter) und schließlich den Candalas (Kastenlose). Noch darunter angesiedelt waren die zahlreichen Sklaven, auf deren Arbeit der Wohlstand in der lankischen Antike ebenso
basierte wie der im antiken Griechenland oder Rom. Die größten Grundbesit-
zer im antiken Anuradhapura waren die Klöster, welche von den meisten Königen immer wieder mit Schenkungen bedacht wurden. Erst nachdem etwa

Der gute Tip von MERIAN

Reliefs in der Isuruminya Vihara Zu den für uns leicht verständ-
lichen Werken singhalesischer Kunst zählen die beiden Felsreliefs
in der Isuruminya Vihara. Dargestellt werden ein Elefantenmotiv sowie ein Liebespaar, das wirklich glücklich wirkt (→ S. 68).

Sri-Maha-Bodhi-Baum Eine Pappelfeige ist der heiligste Baum
Sri Lankas. Dieses Exemplar soll ein Ableger des Baumes sein, unter dem Buddha erleuchtet wurde (→ S. 92).

Tissawewa Resthouse Besonders empfehlenswert in diesem
aus frühen Kolonialzeiten stammenden Haus ist die Entspannung
auf den hellen, gedeckten Terrassen (→ S. 83).

In der Umgebung von Anuradhapura:

Buddha-Statue von Aukana Als größte antike Statue des Erleuchteten gilt die 13 Meter hohe Statue von Aukana. Aus hartem
Granit arbeiteten Steinmetze eine Figur, die den totalen Frieden
ausdrückt (→ S. 110).

Mihintale Als Geburtsstätte des ceylonesischen Buddhismus gilt
dieser Berg mit der schönen, schon von weitem sichtbaren Dagoba. Von hier aus hat man einen weiten Blick über die Dschungelebene und die Stauseen (→ S. 91).

Hotel Sigiriya Village in Sigiriya Bekannte Innen- und Gartenarchitekten schufen diese Anlage, die mit ihren geschmackvoll eingerichteten, hufeisenförmig angelegten Bungalows dem Besucher
etwas vom Geist der Insel zu vermitteln sucht (→ S. 86).

Die Wolkenmädchen von Sigiriya Nicht weit vom Hotel Sigiriya
Village erhebt sich der Berg, auf dem in schwindelerregender Höhe
im 5. Jahrhundert ca. 500 Wandmalereien entstanden: barbusige
»Wolkenmädchen«. Einige von ihnen sind erhalten und können an-
geschaut werden (→ S. 99).

Yapahuwa In der alten Königsstadt südlich von Anuradhapura er-
klimmt man eine äußerst steile Freitreppe, an deren Ende man mit
dem Anblick eines besonders schönen Portals belohnt wird, einst
der Eingang zu einem Palast oder Tempel (→ S. 112).

1820–70 Teile der alten Hauptstadt von britischen Archäologen zutage gebracht wurden, besannen sich die Srilanker auf ihr kulturelles Erbe, und die Stadt gewann an Größe.

Archäologische Stätten (→ Karte S. 169)

Abhayagiri-Dagoba Die Dagoba bildete den Mittelpunkt des gleichnamigen Klosterkomplexes, der auch Uttara-Vihara genannt wurde. Das Kloster wurde im Jahre 88 v. Chr. von König Vattagamani Abhaya gestiftet. Dieser König hatte Anuradhapura im Jahre zuvor von einer 14jährigen Tamilenherrschaft befreit. Seinen Sieg hatte er im wesentlichen zwei Mönchen namens Mahatissa und Tissa zu verdanken. Sie hatten die bereits desertierenden Generäle des Königs überzeugen können, um der Sache des Buddhismus willen zu ihrem Herrscher zurückzukehren und mit ihm gemeinsam zu kämpfen. Als Dank dafür lud der König die beiden Mönche in das bis dahin einzige Kloster Anuradhapuras, die Maha Vihara, ein. Dort jedoch wurden sie wegen ihres Einflusses auf König und Generalität bald als unliebsame Konkurrenten empfunden. Mahatissa wurde ausgestoßen und erhielt daraufhin vom König das Abhayagiri-Kloster. Ihm folgte bald darauf Tissa mit 500 weiteren Mönchen. Zunächst unterschieden sich die beiden Mönchsorden nicht voneinander. Bald aber nahm das Abhayagiri-Kloster Mönche aus Indien auf, die dort Schüler eines sektiererischen Mönches namens Dhammaruci gewesen waren. Im Laufe weniger Jahre entwickelten sich zwischen beiden Orden große dogmatische Differenzen: Die Maha-Vihara blieb konservativ, während sich die Abhayagiri-Vihara ständig neuen Einflüssen öffnete und viele Formen des Mahayana-Buddhismus übernahm. Zeitweise war dieser Orden darum beim Volk und bei der Oberschicht so beliebt, daß das Abhayagiri-Kloster zum größten der Stadt wurde. Bis zu 5000 Mönche sollen hier zusammen gelebt haben, 235 ha war das Klostergelände groß. An die 1100 Jahre lang blieb der Orden einflußreich, bis er im 12. Jh. unter König Parakrama Bahu I. wieder mit dem Maha-Vihara vereint wurde.

Zum Klosterkomplex gehören außer der Dagoba u. a. das *Doppelbecken*, der *Samadhi-Buddha*, eine *Bodhi-Baum-Terrasse*, der *Mahasena-Palast* und der sogenannte *Edelstein-Palast* Der gesamte Bezirk ist einer der Schwerpunkte im Unesco-Projekt »Kulturdreieck«. Ausgedehnte Grabungen sind im Gange, die Errichtung eines eigenen Abhayagiri-Museums ist geplant.

Die Dagoba selbst war mit 115 m Höhe die zweithöchste der Insel. Ihre jetzige Höhe beträgt noch 75 m. Sie stammt aus der Gründungszeit des Klosters, wurde aber unter Parakrama Bahu I. im 12. Jh. restauriert. Beachtenswert sind die Reliefs auf den Wächterstelen und an den Vahalkadas.
Lage: An der Outer Circular Road.

Dakkhina-Dagoba Stark beschädigte Dagoba aus der gleichen Zeit wie die Abhayagiri-Dagoba, gestiftet von einem General des Königs Vattagamani Abhaya. Vermutlich nahm die Dagoba als Reliquie die Asche des Königs Dutthagamani (161–137 v. Chr.) auf, der Lanka als erster Herrscher im Zeichen des Buddhismus geeint hatte. Im 2. Jh. wurde die Dagoba vergrößert, Anfang des 4. Jh. wurde sie zur ersten Heimstätte des dritten großen Ordens der Stadt, der Sagaliya-Sekte, die später in die Jetavana-Vihara umzog.
Lage: An der Hauptstraße vom Tissa-Wewa-Fasthaus zur Neustadt.

Doppelbecken Körperliche Reinlichkeit war für die buddhistischen immer schon mehr als nur ...sche Notwendigkeit – sie war ...h Voraussetzung für die Erlangung größerer geistiger Vollkommenheit. So gehörten denn zu allen Klöstern Reinigungsbecken. Das Doppelbecken der Abhayagiri-Vihara (engl.: Twin Ponds; singh.: Kuttam Pokuna) gilt als schönste Badeanlage des Landes. Zwei rechteckige, 5 und 6 m tiefe Becken liegen hintereinander. Die vier Zugänge zum Wasser werden vor je zwei Podesten flankiert, auf denen aus steinernen, dickbauchigen Vasen Lotusblüten hervorsprießen. Stufen verschiedener Breite umlaufen die Innenwände der beiden Bassins, so daß die Mönche bei jedem Wasserstand im Becken sitzen oder stehen konnten. Das Wasser wurde ursprünglich durch einen unterirdischen Kanal in das kleinere nördliche und von dort in das größere südliche Bassin geleitet. Dort, wo das Wasser durch ein geöffnetes Löwenmaul und bewacht durch eine Naga-Stele ins nördliche Becken einfloß, wurde es auch zugleich gefiltert: Es sprudelte zunächst in einen rechteckigen Behälter, in dem sich der Schmutz absetzte, während das so gesäuberte Wasser ins Bassin überlaufen konnte.

Lage: Am Zusammentreffen der Outer Circular Road mit der Vatavandana Para.

Edelstein-Palast

Alle größeren Klöster der Stadt besaßen ein Ratna Prasada (= Edelstein-Palast) genanntes Gebäude. Seine genaue Zweckbestimmung ist unklar, der Bezug zu den Edelsteinen ist aber wohl auf keinen Fall wörtlich zu nehmen. Wahrscheinlich fanden in Gebäuden wie diesem große Versammlungen statt, vielleicht wurde hier während bestimmter Festtage auch die Reliquie des heiligen Zahns Buddhas zur Schau gestellt.

Dieser Ratna Prasada gehörte zum Abhayagiri-Kloster. Erbaut wurde er im 8. Jh. auf den Fundamenten eines älteren Gebäudes. Die Ruine zeichnet sich durch besonders hohe, monolithische Steinpfeiler aus, die ihr im Volksmund auch den Beinamen »Elefantenstall« einbrachten. Die gut erhaltene Wächterstele am Eingang (8./9. Jh.) gilt als schönste des Landes. Sie zeigt den Schlangenkönig Nagaraja mit der Vase und dem Überflusses und einem blühenden Zweig in der Hand, bekrönt von einer Kobra-Haube und begleitet von einem Zwerg.

In der Chronik Mahavamsa wird im Zusammenhang mit dem Edelstein-Palast von einem Ereignis berichtet, das einen Einblick in das mittelalterliche Leben der Stadt gewährt. Während der Herrschaft des Königs Udaya II. (935–938) flohen mit Strafe bedrohte Hofbeamte auf das heilige Land eines anderen Klosters der Stadt, das auf seinem Territorium allen Schutzsuchenden Asyl bot und das gemäß Gewohnheitsrecht von keinem Beamten in Amtsgeschäften betreten werden durfte. Der König jedoch mißachtete dieses Asylrecht und ließ die geflohenen Beamten auf dem heiligen Boden enthaupten. Daraufhin rebellierten Teile des Volkes und der Truppen, stürmten den Edelstein-Palast des Abhayagiri-Klosters und lynchten die Häscher des Königs. Das Asylrecht der buddhistischen Klöster war eben genauso heilig wie das griechischer Tempel der Antike oder mittelalterlicher Kathedralen in Europa.

Lage: An der Vatavandana Para.

Isurumuniya-Kloster → Der gute Tip S. 68

Jetavana-Dagoba

Diese Dagoba war der Mittelpunkt des dritten großen Klosters der Stadt (neben Maha-Vihara und Abhayagiri-Vihara). Gegründet wurde es um 300 unter König Mahasena (276–303), dem sogenannten »Ketzerkönig«, als Heimstatt für die Sagaliya-Sekte. Sie hatte sich aus der im Abhayagiri-Kloster residierenden Dhammaruci-Sekte abgespalten und vertrat noch deutlicher als jene die Positionen des Mahayana-Buddhismus. Dieses Kloster zu stiften bedeutete einen deutlichen Affront gegenüber den Mönchen der Maha-Vihara, die streng am (letztlich auf Ceylon siegreichen und die Insel noch heute prägenden) Theraveda-Buddhismus festhielten. Mahasena hatte sich mit der Maha-Vihara schon zuvor angelegt: Er förderte zunächst das Abhayagiri-Kloster und verbot dem Volk sogar, den Mönchen der Maha-Vihara Almosen zu geben. Sie verließen daraufhin für neun Jahre Anuradhapura. Der König hatte jedoch ihren Einfluß unterschätzt: Volk und Generäle erhoben sich gegen ihn, so daß er das Almosenverbot schließlich wieder rückgängig machen mußte. Der König favorisierte aber auch weiterhin die dem Mahayana nahestehenden Sekten, was er dann ja auch deutlich mit der Stiftung der Jetavana-Vihara für die Sagaliya-Sekte demonstrierte, die er auf Grund und Boden ansiedelte, der bis dahin zur Maha-Vihara gehört hatte.

Ein zusätzlicher Affront mag es gewesen sein, daß die Jetavana-Dagoba mit ursprünglich 122 m Höhe und einem Basisdurchmesser von 125 m die größte des Landes war. Heute ist der obere Teil abgebrochen, die Dagoba ragt nur noch 77 m hoch auf. Seit 1981 wird sie im Rahmen des Unesco-Projekts »Kulturdreieck« restauriert.

Rund um die Dagoba liegen Reste anderer Klostergebäude verstreut. Im Westen stehen die Reste des Statuenhauses mit einem beachtlichen, gut erhaltenen, 9 m hohen monolithischen Türrahmen und einem schönen Lotusthron. Im Süden stößt man zunächst auf die Ruine einer ehemals zweistöckigen Mönchsunterkunft, dann auf die Reste eines quadratischen Badebeckens und schließlich auf einen eindrucksvollen steinernen Zaun (auch Buddhistischer Zaun oder Vedika genannt). Er umschließt ein Gelände von 42 mal 34 m, auf dem wohl entweder die Bodhi-Baum-Terrasse oder ein Unterrichtssaal lagen. Eine interessante Parallele zur griechischen Antike ist wiederum, daß dieser Zaun wie griechische Tempel die ursprüngliche Holzarchitektur in Stein nachahmt.

Im Norden der Jetavana-Dagoba findet sich schließlich noch ein großer Badeteich, im Süden liegen die Reste eines Versammlungshauses und eines Refektoriums.

Lage: An der Vatavandana Para.

Königliche Lustgärten

Südlich des Tissawewa-Rasthauses liegen am Ufer des Tissa-Wewa-Stausees die Überreste ausgedehnter Bade- und Parkanlagen, die überwiegend aus dem 7.–10. Jh. stammen. Zu erkennen sind die Ruinen mehrerer Pavillons und die Reste von Badeteichen, an die zum Teil in den Fels gehauene Räume anschließen, in denen steinerne Liegen oder Sitze stehen. Sie werden deshalb als Ruheräume interpretiert. Beachtenswert ist ein Basrelief an einem Fels beim nördlichsten Badeteich, das zwei Elefantenherden zeigt, die sich zwischen Lotusblüten im Teich zu tummeln scheinen.

Kupfer-Palast

Die wohl größte Mönchsunterkunft in Anuradhapura war der Kupfer-Palast (engl.: Brazen Palace, singh.: Loha Pasada), der zum ersten und immer konservativen Klosterkomplex Maha-Vihara gehörte. Gestiftet wurde er von König Dutthagamani (161–137 v. Chr.) als neunstöckiger Holzbau mit einem Kupferdach – daher der Name. Das Erdgeschoß diente als Predigthalle, die durch vier Eingänge betreten werden konnte, in den 1000 Zimmern der anderer Etagen lebten Mönche. Schon 15 Jahre nach seiner Fertigstellung brannte der Bau ab, wurde aber sogleich siebenstöckig wieder-

errichtet. Unter dem Ketzerkönig Mahasena (276–303) wurde er erneut schwer beschädigt, von seinem Nachfolger aber wieder restauriert. Im 9. Jh. lebten in ihm nur noch 32 Mönche. Im 11. Jh. wurde er von den tamilischen Chola-Heeren noch einmal demoliert und schließlich von König Parakrama Bahu I. (1153–86) zum letztenmal wiederaufgebaut. Dazu wurden für das Erdgeschoß Pfeiler aus dem gesamten Stadtgebiet zusammengetragen. Das erklärt die Vielfalt der Pfeilertypen in der heutigen Ruine, die durch die Menge der Pfeiler (40 Reihen zu je 40 Pfeilern) zu den eindrucksvollsten der Stadt zählt.
Lage: Unmittelbar nördlich an den Bezirk des Sri-Maha-Bodhi-Baums anschließend, zu erreichen über die Sri Maha Bodhi Mawatha.

Lankarama-Dagoba Kleinere Dagoba von nur 15 m Durchmesser, die keinem bestimmten Kloster zugeordnet werden kann. Ihr Bauherr, König Vattagamani Abhaya (89–77 v. Chr.), erbaute sie vielmehr an dieser Stelle, weil er sich hier erfolgreich vor eindringenden Tamilen versteckt hielt und von hier aus die Rückeroberung seines Reichs einleiten konnte.
Die achteckigen Pfeiler, die die Dagoba umgeben, stammen von einer späteren Umgestaltung der Dagoba zu einer überdachten Vatadage.
Lage: An der Lankarama Road, welche von der Anula Mawatha abzweigt.

Mahasena-Palast Von diesem ehemaligen Statuenhaus sind nur mehr die Plattform und einige Pfeiler erhalten. Ein Besuch lohnt dennoch wegen des herrlichen Mondsteins am Eingang, der als schönster der ganzen Insel gilt. Er stammt aus dem 8. Jh. Beachtenswert sind auch die Zwergenreliefs an den Setzstufen der dahinterliegenden fünfstufigen Treppe.

Lage: An der Outer Circular Road hinter der Abhayagiri-Dagoba.

Maha Vihara Das Große Kloster (so die Übersetzung) war das erste buddhistische Kloster Lankas überhaupt, gegründet von König Devanampiya Tissa (250–210 v. Chr.). Bis zum Beginn des 1. Jh. v. Chr. war es das Mutterkloster aller ceylonesischen Viharas. Seit der ersten Sektenbildung im Abhayagiri-Kloster um 88 v. Chr. bezeichnete sein Name dann den Mönchsorden, der konservativ blieb und sich über alle Jahrhunderte hinweg zum ursprünglichen Hinayana-(Theraveda-)Buddhismus bekannte, der heute noch den ceylonesischen Buddhismus prägt. Mönche leben im übrigen auch jetzt wieder in der Maha-Vihara.
Zur Maha-Vihara gehörten zahlreiche Bauten, darunter vor allem der Bezirk des Sri-Maha-Bodhi-Baums, die Ruvanveliseya-Dagoba und der Kupfer-Palast.

Mirisaveti-Dagoba Eine der ältesten Dagobas der Stadt, als Zentrum eines gleichnamigen Klosters gestiftet von König Dutthagamani (161–137 v. Chr.). Die Chronik berichtet, der König habe an dieser Stelle vor einem Bad im Stausee sein Zepter niedergelegt, in das eine heilige Reliquie eingearbeitet war. Das Zepter ließ sich nach dem Bad nicht mehr bewegen, so daß der König beschloß, die Dagoba darüber zu errichten. Ihr Durchmesser beträgt 55 m, insgesamt ist sie recht hübsch gestaltet, zumal sie kürzlich (unter Verwendung von 2,5 Millionen Ziegelsteinen) restauriert wurde.
Lage: An der Puttalam Road nahe dem Tissa Wewa Resthouse.

Refektorium Jedes Kloster in Anuradhapura besaß einst sein Refektorium, den Speisesaal der Mönche. Das hier beschriebene gehörte zum Abhayagiri-Kloster. Auffällig sind vor allem die beiden riesigen Steintröge.

Im größeren von beiden befand sich der Reis, im kleineren das Curry – Reis und Curry sind auch aus der Literatur für Lanka schon fürs 1. Jh. v. Chr. bezeugt. Aus der Chronik Mahavamsa wissen wir auch, daß die Mönche täglich vor dem Essenholen einen hölzernen »Gutschein« erhielten, mit dem dann jeder seine tägliche Ration in Empfang nehmen konnte – offenbar hätte Appetit sonst auch einige Mönche zur Völlerei verleitet.

Lage: Südwestlich der Abhayagiri-Dagoba an der Outer Circular Road gelegen.

Ruvanveliseya-Dagoba Als Dagoba des letztlich in Lanka siegreichen Mönchsordens der Maha-Vihara genießt dieser Reliquienschrein auch heute noch besondere Verehrung. Gestiftet wurde sie von König Dutthagamani (161–137 v. Chr.), der zuvor schon die Mirisaveti-Dagoba hatte erbauen lassen. Ursprünglich war sie bei einem 91-m-Durchmesser an der Basis 90 m hoch und bewahrte als Reliquie einen Bodhi-Baum aus Silber, Gold, Edelsteinen und Korallen. Seit 1893 wurde die Dagoba restauriert und baulich stark verändert. Sie mißt jetzt 110 m Höhe und ist keiner der historischen Dagoba-Formen mehr zuzuordnen. Ihre Spitze krönt seit diesem Jahrhundert ein 60 cm hoher Bergkristall, Geschenk der ja ebenfalls dem Hinayana-Buddhismus zuzurechnenden birmesischen Buddhisten. Auffallend ist die Einfassung der die Dagoba tragenden Terrasse durch Elefantenkopfskulpturen aus Gips. 344 sollen es sein, nur noch sechs davon (im Westen) sind Originale aus der Antike. In jenen fernen Zeiten sollen die Elefantenskulpturen mit echten Stoßzähnen geschmückt gewesen sein.

Lage: Am Ende des vom Sri-Maha-Bodhi-Bezirk ausgehenden Fuß- und Radwegs, zu erreichen auch über die Swarnamali Mawatha.

Samadhi-Buddha Die etwa 2 m hohe Statue des sitzenden Buddha gilt als eine der schönsten des Landes. Archaische Strenge des Gesichtsausdrucks und weiche Formen des Gewandes vereinen sich zu einem harmonischen Ganzen, an dem nur die (restaurierte) Nase stört. Doch der Eindruck, den wir von dieser Statue heute gewinnen, weicht von dem ab, den die Gläubigen zur Entstehungszeit der Statue im 4. Jh. hatten: Damals war die Statue bemalt – vielleicht in ähnlich grellen Farben wie viele moderne Buddhas oder wie auch die griechischen Tempel und Statuen der Antike.

Ursprünglich stand der Samadhi-Buddha wohl zusammen mit drei anderen Buddha-Statuen auf oder einer Bodhi-Baum-Terrasse, deren Mauerreste ganz in der Nähe noch zu sehen sind.

Lage. An der Outer Circular Road, eingezäunt und gut ausgeschildert.

Sri-Maha-Bodhi-Baum → Der gute Tip S. 92

Thuparama-Dagoba Diese Dagoba – im Laufe der Jahre architektonisch stark verändert – ist wohl die älteste Dagoba der Insel. Sie wurde bereits von König Devanampiya Tissa (250–210 v. Chr.) gestiftet, dem ersten buddhistischen König Sri Lankas. Auf einem Tempelelefanten wurde die Reliquie herbeigeschafft, die in der Dagoba verwahrt werden sollte: ein Splitter aus dem rechten Schlüsselbeinknochen Buddhas. Später entstand um die Dagoba herum ein Klosterkomplex, der der Maha-Vihara unterstellt war und von dem nur noch geringfügige Gebäudereste erhalten sind.

Im 7. Jh. war die Dagoba bereits stark beschädigt. Die Könige neigten zum großen Teil noch den Mahayana-Sekten Anuradhapuras zu und schenkten daher den Maha-Vihara-Klöstern nur wenig Aufmerksamkeit. So suchte auch König Aggabodhi II.

(608–618) zunächst nur einen billigen Ausweg, als ihn die Mönche des Thuparama-Klosters auf den bedauernswerten Zustand der Thuparama-Dagoba aufmerksam machten: Er ließ die Schlüsselbein-Reliquie in den Kupfer-Palast schaffen. Erst nach zahlreichen diesbezüglichen Alpträumen fühlte er sich bemüßigt, die Dagoba instand zu setzen. Sie wurde dann als Vatadage ausgebaut und erhielt so wenigstens eine Überdachung des Umgangs sowie die vier noch heute stehenden konzentrischen Pfeilerreihen, die von innen nach außen an Höhe abnehmen: Das Dach war also abgeschrägt. Hauptfunktion war es wohl, Mönche, Pilger und Statuen vor Sonne zu schützen. Die Kapitelle der Pfeiler sind mit Zwergen, Vögeln und Quasten dekoriert.

Schon kurz nach der Restaurierung wurde die Dagoba zweimal von buddhistischen Herrschern geplündert: Dathopatissa I. (643–650) ließ die offenbar vergoldete Chatra-Spitze abbrechen, Kassapa II. (650 bis 659) ließ die Reliquienkammer plündern. Auch hier zeigt sich wieder eine Parallele zur europäischen Geschichte, immer wieder gab es christliche Könige, die selbst vor der Plünderung von Kirchen und Klöstern nicht zurückschreckten – man denke beispielsweise an den englischen Henry VIII.

Ihre jetzige Form erhielt die noch 19 m hohe Dagoba im Jahre 1862, als man sie erneut renovierte. Damals wurde sie zur Glocken-Dagoba umgestaltet, während sie zuvor dem Typus der Reishaufen-Dagoba zuzurechnen gewesen sein soll.

Lage: An der Thuparama Mawatha gelegen.

Waldklöster Nicht alle buddhistischen Mönche wollten im Luxus und in der Gelehrsamkeit der großen Klöster der Stadt leben. Es gab bereits um die christliche Zeitenwende zahlreiche Asketen, die mehr Wert auf Meditation und Befolgung der Rituale legten als auf Predigten und Dispute. Um das Jahr 700 herum wurden sie besonders populär, und es kam zu rund 14 Klostergründungen durch diese Asketen, Pamsakullika genannt. Die eifrigsten von ihnen trugen Gewänder aus Leichentüchern, die sie sich direkt von den Verbrennungsstätten holten; andere nahmen Kleidungsreste, die Laien irgendwo für sie deponiert hatten, ohne Rücksicht auf deren Qualität – woraus sich ablesen läßt, daß die Mönche der großen Klöster offenbar Wert auf gute Mönchsgewänder legten. Von den Klosteranlagen der Asketen sind nur noch kleine Bäder und Reste von Meditationshallen erhalten, die grundsätzlich aus zwei Plattformen bestanden, die durch einen Graben voneinander getrennt und durch eine monolithische Brücke miteinander verbunden waren, überspannt von einem pfeilergestützten Dach. Auf Dekoration legten sie keinen Wert; so sind denn auch in diesem Bezirk keinerlei Reliefs zu finden – außer auf einem Urinier-Stein, was zweierlei Deutungen offenläßt: Entweder gelangte dieser Stein später zufällig hierher, oder die Mönche wollten durch das Dekor auf einem solchen Stein ihrer Verachtung für alles Weltliche drastisch Ausdruck verleihen.

Lage: Beidseits der Outer Circular Road.

Zitadelle Mindestens seit dem 2. Jh. existierte die Zitadelle, ein von den Klöstern der Mönche umgebener Bezirk, in dem der König residierte. Die heute stark bewachsene Mauer war einst etwa 5 m hoch und 5 m dick und besaß einen rund 2 m breiten Wehrgang. Innerhalb der Mauern lagen verschiedene Gebäude, von denen jetzt nur noch wenig zu sehen ist: Der *Königspalast,* von dem nur noch die Grundmauern sowie eine siebenstufige Treppe, flankiert von zwei Zwergenstelen, zu sehen sind, ersetzte im 11. Jh. einen älteren Bau.

Der *Zahn-Tempel* in seiner heutigen Form stammt aus dem 10. Jh. Wann genau der Zahn erstmals im Palastbereich und nicht mehr im Kloster aufbewahrt wurde, kann nicht mehr festgestellt werden.

Das *Almosenhaus* aus dem 5. Jh. diente ebenso wie die Refektorien der Klöster zur Speisung der Mönche. Erhalten blieb der über 8 m lange Steintrog, auch Reisboot genannt, aus dem der Reis für die Hungrigen geschöpft wurde.

Lage: Der am Sri-Maha-Bodhi-Baum-Bezirk beginnende Fuß- und Radweg führt mitten durch die Zitadelle; per Auto ist sie auf einer Stichstraße von der Anula Mawatha aus zu erreichen.

Essen und Trinken

Außerhalb des Hotels gibt es in Anuradhapura keine zumutbaren Restaurants. Wer auf alkoholische Getränke zum Essen verzichten kann, gehe zum Rice & Curry ins Tissawewa-Rasthaus (→ Der gute Tip S. 83); wer sein Bier zum Essen braucht oder vielleicht auch ein Bad im Pool nehmen will, sitzt am besten auf der Terrasse des Nuwara-Wewa-Rasthauses.

Feste

Pilger kommen das ganze Jahr über nach Anuradhapura und besuchen dort insbesondere die Thuparama-Dagoba und den Bezirk des Sri-Maha-Bodhi-Baums. Besonders zahlreich sind die Besucher in den Tagen vor und nach dem Poson-Poya-Tag im Juni, in jenem Monat also, in dem Mahinda vor über 2200 Jahren den Buddhismus nach Lanka brachte. König Sirimeghavanna (303–331), der Sohn des »Ketzerkönigs« Mahasena, stiftete zur Aussöhnung der Mönche der Maha-Vihara damals dieses Fest, das auch heute noch, jedoch weniger aufwendig und nicht mit großen Prozessionen, begangen wird.

Hotels und andere Unterkünfte

Hela Inn Solides Gasthaus in schönem Parkgelände mit einfachen Zimmern, Restaurant und Bar.
New Town
Tel. 025/2471
16 Zi (ohne Klimaanlage)
3. Kategorie

Hotel Miridiya Ordentliches Hotel in Ufernähe des Nuwara-Wewa-Stausees, alle Zimmer mit Balkon oder Terrasse und Seeblick.
Rowing Club Road
Tel. 025/2112 und 2519
41 Zi (31 mit Klimaanlage)
3. Kategorie

Hotel Rajarata Gutes Hotel mit deutschsprechendem Manager und vielen deutschen Gruppenreisegästen, in Ufernähe des Nuwara-Wewa-Stausees. Swimmingpool, Unterhaltungsprogramme am Abend.
Rowing Club Road
Tel. 025/2578
Telex 21912 BANDA CE
75 Zi (mit Klimaanlage) und 26 Zi (ohne Klimaanlage)
3. Kategorie

Monera Tourist Guesthouse Kleine, einfache Privatpension mit netten Wirtsleuten.
63, Freeman Mawatha
Tel. 025/2110
10 Zi (ohne Klimaanlage)
3. Kategorie

Nuwara-Wewa Resthouse Im Jahre 1957 eingeweihtes und seitdem ständig erweitertes Rasthaus eines privaten Touristikunternehmens, das von Reisegruppen bevorzugt wird. Wunderschön, gleich hinter dem Deich des Nuwara-Wewa-Stausees gelegen, etwa 800 m vom Zentrum der Neustadt entfernt. Mittelgroßer Swimmingpool und Kinderplanschbecken im Hotelgarten.
New Town
Tel. 025/2565
01/583133 in Colombo
Telex 2167 QUIKTUR CE
35 Zi (mit Klimaanlage) und 24 Zi (ohne Klimaanlage)
3. Kategorie

Shanti Guesthouse Gut geführte, schon lange bewährte Pension in der Neustadt. Kleines Restaurant im Hause und ein Bücherschrank, aus dem auch deutschsprachige Lektüre ausgeliehen werden kann. Wirt Henry Suriarachchi und seine Frau Padma erstatten die Kosten für die telefonische Zimmerreservierung und holen ihre Gäste auf Wunsch von Zug oder Bus kostenlos mit dem Auto ab.
891, Mailagas Junction
Tel. 025/25 15
13 Zi (ohne Klimaanlage)
3. Kategorie
Tissawewa Resthouse → Der gute Tip S. 83

Museen

Archäologisches Museum (Archaeological Museum) Neben dem Nationalmuseum von Colombo das größte archäologische Museum der Insel. In zwei Stockwerken und im Freigelände sind zahlreiche Buddha-Statuen sowie Bronzen aus dem 11. Jh. zu sehen. Anschaulich ist das Modell einer eingedeckten Vatadage, in diesem Falle der Thuparama-Dagoba. Von besonderem Wert erscheinen die Reste der Wandmalereien aus dem 11. Jh. (Mahiyangana), die man 1951 entdeckte. Ein kulturgeschichtlich interessantes Detail sind die Garbha-galas, waffelähnliche Steinplatten mit bis zu 25 Vertiefungen, die bei Baubeginn mit Wertgegenständen gefüllt und dann zugemauert wurden. Vom hohen Stand der mittelalterlichen Kultur Lankas zeugen die Bidet- und Uriniersteine im Museumsgarten. Unter einem solchen Urinierstein befand sich ein Behälter, in dem der Urin durch drei übereinanderliegende Schichten von Kalk, Holzkohle und Sand gefiltert wurde, bevor er im Erdboden versickerte.
Tgl. außer feiertags 8−17 Uhr
Isurumuniya-Vihara-Museum Im Jahre 1984 eröffnetes kleines Museum neben der gleichnamigen Vihara. Abgesehen von dem berühmten Relief der zwei Liebenden (→ Der gute Tip S. 68) sind dort noch über ein Dutzend andere Skulpturen und Reliefs, überwiegend aus dem 6. bis 8. Jahrhundert, ausgestellt. Musizierende oder Tanzende sind beliebte Motive, aber auch Kuvera, der Gott des Reichtums, sowie eine königliche Familie werden abgebildet. Man nimmt an, daß der steinerne Sitz in der Raummitte Thronsessel gewesen ist.
Tgl. außer feiertags 8−17 Uhr
Volkskundemuseum (Folk Museum) Lehrreiches Museum, da in den einzelnen Sälen sehr gute englische Texte die Ausstellungsobjekte erläutern. Die Sammlung ist zudem klar gegliedert. So werden zum Beispiel gleich im ersten Raum nicht nur die Gegenstände gezeigt, die zur Ausstattung eines buddhistischen Mönches gehören (Bettelschale, Spucknapf, Fächer und Regenschirm), sondern zugleich noch eine Skizze, die beschreibt, wie sich ein Mönch kleidet. Weitere Themen des Museums sind u. a. Volksmusik und -tanz, traditionelle Spiele der Bevölkerung, Koch-, Back- und Eßgewohnheiten, Kleidung, Kunsthandwerk, Landwirtschaft und auch Naturheilkunde.
Tgl. außer Fr und feiertags 9−17 Uhr
Eintritt Erwachsene 10 Rps., Kinder 5 Rps., Fotoerlaubnis zusätzlich 10 Rps.

Ziele in der Umgebung

Aukana → Der gute Tip S. 110
Dambulla → Der gute Tip S. 95

Habarana Das große Dorf am Schnittpunkt der beiden wichtigen Nationalstraßen N 11 (Anuradhapura–Polonnaruwa–Kalkudah) und N 6 (Colombo–Trincomalee) hat zwar keinerlei Sehenswürdigkeiten aufzuweisen, besitzt jedoch zwei große, komfortable Hotels, in denen viele Reisegruppen Quartier beziehen, um von hier aus die Sehenswürdigkeiten in den beiden großen Königsstädten und in Sigiriya zu besichtigen. Kleinere Pensionen bieten auch Individualreisenden ein gutes Standquartier. Erwähnenswert ist die stilvoll gestaltete Pension *Habarana Inn,* allerdings an relativ vielbefahrener Straße gelegen. Gute Küche, sehr lebensfreudige Wirtsleute, die ihre Gäste sogar manchmal zum Tanzen auffordern. Recht luxuriös und weitläufig ist die Bungalowhotelanlage *Habarana Village,* direkt am Stausee. Schöne Gartenanlage, Swimmingpool, Ruder- und Tretbootverleih, Tennis-, Badminton- und Volleyballplatz. Freiluftrestaurant und Barbecue-Angebot am Seeufer, Hubschrauberlandeplatz. Gut wohnen kann man auch in den doppelstöckigen Chalets der *Habarana Lodge.* Das Hotel wurde 1981 erbaut und liegt ebenfalls am Stausee, etwa 1 km vom Dorfzentrum entfernt. Im Haupthaus befinden sich weitläufige Lobbies, ein großes Restaurant und die Bar. Swimmingpool und Kinderplanschbecken sind auch vorhanden. Das *Habarana Resthouse* ist ein kleines Rasthaus direkt im Dorfzentrum.

Habarana Inn
Dambulla Road
Kein Tel.
8 Zi (ohne Klimaanlage)
3. Kategorie
Habarana Lodge
14–15, Habarana
Tel. 066/8321
01/20862 in Colombo
150 Zi (mit Klimaanlage)
2. Kategorie
Habarana Resthouse
Tel. 01/23501 und 20194 in Colombo
4 Zi (ohne Klimaanlage)
3. Kategorie
Habarana Village
11, Habarana
Tel. 066/8316 und
01/20862 in Colombo
Telex 21228 WALKIN CE
100 Zi (mit Klimaanlage)
2. Kategorie

Mihintale → Der gute Tip S. 91
Nalanda → Der gute Tip S. 97

Nillakgama Ausflugsziel für archäologisch überdurchschnittlich Interessierte. Zu sehen ist ein Bodhigara, also ein ummauerter Bezirk für einen heiligen Bodhi-Baum. Erhalten und gut restauriert ist die quadratische von einer Mauer umfaßte Plattform, auf der sich die Terrasse für den Baum erhebt. Die Terrasse zeigt hübsche Reliefs. In einem der Türrahmen in der Mauer ist die Darstellung eines Bogenschützen zu finden, der vor einem anderen Mann kniet und dabei sein sich aufbäumendes Pferd zügelt. Die Kunstwerke stammen aus dem 8. oder 9. Jh.
Anfahrt: Über die A 28 gen Süden in Richtung Maho bis Galgamuwa. Von dort nach Osten bis zum Dorf Nillakgama. Bei der Moschee links auf den Feldweg einbiegen und noch etwa 4 km weiterfahren.

Ritigala Bei diesem Dorf am Fuße des gleichnamigen Berges sind noch die dekorlosen Überreste einer Klosteranlage asketischer »Waldmönche« aus dem 7./8. Jh. zu erkennen. Auch hier sind wie in den Waldklöstern von Anuradhapura nur die Uriniersteine verziert.
Anfahrt: Über die A 9 südlich bis Ma-

radankadawala, dort auf der A 11 bis hinter Ganewalpola, dann Abzweigung nach links über Piste bis zu den Monumenten.

Sesseruwa Die monumentale, 12 m hohe Buddha-Statue von Sesseruwa hat viel Ähnlichkeit mit dem weitaus bekannteren Aukana-Buddha und stammt wohl auch aus derselben Zeit (6./8. Jh.). Das Kunstwerk von Sesseruwa wurde aus uns unbekannten Gründen jedoch nicht vollendet und ist darum noch stärker mit dem Fels verbunden als das von Aukana. Besonders reizvoll wird die Fahrt vom Aukana-Buddha zum nur 11 km entfernt liegenden Sesseruwa-Buddha, weil letzterer in noch unberührter Dschungellandschaft liegt und – zur besonderen Freude der Fotografen – nicht durch ein modernes Schutzdach »verschandelt« wird.
Anfahrt: Von Aukana aus nur mit ortskundigem Fahrer über Siyambawela, Negama und Negampaha.

Sigiriya Die Wolkenmädchen von Sigiriya (→ Der gute Tip S. 99) sind die größte, aber bei weitem nicht die einzige Attraktion dieser antiken lankischen Festung. Sigiriya zu besichtigen gehört zu den Höhepunkten jeder Ceylon-Reise, auch wenn man sich für Geschichte und Kunst nur wenig interessiert: Allein der abenteuerliche Aufstieg auf den Fels und der weite Blick über die Dschungellandschaft machen den Besuch unvergeßlich.
Geschichte: Gründer Sigiriyas und einziger Herrscher, der je dort residierte, war Kassapa I. (477–495). Er war der älteste Sohn König Dhatusenas (459–477), allerdings nur aus dessen Nebenehe mit einer Frau niederer Herkunft. Rechtmäßiger Thronerbe war darum Kassapas Halbbruder Moggalana, der der Ehe des Vaters mit seiner Hauptfrau entstammte.
Die Tochter des Königs war mit dem obersten General Lankas vermählt.

Eines Tages peitschte dieser seine Frau auf grausame Weise aus. Sie lief zum Palast ihres Vaters und klagte ihm ihr Leid. Der König nahm an der Mutter des Generals, seiner eigenen Schwester, grausame Rache: Er ließ sie nackt ausziehen, an einen Pfahl binden und bei lebendigem Leibe verbrennen.
Darüber war nun wiederum deren Sohn, der General, erbost. Er wiegelte den ohnehin ehrgeizigen Kassapa zum Sturz des Königs auf. Kassapa ließ seine Vater lebendig einmauern und übernahm die Herrschaft. Sein Bruder Moggalana war derweil nach Südindien geflohen.
Doch Kassapa wurde seiner Herrschaft nicht froh. Die Furcht vor der Rückkehr des Bruders bedrückte ihn so sehr, daß er sich in Anuradhapura nicht mehr sicher fühlte. So ließ er sich den Palast auf dem 200 m hohen, uneinnehmbaren Fels von Sigiriya errichten.
Sein Schicksal erreichte ihn dennoch. Als Moggalana im Jahre 495 mit einigen Gefolgsleuten aus Indien zurückkehrte, eine Armee um sich scharte und gen Sigiriya zog, machte Kassapa sich auf den Weg, sich ihm entgegenzustellen. Dabei mußte er mit seinem Kriegselefanten einem Sumpf ausweichen und sich rückwärts bewegen. Seine Truppen sahen darin fälschlicherweise das Signal zum Rückzug – Kasssapa war plötzlich allein und beging Selbstmord. Sein Bruder Moggalana übernahm den ihm rechtmäßig zustehenden Thron und regierte wieder von Anuradhapura aus.
Besichtigung: Am besten betritt man die Festungsanlage am kleinen Archäologischen Museum, in dem vor allem zahlreiche Terrakottaröhren und -ziegel sowie einige Bauwerkzeuge und Reliefs zu sehen sind. Dem Museum gegenüber liegt das Westtor der Festung, die im Osten durch zwei Mauern und einen Graben sowie hier im Westen durch drei Mauern und zwei Gräben gesichert

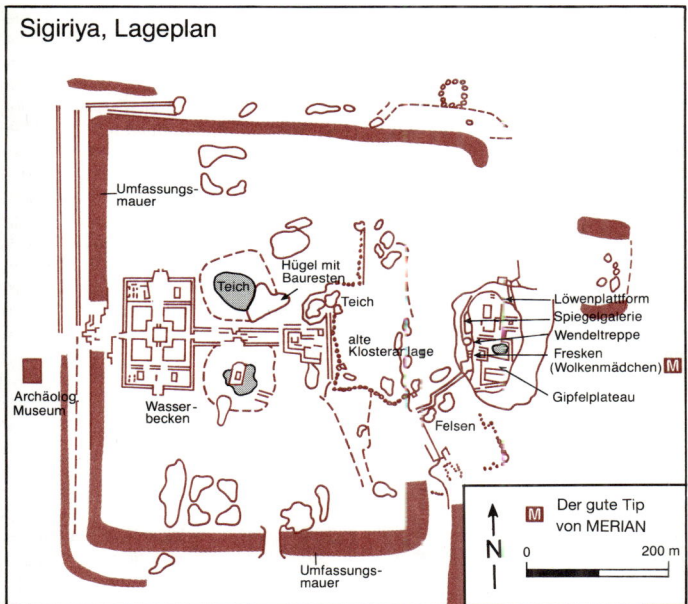

Sigiriya, Lageplan

- Umfassungs-
mauer
- Hügel mit Bauresten
- Teich
- Teich
- alte Klosteranlage
- Archäolog. Museum
- Wasser-becken
- Löwenplattform
- Spiegelgalerie
- Wendeltreppe
- Fresken (Wolkenmädchen) M
- Gipfelplateau
- Felsen
- Umfassungs-mauer

Der gute Tip von MERIAN

N   0   200 m

war. Mauern und Gräben werden gerade im Rahmen des Unesco-Projekts »Kulturdreieck« archäologisch erforscht und zum Teil auch restauriert.

Auf die Umwallung folgen drei Terrassen mit Springbrunnen und Teichen, Kanälen und Pavillons. Vorbei an mehreren Höhlen, in denen einstmals Mönche hausten, gelangt man zum Aufgang hinauf auf den Fels. Der Weg führt an der sogenannten Spiegelgalerie vorbei, einer blankpolierten, kalkverputzten Mauer. In ihr haben sich zwischen dem 7. und 11. Jh. zahlreiche Besucher in Versform verewigt. Sie gaben ihrer Bewunderung für die Malereien oder ihrer Erschöpfung durch den schwierigen Aufstieg Ausdruck. Sie malten die Schriftzüge mit roter Farbe auf den Putz und zogen sie dann mit Griffeln nach, die sich in das Material hineingruben. Da die Graffiti sowohl von

sozial Hochstehenden als auch von einfachen Menschen, von Männern wie von Frauen, verfaßt wurden, schließen manche Forscher daraus auf eine allgemein gute Bildung der Lankesen jener Zeit.

Von der Spiegelgalerie aus führt eine eiserne Wendeltreppe hinauf zu den Fresken (→ Der gute Tip S. 99). Der Aufstieg auf den Fels aber führt von der Spiegelgalerie zur Löwenterrasse. Auf ihr stehen noch geringfügige Reste von Wachhäuschen. Der Beginn einer Freitreppe wird von zwei mächtigen, aus dem Fels gehauenen Löwenpranken bewacht. Wahrscheinlich führte sie ursprünglich sogar durch ein geöffnetes Löwenmaul aus Ziegeln.

Die Freitreppe endet bald. Über Felssteige und Leitern klettert man weiter hinauf bis auf das Gipfelplateau des Felsens. Hier oben stand der Palast König Kassapas I. auf einer Fläche

von etwa 10000 qm. Sogar einen großen Teich hatte der verängstigte
Herrscher hier anlegen lassen.
In Sigiriya können Sie hübsche Holzschnitzereien erstehen. Wer hier
wohnen möchte, dem sei das neuere
Sigiriya Hotel empfohlen mit ausschließlich ebenerdigen Zimmern,
Swimmingpool und kleinem Kinderplanschbecken im Anblick des Sigi-
riya-Felsens. Gut ist auch das *Sigiriya Resthouse* im Kolonialstil mit ge-
deckter Veranda auch vor den Zimmern. Kleiner Garten, solides Restaurant,   Souvenir-Laden,   auch
schöner Blick auf den Felsen.

Hotel Sigiriya
Tel. 066/8311 und
01/433268 in Colombo
Fax 01/448363
50 Zi (einige mit Klimaanlage)
3. Kategorie
Sigiriya Resthouse
Tel. 066/8324 und
01/23501 und 23504 in Colombo
Telex 21196 HOTELCO CE
17 Zi (ohne Klimaanlage)
3. Kategorie
Sigiriya Village → Der gute Tip S. 86
Anfahrt: Zu erreichen von der A 6
aus über eine gute Asphaltstraße,
von der A 11 aus über eine schmale
Nebenstraße, die bei Dunkelheit als
unsicher gilt (Elefanten, Terroristen).

Wilpattu-Nationalpark Etwa 1264
qkm großer Park, der durch seine
zahlreichen kleinen Seen besonders
reizvoll ist. Krokodile, Axishirsche
und Wildschweine sind fast immer
zu sehen, Elefanten, Leoparden, Lippenbären und Schakale sind hingegen nur mit viel Glück aufzuspüren.
Zur Übernachtung stehen im Park
selbst 7 Bungalows zur Verfügung,
die jedoch im voraus reserviert werden müssen. Am Eingang zum Nationalpark nahe der Straße von Anuradhapura nach Puttalam liegt außerdem das *Wilpattu Hotel,* das einen
Swimmingpool hat.
Wildlife-Bungalow
125 Rps./Person/Tag
Wilpattu Hotel
Pahalamaragahawewa, Kala Oya
Tel. 01/573412 in Colombo
41 Zi (ohne Klimaanlage)
3. Kategorie
Hinweis: Der Park darf nur mit gelän-
degängigen Fahrzeugen in Begleitung eines Wildhüters besucht werden. Jeeptouren werden sowohl von
Anuradhapura aus als auch vom Wilpattu Hotel aus organisiert.
Bei Redaktionsschluß war der Park
aus Sicherheitsgründen für Besucher gesperrt!

Yapahuwa → Der gute Tip S. 112

Colombo

Von der Mündung des Kelani-Flusses bis hinunter zur Stadtgrenze nach
Mount Lavinia erstreckt sich die Hauptstadt Sri Lankas fünfzehn Kilometer am
Meer entlang. Mount Lavinia und Dehiwala bilden zusammen eine eigene
Stadt, gehen aber nahtlos in Colombo über. Daher sollen sie im folgenden
auch als eine Einheit beschrieben werden. Die Volkszähler haben 1981 in Colombo 586000 Einwohner gezählt, in Mount Lavinia und Dehiwala 174000,
das sind insgesamt also 760000. Mit weiteren Vororten dürfte Colombo inzwischen schon über eine Million Menschen zählen.
Nur etwa 40 Prozent der Hauptstadtbewohner leben in festen Häusern, die
übrigen 60 Prozent in Hütten und Behelfsunterkünften. Slums im üblichen Sinne sind es dennoch nicht. Eine Stadtplanungsbehörde gibt es in Colombo erst
seit 1978 – kein Wunder also, daß man der Metropole an allen Ecken und En-

den ihr wildes Wachstum anmerkt. Und dennoch: Armut ist in vielen Bezirken bemerkbar, Elend aber nicht. Colombo ist im Vergleich zu den Städten im Süden Indiens fast ein Paradies. Es gibt nur wenige Bettler auf den Straßen und praktisch überhaupt keine Familien oder Menschen, die nur auf den Bürgersteigen ein Zuhause haben, dort leben, schlafen und sterben.

Wirklich großstädtisch wirken in Colombo nur die historischen Stadtviertel Fort und Pettah – das eine eine Reminiszenz an die Kolonialzeit, das andere immer noch ein quicklebendiges, orientalisches Markt- und Basarviertel. Fort und Pettah sind denn auch für Touristen die bei weitem interessantesten Teile Colombos, für deren Besuch man einen halben Tag einplanen sollte. In allen anderen Vierteln tragen nur die Hauptstraßen urbane Züge, insbesondere die Galle Road, die sich von Mount Lavinia bis ins Fort zieht.

Colombo ist eine angenehme Stadt. Überall ist das Meer gegenwärtig, an dessen Ufer an mehreren Stellen selbst hier noch Fischerfamilien in ihren Palmstrohhütten leben. Ein Binnensee, der Beira Lake, durchzieht das Stadtzentrum, zu dem auch noch das weitläufige Park- und Villenviertel Cinnamon Gardens gehört, wo sich für den Besucher ein paar Sehenswürdigkeiten befinden, so etwa das Nationalmuseum. Die weite Grünfläche Galle Face Green erstreckt sich vom alten Kolonialhotel Galle Face am Meer entlang hinüber zu den modernen Allerweltshochhäusern des Fort-Viertels, als wolle sie von der Kolonialzeit langsam hinüberleiten in die Gegenwart. Kirchen, Tempel und Moscheen sind in fast allen Stadtteilen zu finden und geben der Metropole ein kosmopolitisches Gepräge, ebenso wie die vieler Rassen, die die srilankische Bevölkerung ausmachen.

Ganz Colombo ist durch Straßen, Buslinien, Taxis und eine Bahnstrecke gut erschlossen. In den Stoßzeiten kommt man zwar nur langsam voran, aber ein wirkliches Chaos herrscht fast nie. Zu Fuß kann man sich auch als Europäer überallhin wagen – ich jedenfalls habe mich in Colombo nie unsicher gefühlt.

Geschichte: Der Name der Stadt leitet sich vom singhalesischen Wort »kolamba« (= Hafen) ab. Erstmals erwähnt wird Colombo im Jahre 1344 von dem marokkanisch-arabischen Weltreisenden Ibn Battuta – wahrscheinlich existierte die Stadt zu jener Zeit schon fünf Jahrhunderte lang als Handelsplatz arabischer Kaufleute. Den Hafen nutzten dann auch die Portugiesen nach ihrer Eroberung der Küste im Jahre 1505 und sicherten ihn 1518 durch ein erstes, starkes Fort. Dieses wurde ihnen im Jahre 1656 nach langer, verlustreicher Belagerung von den Holländern genommen. Letztere machten Colombo zu ihrer Hauptstadt, legten Zimtgärten in ihrer Umgebung an (daher der Name des Stadtteils »Cinnamon Gardens«) und bauten Kanäle. Im Jahre 1796 verlieren die Holländer Colombo an die Briten, die hier nun eine starke Bautätigkeit entwickelten. So stammen denn auch fast alle historischen Bauten der Stadt aus der Zeit britischer Herrschaft.

Besonders wichtig für die weitere Entwicklung Colombos wurde der Ausbau des Hafens zwischen 1873 und 1912, war Colombo in den Zeiten der Dampfschiffahrt doch eine bedeutende Bunkerstation auf dem Wege zwischen Suez und dem Fernen Osten. Als Sri Lanka 1948 selbständig wurde, besaß Colombo keinen Konkurrenten für die Hauptstadtrolle. Erst in den 80er Jahren wurden Parlament und einige Regierungsbehörden in den Vorort Kotte verlegt, der im 14. Jahrhundert schon einmal singhalesische Königsstadt war; an Bedeutung verliert Colombo dadurch aber nicht: Kotte ist eher so etwas wie Bad Godesberg für Bonn.

Karte → hintere Umschlagklappe

Der gute Tip von MERIAN

Beach Wadiya am Strand von Wellawatte Wer gern unter freiem Himmel bei rauschendem Meer die laue Nacht mit einem Dinner aus Langusten, Hummern und Tintenfischen einweihen will, ist hier genau richtig (→ S. 76).

Diskos in Colombos Luxushotels Wer sich des nachts einmal so richtig tanzend austoben will, findet in *My Kind of Place* oder im *Blue Elephant* reichlich Gelegenheit (→ S. 79).

Einkaufen in den staatlichen Laksala-Läden Für Reisende, die nicht feilschen mögen: Problemlos und zu günstigen Festpreisen kann man hier allerhand Souvenirs ergattern (→ S. 70).

Das Galle Face Hotel Ob nur zum *Sundowner,* zum Ceylonesischen Buffet oder zum Lustwandeln auf der großen Rasenfläche Galle Face Green, wo allabendlich ein buntes Treiben herrscht, der Tagesausklang in und an diesem altehrwürdigem Gebäude bleibt ein Erlebnis besonderer Art (→ S. 55).

Mount Lavinia Hotel Das fast 200 Jahre alte Gebäude beherbergt seit über 130 Jahren ein Hotel. Auf der Terrasse erhält man Einblicke in das Familienleben der singhalesischen High-Society (→ S. 80).

Nationalmuseum von Colombo Provinziell, aber dennoch sehenswert: Das Museum zeigt ceylonesische bzw. buddhistische Kunst, Funde aus Vor- und Frühgeschichte sowie Trachten, Volkskunst und landwirtschaftliche Geräte (→ S. 66).

Pettah – Altstadt von Colombo Ein ständiges Kommen und Gehen herrscht hier wie auf einem türkischen Basar. In der Pettah ist der Hauch des Orients zu spüren (→ S. 60). Inmitten dieses lebhaften Stadtteils liegt das *Dutch-Period-Museum.* Hier wird gezeigt, wie herrschaftlich die holländischen Kolonialisten im 17. Jahrhundert auf der Insel wohnten (→ S. 68).

In der Umgebung von Colombo:

Besichtigung von Teeplantagen Unbedingt empfehlenswert ist der Besuch einer Teeplantage unter fachkundiger Führung. Hier wird getrocknet, gerollt, sortiert und verpackt. Anschließend kann man den Tee probieren und als »Souvenir« für zu Hause mitbringen (→ S. 63).

Elephant Orphanage Pinnawela Im staatlichen Elefanten-Waisenhaus bei Kegalla kann man die zahmen Tiere streicheln und ihnen beim Bad zuschauen (→ S. 62).

Holzmasken aus Ambalangoda Geschnitzte Holzmasken in Hülle und Fülle zeigt ein kleines Museum in dem Ort zwischen Galle und Colombo. Wer will, kann sich eine eigene Maske schnitzen lassen (→ S. 70).

Der gute Tip von MERIAN

(Fortsetzung)

Zu Reis & Curry in die Rasthäuser Wer wirklich gutes ceylonesisches Essen liebt, ißt hier gerade recht und billig (→ S. 75).

Silva's Beach-Restaurant bei Negombo *Teuflisch* scharf sind sie nicht, die *devilled prawns,* aber dennoch lecker gewürzt; zart besaitete Gaumen sollten in diesem Restaurant unterm Palmblattdach deshalb vielleicht doch lieber auf den Hummer zurückgreifen (→ S. 78).

Toddy-Gewinnung an der Westküste Im Norden von Beruwala, direkt an der Küstenstraße, liegt eine Arrakbrennerei. Hier können Sie zwar nicht probieren, aber beim Abliefern, Prüfen und Wiegen des Palmweins zuschauen (→ S. 58).

Hotel Triton in Ahungalla Es ist nicht nur eines der teuersten Hotels der Insel, es rühmt sich auch, Sri Lankas größten Swimmingpool zu besitzen (→ S. 89).

Mit dem Viceroy Special durch Sri Lanka Nostalgisch reisen mit der alten Dampflok im Erster-Klasse-Salon und mit Klimaanlage. Für die, die westlichen Komfort nicht missen mögen (→ S. 117).

The Villa bei Bentota Die Eisenbahn fährt hier zwar durch den schönen Palmengarten, aber ansonsten dürfte das Hotel, im Stil einer privaten Villa geführt, für erholungsbedürftige Besserverdienende genau das Richtige sein (→ S. 90).

Yapahuwa, die alte Königsstadt Schwindelfrei muß man schon sein, will man die steile Freitreppe erklimmen, die ins Nichts zu führen scheint. Am Ende erblickt man jedoch ein außergewöhnlich prächtiges Portal, das einst einen Palast oder Tempel geschmückt haben muß (→ S. 112).

Auskunft
Ceylon Tourist Board
78, Stewart Place (gegenüber vom Hotel Oberoi)
Colombo-3
Tel. 01/437059 und 437060
Mo–Fr 8.30–16.45 Uhr, Sa, So und feiertags 8–12.30 Uhr
Buddhist Information Centre Religiöses Informationszentrum. Wer Auskunft über Meditationskurse, die Möglichkeit zu Klosteraufenthalten oder auch nur allgemeine Informationen über die buddhistische Religion sucht, findet hier sicherlich Ansprechpartner.
50, Ananda Coomaraswamy Mawatha
Colombo-7
Tel. 01/573285
Ramakrishna Mission Obwohl niemand zum Hinduismus konvertieren kann, gibt es auch eine hinduistische Mission.
International Culture Centre Ramakrishna Foad

Colombo-6
Tel. 01/584029

Banken
Außerhalb der normalen Öffnungszeiten kann man u. a. in diesen Banken Geld wechseln:
Bank of Ceylon Bureau de Change
York Str.
Colombo-1
Tgl. 8–20 Uhr
Peoples Bank Night Service Unit
Sir Chittampalam A. Gardiner Mawatha
Colombo-2
Di–Fr 15.30–19 Uhr, Sa 9–13 Uhr

Einkaufen
Buchhandlungen: Gute Buchhandlungen für den touristischen Bedarf gibt es in einigen Hotels, insbesondere in den Hotels Galadieri Meridien, Intercontinental, Mount Lavinia und Taprobane. Empfehlenswert sind auch:
Cargills Ltd. Kaufhausbuchhandlung mit breitem Sortiment.
York Str.
Colombo-1
Cultural Bookshop Eher wissenschaftliche Werke zu Archäologie und Biologie, Buddhismus, Geographie, Geschichte, Kultur und Sprache.
34, Malay Str.
Colombo-2
Mo–Fr 9–16 Uhr
Lake House Bookshop Verlagsbuchhandlung.
100, Sir Chittampalam A. Gardiner Mawatha
Colombo-2
K.V.G. de Silva & Sons
Y.M.B.A. Building
Colombo-1 sowie
415, Galle Road
Colombo-4

Edelsteine: Edelsteine werden einem in Colombo in Hunderten von Geschäften zum Kauf angeboten. Man kauft am besten in einem der vielen staatlich autorisierten Läden. Einmal erworbene Steine kann man bei folgender Stelle auf Echtheit und Gewicht hin prüfen lassen:
State Gem Corporation
York Str.
Colombo-1
Tel. 01/233 77

Sammlerbriefmarken:
Sri Lanka Philatelic Bureau
Ceylinco House
Janadhipati Mawatha
Colombo-1
Tel. 01/261 63 und 261 77
Mo–Fr 9–16 Uhr

Essen und Trinken
Akase Kade → Der gute Tip S. 78
Beach Wadiya → Der gute Tip S. 76
Eastern Palace Ausgezeichnetes chinesisches Restaurant mit Klimaanlage und Plätzen im Garten.
253, R. A. de Mel Mawatha
Colombo-3
Tel. 01/573436
Tgl. 11.30–15 und 18.30–24 Uhr
1.–2. Kategorie
Galle Face Hotel → Der gute Tip S. 55
Da Guido Südeuropäische Atmosphäre, aber teuer. Besonders bei Diplomaten beliebt.
62, Havelock Road
Colombo-5
Tel. 01/587110
Tgl. außer Mo 12–15 und 19–24 Uhr
1. Kategorie
Mount Lavinia Hotel → Der gute Tip S. 80
Palmyrah Modern eingerichtetes Kellerrestaurant, voll klimatisiert, mit ausgezeichneten srilankischen Curries und speziellen Curries aus der Jaffna-Region.
Hotel Renuka
328, Galle Road
Colombo-3
Tel. 01/573598
Tgl. 12–22.30 Uhr
2.–3. Kategorie
Sakura Ausgezeichnetes Restaurant in einer Seitenstraße der Galle

Road mit authentischer japanischer Küche und Atmosphäre.
14, Rheinland Place
Colombo-3
Tel. 01/53 38 77
Tgl. 11.30–14 und 17.30–23 Uhr
2. Kategorie

Feste

Nicht nur in Kandy, auch in und bei Colombo ist jährlich Gelegenheit geboten, eine *Perahera,* eine heilige Prozession, zu beobachten – sogar in der Besuchersaison.

Im ersten Vollmond des Jahres *(Durutha)* – also etwa Anfang bis Mitte Januar – findet eine sehr eindrucksvolle Prozession am Tempel von Kelaniya statt. Einen Monat später *(Navam)* zieht ein farbenprächtiger Zug von etwa 160 Elefanten um den Beira-See in Colombo. Das Spektakel dauert von etwa 19 bis 23 Uhr. Besser ist es, man nimmt schon gegen 17.30 Uhr seine Steh- oder Tribünenplätze ein.

Auskunft über die Termine erteilt das Touristenbüro.

Gottesdienste

Sonntags finden in vielen Kirchen Colombos Gottesdienste in englischer Sprache statt. Eine Auswahl:
Anglikanisch:
St. Peter's
(Seemannsmission)
26, Church Str.
Colombo-1
Gottesdienste So 13 Uhr
Methodisten:
Methodist Church
29, Hotel Road
Mount Lavinia
Gottesdienste 7.30 Uhr
Römisch-katholisch:
St. Lawrence's Church
Galle Road
Colombo-6
Tel. 01/58 15 49
Messe 6, 7.30 und 18 Uhr
St. Mary's Church
Galle Road
Colombo-Dehiwela

Tel. 01/71 54 07
Messe 6, 7.30 und 18 Uhr
St. Philip Neris Church
157, Olcott Mawatha
Colombo-1
Messe 9, 11, 12.10, 17.15 und 18.30 Uhr

Hotels und andere Unterkünfte

Ceylon Inn Einfaches Hotel mit häßlicher, neunstöckiger Neubaufassade und angenehmem Altbau dahinter. Swimmingpool, kleiner Garten, gute Küche, zwanglose Atmosphäre. Gute Busverbindungen ins Zentrum und zu den Stränden.
501 Galle Road
Colombo-6
Tel. 01/833 36–38
Telex 21782 CEYINS CE
150 Zi
2. Kategorie
Cinnamom Gardens Inn Einfaches kleines Hotel im Gartenviertel der Stadt, ruhig gelegen. Kleiner Pool. In der Nähe des Goethe-Instituts.
91, Wijerama Mawatha
Colombo-7
Tel. 01/929 87
25 Zi
3. Kategorie
Galadari Meridien Internationales Haus der Luxusklasse nahe dem Stadtzentrum mit großem Pool, mehreren Bars und Restaurants, Nightclub, Konferenzsälen usw.
64, Lotus Road, Echelon Square
Colombo-1
Tel. 01/54 45 44
Telex 22334 GALMER CE
500 Zi (mit Klimaanlage)
2. Kategorie
Galle Face → Der gute Tip S. 55
Grand Oriental Hotel Im Zentrum direkt am Hafen gelegen, hieß es lange Zeit »Taprobane«. Nach seiner Renovierung 1991 erhielt es den neuen Namen, hat aber leider viel von seinem alten Charme verloren.
2, York Str.
Colombo-1
Tel. 01/203 91–93

Telex 21557 TAPRO CE
61 Zi (mit Klimaanlage)
3. Kategorie
Havelock Tour Inn Ruhig gelegene, zweistöckige Pension im Stil der Kolonialzeit mit kleinem Pool.
20, Dickmans Road
Colombo-5
Tel. 01/585251−53
32 Zi (mit Klimaanlage)
2. Kategorie
Hilton Jüngstes der großen Luxushotels, mit allem modernen Komfort ausgestattet, u. a. japanisches Restaurant und südostasiatisches Open-air-Restaurant.
Lotus Road/Echelon Square
Colombo-1
Tel. 01/544644
Fax 01/544657
387 Zi (mit Klimaanlage)
Luxus- bis 1. Kategorie
Holiday Inn Gutes, nicht zu gigantisches Kettenhotel in zentraler Lage nahe dem Galle Face. Pool.
30, Sir Mohamed Macan Markar Mawatha
Colombo-3
Tel. 01/422001
Fax 01/447977
100 Zi (mit Klimaanlage)
2. Kategorie
Inter-Continental Direkt im Stadtzentrum gelegenes Haus der Luxusklasse mit großem Pool, Tennis- und Squashplatz sowie Nightclub.
48, Janadhipati Mawatha
Colombo-1
Tel. 01/26880
Telex 21188 CMBHAPA CE
250 Zi (mit Klimaanlage)
1.−2. Kategorie
Lanka Oberoi Am weitesten vom Stadtzentrum entferntes Luxushotel mit eindrucksvollem Atrium, großem Pool, Sauna, Tennis- und Squashplatz, Nightclub.
77, Steuart Place
Colombo-3
Tel. 01/20001 und 21171
Telex 21201 OBHTEL CE
600 Zi (mit Klimaanlage)
1.−2. Kategorie

Mount Lavinia → Der gute Tip S. 80
Mount Royal Beach Strandhotel in Mount Lavinia mit mittelgroßem Pool und Kinderplanschbecken.
36, College Avenue
Mount Lavinia
Tel. 01/714001−03
Telex 21373 STEEL CO
60 Zi (mit Klimaanlage)
3. Kategorie
Omega Inn Äußerlich wenig attraktives, aber verkehrsgünstig gelegenes einfacheres Hotel mit Biergarten auf dem Dach.
324, Galle Road
Colombo-6
Tel. 01/582277 und 287820
27 Zi (mit und ohne Klimaanlage)
2. Kategorie
Ramada Renaissance Luxushotel am Ufer des Beira Lake mit großem Pool und Kinderplanschbecken, Sauna, Tennis- und Squashplatz, Bootsvermietung am See, Business Centre, mehreren Restaurants und Bars, Nightclub.
115, Sir Chittampalam A. Gardiner Mawatha
Colombo-2
Tel. 01/544200
Telex 22386 RAMDA CE
400 Zi (mit Klimaanlage)
1.−2. Kategorie
Taj Samudra Architektonisch das schönste unter den neuen Stadthotels gegenüber des Galle Face Green. Viele Zimmer mit Meeresblick. Großer Pool, Tennis- und Squashplatz, Sauna.
25, Galle Face Central Road
Colombo-3
Tel. 01/446622
Fax 01/546348
400 Zi (mit Klimaanlage)
1. Kategorie
Y.M.C.A. Colombo Einfache Unterkunft mit guten Kontaktmöglichkeiten zu buddhistisch gesinnten Jugendlichen aus aller Welt.
Sir Baron Jayatilleke Mawatha
Colombo-1
Tel. 01/422298
3. Kategorie

Y.M.C.A. Mount Lavinia Pensions-
ähnlicher Bungalow mit Restaurant
und besten Kontaktmöglichkeiten zu
einheimischen Christen. Nur 8 Geh-
minuten vom Strand entfernt.
55, Hotel Road
Mount Lavinia
Tel. 01/71 37 86
21 Betten in Zimmern mit Deckenventilator
3. Kategorie

Leihfahrzeuge
Fahrräder und Motorräder werden in
Colombo nicht vermietet. Mietwagen
mit Chauffeur vermitteln alle Hotels
und Reisebüros. Sie sind außerdem
bei den im folgenden aufgeführten
Autovermietungen zu buchen, die
darüber hinaus auch Pkw an Selbst-
fahrer vermieten:
Avis Rent-a-car
c/o Machinsons Travel Ltd.
Mackinsons Building
4, Leyden Bastion Road
Colombo-1
Tel. 01/298 81–89
Europcar
c/o Alban Tours
498, Galle Road
Colombo-3
Tel. 01/57 41 60
Hertz Rent-a-car
c/o Quickshaws Ltd.
Kalinga Place
Colombo-5
Tel. 01/831 33–35

Medizinische Hilfe
– Ärzte
Praktischer Arzt:
Dr. Navaratnam
Josef Frazer Hospital
Josef Frazer Road
Colombo-5
Tel. 01/58 84 67
Privat: Inner Flower Road
Tel. 01/57 35 77 und 57 33 22
Kinderarzt:
Dr. Stella de Silva
100/9, Horton Place
Colombo
Tel. 01/915 18

Zahnarzt:
Dr. Chinnaik
26, Thurston Road
Colombo
Tel. 01/922 17
– Krankenhäuser
Private Krankenhäuser:
Durdens Hospital
Kollupitiya
Colombo-3
Tel. 01/57 52 05 und 57 52 06
Josef Frazer Hospital
Josef Frazer Road
Colombo-5
Tel. 01/58 83 85
Nawaloka Private Hospital
23, Sri Sugathodaya Mawatha
Colombo-2
Tel. 01/54 44 44–48
Staatliches Krankenhaus:
Sri Jayawardana Hospital
Kotte
Talapathpitiya Negegoda
Tel. 01/56 36 09 und 56 36 10
– Apotheken
City Dispensary
503, Union Place
Colombo-2
Tel. 01/69 58 97
Tgl. außer So 8–22 Uhr
JC Drugstores
740, Galle Road
Colombo-4
Tel. 01/58 17 70
Mo–Fr 8–21 Uhr
Osu Sala
255, Dharmapala Mawatha
Colombo-7
Tel. 01/69 47 16
Rund um die Uhr geöffnet
Osu Sala
85, Galle Road
Colombo-4
Tel. 01/58 71 28
Mo–Fr 8–20 Uhr

Museen und Galerien
Art Gallery Ausstellung zeitgenös-
sischer, eher konservativer Werke.
106, Ananda Coomaraswamy Mawatha
Colombo-7
Tgl. außer an Poya-Tagen 8–17 Uhr

Bandaranaike Memorial International Conference Hall (BMICH)
Bauddhaloka Mawatha
Colombo-7
Tel. 01 / 911 31
Tgl. außer Mo und außer an Poya-Tagen 9 – 16 Uhr
Eintritt 1 Rp.

Bandaranaike Museum Sammlung von Fotos, Reden, Objekten und Dokumenten zur Person des ehemaligen Ministerpräsidenten S. W. R. D. Bandaranaike.

Dutch Period Museum → Der gute Tip S. 68

Kalagaraya Art Gallery Verkaufsausstellung von Werken moderner srilankischer Künstler.

c/o Alliance Française
54, Ward Place
Colombo-7
Tgl. außer So und feiertags 9 – 13 und 17 – 19 Uhr

Lionel Wendt Art Gallery Zeitgenössische Werke einheimischer Künstler.

18, Guildford Crescent
Colombo-7

Nationalmuseum → Der gute Tip S. 66

Notruf
Tel. 333 33

Öffentliche Verkehrsmittel
– Bahn Zwischen der Fort Railway Station und Mount Lavinia verkehren täglich zwischen 4.50 und 22.30 Uhr etwa 32 Züge. Haltestationen unterwegs sind Slave Island, Kollupitiya, Bamablapitiya und Wellawatte. Die Bahnfahrt ist reizvoll, da sie die meiste Zeit direkt am Meer entlangführt.
– Busse
Stadtbusse: Zahlreiche Buslinien fahren kreuz und quer durch Colombo und seine Vororte. Neben den roten und rot-silbernen, großen staatlichen Bussen sind auch viele private Mini-Busse unterwegs. Die staatlichen Busse zeigen zumeist die befahrene Liniennummer an der Front,

die Mini-Busse manchmal. Dann ist die angezeigte Nummer mit der Linie identisch.
Am einfachsten ist es natürlich, Reiseleiter oder Hotelpersonal nach der richtigen Buslinie zum gewünschten Ziel zu fragen. Sicherheitshalber sollte man aber auch dem Schaffner beim Einsteigen das angestrebte Ziel nennen.
Fernbusse: Alle Fernbusse fahren am Busbahnhof in der Pettah nahe der Fort Railway Station ab. Die Haltestellen der jeweiligen Linien sind gekennzeichnet.

Polizei

Touristenpolizei Bester Anlaufpunkt für alle Probleme und Beschwerden.
New Secretariat Building
Colombo-1
Tel. 01 / 269 41 und 211 11 Apparat 218

Post
Hauptpost
General Post Office
Janidhipathi Mawatha
Colombo-1
Tel. 01 / 262 03
Ständig geöffnet, internationale Telefongespräche können zwischen 7 und 21 Uhr vermittelt, Telegramme in dieser Zeit aufgegeben werden.

Sehenswürdigkeiten
Bandaranaike Memorial International Conference Hall (Internationale Bandaranaike-Gedächtnis-Konferenzhalle) Das kurz BMICH genannte moderne Gebäude ist ein Geschenk der Volksrepublik China an Sri Lanka und wurde 1973 mit chinesischen Materialien nach chinesischen Plänen errichtet. Auch ein Drittel der Arbeitskräfte kam aus der Volksrepublik China. Im August 1976 fand hier eine Konferenz der Blockfreien Staaten statt. Die Halle ist nach Solomon W. R. D. Bandaranaike benannt, der von 1956 bis zu seiner Ermordung im Jahre 1959 Pre-

mierminister des Landes war. Ein kleines Museum in der Halle ist ihm gewidmet. Der Kongreßhalle gegenüber steht seit 1976 eine verkleinerte Kopie des Aukana-Buddhas (→ Der gute Tip S. 110).
Baudhaloka Mawatha
Tgl. außer Mo und feiertags 9 bis 16 Uhr

Beira Lake Dieser See im Zentrum von Colombo umfaßt auf drei Seiten den Stadtteil Slave Island (= Colombo-2). Die Holländer verwahrten hier über Nacht die Sklaven, die sie für öffentliche Arbeiten in der Stadt einsetzten. Fluchtmöglichkeiten gab es nicht, da damals im See noch viele Krokodile hausten. Abgeschafft wurde die Sklaverei erst 1845 durch die Briten. Heute ist der Beira Lake ein beliebtes Gebiet für Sonntagsaktivitäten, Slave Island aber ist noch immer eines der ärmsten Stadtviertel.
Der westliche Arm des Sees wird durch zwei kleine Inseln geprägt, die über Stege mit dem Festland verbunden sind. Auf der einen liegt das architektonisch äußerst gelungene, moderne Meditationszentrum Simamalaka, das zum buddhistischen Kloster Gangarama Pirivena gehört; auf der anderen ein städtischer Vergnügungspark mit Restaurant, kleinem Rummelplatz, Motorboot- und Tretbootvermietung.
Zugang zu beiden Inseln von der Straße Sir James Peiris Mawatha aus

Buddha Jayanthi Dagoba Eine moderne, auffällige Konstruktion am Hafen ist diese auf Betonbögen stehende Dagoba. Mit ihrem Bau wurde 1956 begonnen.
Marine Drive
Nur Außenbesichtigung möglich

Devatagaha-Moschee Älteste Moschee Colombos, im letzten Jahrhundert erbaut.
De Soysa Circus/Union Place
Nur Außenbesichtigung möglich

Gotami Vihara Kleines buddhistisches Kloster mit Wandmalereien des »Picasso Ceylons«, des zeitgenössischen Malers George Keyt.
Gotami Road
Colombo-8
Geöffnet ca. 7–21 Uhr

Hafen Größter der acht srilankischen Seehäfen und Heimathafen der rund 70 Schiffe umfassenden, staatlichen »Ceylon Shipping Corporation«. Verladen werden hier jährlich etwa 2 Millionen t Güter, gelöscht etwa 2,5 Millionen t. Die Wasserfläche des Hafens beläuft sich auf 240 ha. Auch Container können hier verladen werden. Betreten des Hafengeländes und Hafenrundfahrten sind nicht möglich. Den besten Überblick hat man von der Bar des Grand Oriental Hotels aus.

Kadhiresen Kovil Eindrucksvoller Hindu-Tempel im Herzen der Pettah, dem auch in Kataragama verehrten Kriegsgott Skanda geweiht. Ausgangspunkt einer prunkvollen Prozession zum Pillyar Kovil während des jährlichen Vel-Festes im August.
Sea Str.
Colombo-11
Tgl. 5–21.30 Uhr

Kali Kovil Der Gemahlin Shivas geweihter Hindu-Tempel in der Pettah.
First Cross Str.
Colombo-11
Tgl. 5–21.30 Uhr

Parlamentsgebäude Davon hat Sri Lanka gleich zwei: ein altes und ein neues.
Das alte Parlament ist ein um 1930 entstandener klassizistischer Bau, der jetzt nur noch das Präsidialamt und das Finanzministerium beherbergt. Den besten Blickwinkel hat man vom Galle Face Green aus, weil das Gebäude einen deutlichen Kontrast zu den dahinter aufragenden Hotels und dem hohen Rundturm

der Nationalbank bildet. Vor dem Parlament steht ein Denkmal des ersten srilankischen Premierministers Don Stephen Senanayake, ein paar Meter südlich auf einem kleinen Hügel das von der UdSSR gestiftete Denkmal für den 1959 ermordeten Premier Salomon Bandaranaike.

Das neue Parlamentsgebäude liegt rund 10 km entfernt auf einer Insel in einem See im Vorort Kotte. Sein Bau Anfang der 80er Jahre hat 43 Millionen US-Dollar verschlungen.

Altes Parlament
Marine Drive
Colombo-1
Neues Parlament
Kotte
Innenbesichtigungen in beiden Fällen nicht möglich

Pettah → Der gute Tip S. 60

Pillyar Kovil Hinduistischer Tempel zu Ehren des elefantenköpfigen Gottes Ganesha; Ziel der Vel-Prozession im August.
Galle Road
Colombo-4
Tgl. 4.30−21.30 Uhr

Planetarium Es vermittelt interessante Einblicke in den südlichen Sternenhimmel.
Bauddhaloka Mawatha/Ecke Reid Avenue
Colombo-7
Tel. 01/586499
Englischsprachige Vorführung am letzten Sa jeden Monats um 14 Uhr; singhalesische Vorstellungen häufiger, Auskunft per Telefon.

Präsidentenpalast Der heutige Amtssitz des srilankischen Präsidenten liegt in einem schönen, aber nicht öffentlichen Park. Der Bau wurde bereits im 18. Jh. als Residenz des letzten holländischen Generalgouverneurs errichtet und diente anschließend als »Queen's House« den britischen Gouverneuren als Wohnsitz. Umbauten fanden 1852 bis 1956 statt. Vor dem Palast steht ein Denkmal für den britischen Gouverneur Sir Edward Barnes, der 1830 die erste Straße von Colombo nach Kandy erbauen ließ.
Janadhipathi Mawatha
Colombo-1
Keine Innenbesichtigung möglich

St. Andrew's Scots Kirk Im Jahre 1906/07 erbaute Hauptkirche der schottischen Presbyterianer auf Ceylon im neugotischen Stil.
Steuart Place
Colombo-3
Tel. 01/23765
Keine Innenbesichtigung möglich
Gottesdienst So 18.30 Uhr

Town Hall (Rathaus) 1924−28 erbaut, einst als schönstes Rathaus östlich von Suez eingestuft.
F. R. Senanayake Mawatha
Colombo-7
Keine Innenbesichtigung möglich

Uhrturm Mitten auf einer der belebtesten Straßen des Innenstadtviertels Fort steht als geduldetes Verkehrshindernis ein »Clock Tower«, der bis 1954 als Leuchtturm des Hafens diente. Dann jedoch wurde er von neuen Häusern verdeckt, so daß er seiner Aufgabe, die er immerhin 97 Jahre lang bestens erfüllt hatte, nicht mehr gerecht werden konnte.
Janadhipathi Mawatha
Colombo-1
Keine Innenbesichtigung möglich

Ul-Afar-Juma-Moschee Auffälliger, 1908/09 errichteter rot-weißer Backsteinbau mitten in der Pettah.
Second Cross Str.
Colombo-11
Keine Innenbesichtigung möglich

Vihara-Maha-Devi-Park Der Stadtpark Colombos, benannt nach der Mutter des Königs Duttha Gamani (161−137 v. Chr.). Die Anlage aus der britischen Kolonialzeit lohnt den Besuch besonders im März, April

und Mai, wenn viele der exotischen Pflanzen in Blüte stehen.
Im Stadtteil Cinnamon Gardens
Colombo-7
Tgl. 7–21 Uhr

Wolfendahl-Kirche Im Jahre 1749 erbaute holländisch-reformierte Kirche mit historischen Grabsteinen auf dem Kirchhof. Guter Blick über Stadt und Hafen.
Sarayanamuthu Mawatha
Colombo-13
Keine Innenbesichtigung möglich

Zoo Die meisten der hier lebenden Tiere kann man auch bei uns in den Zoos sehen. Dennoch lohnt der Besuch: Dieser Zoo ist zugleich ein sehr schöner, tropischer Garten, in dem beispielsweise Pelikane in Freiheit beobachtet werden können. Aufschlußreich ist auch die Begegnung mit den vielen srilankischen Familien und Schulklassen in Sonntagskleidung, deren besonderer Spaß darin besteht, die Affen mit Erdnüssen zu füttern (was hier erlaubt ist), und der Elefantenshow in der grasüberwucherten Arena unterhalb des guten Zoo-Restaurants beizuwohnen.
Colombo-Dehiwala
Tel. 01/71 41 46
Tgl. 8–18 Uhr
Elefantenshow tgl. 17.15–17.30 Uhr
Eintritt 30 Rps., Kinder 5 Rps.

Stadtrundfahrten
Halbtägige Stadtrundfahrten im Bus werden von fast allen Reiseveranstaltern angeboten. Rundfahrten im Pkw mit Chauffeur vermitteln die Hotelrezeptionen.
Busrundfahrt mit Führung ca. 500 Rps. pro Person, halbtägige Pkw-Rundfahrt ca. 300 Rps./Auto, ganztägige Pkw-Rundfahrt ca. 500 Rps./Auto

Stadtviertel und Postbezirke
Colombo ist in 15 Postbezirke unterteilt, die weitgehend mit den Stadtteilgrenzen übereinstimmen. In den in diesem Reiseführer angegebenen Adressen sind jeweils die Postbezirke genannt; Taxifahrer wissen aber oft mehr mit den Stadtteilnamen anzufangen. Deswegen die Aufschlüsselung:
 1 Fort
 2 Slave Island
 3 Kollupitiya
 4 Bambalapitiya
 5 Havelock Town
 6 Wellawatte
 7 Cinnamom Gardens
 8 Borella
 9 Dematagoda
10 Maradana
11 Pettah
12 Hulftsdorp
13 Kotahena
14 Grandpass
15 Mutwal/Modera

Strand
Der einzig zumutbare Strand im Gebiet von Groß-Colombo ist der von Mount Lavinia. Er erstreckt sich auf einer Länge von rund 1 km. Liegestühle, Sonnendächer und Surfbretter können dort gemietet werden, es gibt auch mehrere Restaurants.

Telefonieren
Hauptpost:
General Post Office
Janidhipathi Mawatha
Colombo-1
Internationale Ferngespräche werden zwischen 7 und 21 Uhr vermittelt
Privates Telekommunikationsbüro:
Unique Communication Service
Australia Building
54, York Str.
Colombo-1
Tel. 01/54 78 84
Ständig geöffnet

Ziele in der Umgebung

Adam's Peak → Der gute Tip S. 115

Alutgama Großes Dorf am Nordufer des Bentota River, durch eine Eisenbahn- und eine Straßenbrücke mit der Touristensiedlung Bentota auf der anderen Flußseite verbunden. Es gibt hier keine Hotels, Touristen kommen fast nur auf einen Bummel von Bentota aus herüber, um sich das ursprüngliche Straßenleben und den kleinen bunten Marktplatz nahe der Brücke anzuschauen. Haupteinnahmequelle für das Dorf ist der Kautschukhandel. Unterkunft bietet:

 Dilmini Tourist Guesthouse
304, Welipanna Road
Tel. 034/750 52
3. Kategorie

Avissavela Geschäftige Kleinstadt am Ufer des Kelani Ganga, 32 m hoch gelegen. Der Legende nach hielt hier der böse Held des Ramayana, Ravana, die Frau des guten Helden Rama, Sita, gefangen. Im 16. Jh. hieß das Städtchen denn auch noch Sitavaha. In jenem Jahrhundert war der Ort für kurze Zeit sogar Königsstadt, denn hier residierte der gegen die Portugiesen und einen Fürsten aus Kandy gleichzeitig kämpfende König Raja Singha I. (1581 bis 1592). Reste eines von ihm erbauten Palastes und eines Tempels (Berendi Kovil) sind noch an der Ginigathena Road jenseits der Flußbrücke zu sehen.
Lage: An der A 4 von Colombo nach Ratnapura, 57 km östlich von Colombo.

Bentota Sri Lankas einziger auf dem Reißbrett entstandener Urlaubsort, der einmal als Musterbeispiel guter Tourismusplanung galt. Im Jahre 1970 wurden hier vier Hotels sowie ein Service-Komplex mit Touristenpolizei, Post, Bank, Bahnhof und Geschäften an den 4 km langen Sandstrand gesetzt, 1983 kam der Robinson-Club hinzu. Ein gewachsenes Dorf ist nicht vorhanden, es stehen nur etliche Hütten und kleine Häuser zwischen den Kokoshainen verstreut. Bentota ist ein Ort für die, die nur Sonne, Strand und Wassersportmöglichkeiten suchen, aber nichts für den, der Sri Lanka kennenlernen will.

Empfehlenswerte Restaurants sind das *Goldi Steak House* europäischer Prägung, schön an einem kleinen Teich gelegen, und das *Susantha Palm Restaurant,* ein kleines Freiluftrestaurant mit südeuropäischem Flair, deutschsprachiger Speisekarte und deutschsprechendem Wirt. Das luxuriöseste Hotel des Ortes ist das *Bentota Beach.* (Hier werden auch Rudern, Surfen, Squash, Tennis und Wasserski angeboten.) Wesentlich legerer geht's im *Lihinya Surf* zu, einem zweigeschossigen Haus mit langgestrecktem Garten am Strand.

Neben den in den Hotels angebotenen ein- und mehrtägigen Ausflügen kann man auch auf eigene Faust eine Bootsfahrt mit einem geruderten Fischerkatamaran den Bentota-Fluß aufwärts unternehmen. Man sieht dabei allerlei Getier wie Warane, Spechte, Fledermäuse und manchmal gar ein Krokodil sowie zwei buddhistische Tempel.

Bootsfahrt
Dauer 1^1/$_2$–4 Std.
Preis Verhandlungssache, 60 Rps. pro Std. und Boot angemessen
Bentota Beach Hotel
Tel. 048/5176–78
Telex 21104 COLOMBO CE
135 Zi (mit Klimaanlage)
2. Kategorie
Ceysands
Tel. 034/75073 und 75074
Telex 21228 WALKIN CE
84 Zi
(ohne Klimaanlage)
2. Kategorie

Goldi Steak House
188, Lewis Place
(am Bahnhof)
Tgl. 10–24 Uhr
2. Kategorie
Lihinya Surf
Tel. 034/75126–29
Telex 21196 TAHL CE
92 Zi (mit Klimaanlage)
3. Kategorie
Serendib
Tel. 034/75248
Telex 214946 LOBAL CE
90 Zi (mit und ohne Klimaanlage)
2.–3. Kategorie
Susantha Palm Restaurant
Südlich vom Bahnhof
Rice & Curry (touristisch zubereitet)
2. Kategorie

Beruwala Etwa 20000 Einwohner zählende Kleinstadt mit gutem, 2 km langem Sandstrand, an dem mehrere Hotels stehen. Besondere Bedeutung hat Beruwala für die Moors der Insel, weil hier 1024 die ersten arabischen Kaufleute an Land gingen und die erste Moschee Ceylons erbauten. Zur Übernachtung empfehlen wir vier Unterkünfte: *Barberyn Reef,* ein familiäres Bungalowhotel mit schönem Garten, *Berlin Bear Guesthouse,* eine Pension unter deutscher Leitung mit Pool und Fahrradverleih, sowie *Confifi Beach,* ein zweistöckiges Hotel mit Pool, Kinderplanschbecken, Tennisplatz und Minigolf-Anlage, sowie die große Anlage *Riverina,* beliebt bei Pauschalurlaubern.
Barberyn Reef
Tel. 034/75582
65 Zi (nur zwei mit Klimaanlage)
3. Kategorie
Berlin Bear Guesthouse
Maradana Road
Maragolla/Beruwala
Tel. 034/75525
12 Zi (ohne Klimaanlage)
3. Kategorie
Confifi Beach
Tel. 034/75217
68 Zi (17 mit Klimaanlage)
3. Kategorie

Riverina
Tel. 034/75377–79
190 Zi (alle mit Klimaanlage)
1. Kategorie
Lage: An der A1 und der Bahnlinie von Colombo nach Galle, 53 km südlich von Colombo.

Cadjugama Kleines Dorf im Zentrum des srilankischen Anbaugebiets von Cashewnüssen, nach denen es seit 1932 auch benannt ist. Aus jenem Jahr stammen auch die von der Regierung gebauten Verkaufsstände im Dorfzentrum.
Lage: An der A 1 von Colombo nach Kandy, 47 km nordöstlich von Colombo.

Chilaw Fischereihafen mit etwa 20000 Einwohnern, von denen zwei Drittel Christen sind: Die Jesuiten hatten hier während der portugiesischer Herrschaft ihre zentrale Missionsstation. Unterkunft bietet:
Chilaw Resthouse
Tel. Chilaw 299 (Handvermittlung)
13 einfache Zi (ohne Klimaanlage)
3. Kategorie
Lage. An der A 3 und der Bahnlinie von Colombo nach Puttalam.

Dedigama Geburtsort des Königs Parakrama Bahu I. (1153–86), der hier dann später eine 78 m hohe Dagoba erbauen ließ. Sie wurde von 1947 bis 1967 archäologisch untersucht. Dabei fand man drei unversehrte Reliquienkammern, deren kostbarer Inhalt jetzt im kleinen Museum direkt am Ort ausgestellt wird.
Tgl. außer Di 8–16 Uhr
Lage: 4 km südlich des Ortes Nelundeniya, der an der A 1 von Colombo nach Kandy liegt, 70 km nordöstlich von Colombo.

Gampaha Kleinstadt mit dem Botanischen Garten Heneratgoda. Er umfaßt 15 ha und wurde bereits 1876 angelegt. Noch immer sind hier die altersschwachen Reste des ersten auf Ceylon gepflanzten Kautschuk-

baums zu sehen. Heute steht fast nur noch der Stamm, damals lieferte er innerhalb von 4 Jahren und 9 Monaten 178 kg Rohkautschuk. Er ist noch immer mit einer Nummer 1 markiert. Interessant sind aber auch die anderen rund 1500 Arten einheimischer Pflanzen im Park.
Tgl. 7–18 Uhr
Lage: 1 km vom Bahnhof von Gampaha entfernt, das 2 km abseits der A 1 von Colombo nach Kandy und an der Bahnstrecke von Colombo nach Kandy liegt.

Hendala   Kleiner Ort am sogenannten »Zimt-Kanal«, der von Colombo bis nach Puttalam führt und von den Holländern für den Zimttransport angelegt wurde. Am Kanal herrscht reges Treiben: Menschen baden und duschen darin, waschen hier ihre Wäsche. In einfachen Booten werden von fast nackten Bootsleuten Lastflöße und -kähne durch den Kanal gestakt. Es lohnt sich, von Hendala aus am Kanalufer entlang in Richtung Negombo weiterzufahren. Das *Pegasus Reef* ist ein erstklassiges Hotel zwischen Zimtkanal und Meer direkt am Strand mit Pool und Planschbecken, Tennis- und Squashplatz.

Pegasus Reef
Wattala
Tel. 01/53 02 05–08
150 Zi (mit Klimaanlage)
2. Kategorie
Lage: 12 km nördlich von Colombo.

Kalutara   Etwa 35 000 Einwohner zählende Stadt zu beiden Seiten des Kalu-Flusses. Südlich der Brücke erhebt sich eine große, moderne weiße Dagoba, die im Gegensatz zu denen der Antike innen hohl und begehbar ist. Darin stehen vier kleine Dagobas mit Altären voller Plastikblumen. Die Innenwände sind mit numerierten und sogar englisch beschrifteten Szenen aus dem Leben Buddhas geschmückt. Die Stadt ist ein Zentrum des Kautschuk-Zwischen-

handels und der Palmstrohflechter. Angeblich reifen hier im Juli und August die besten Mangosteens der Insel. Für Unterkunft sorgen das *Resthouse* (auch Restaurant) und das *Hotel Meriviere,* ein zweistöckiges Gebäude zwischen Lagune und Meer, mit Pool und Tennisplatz.
Garden Beach Hotel
62/9, Sri Sumangala Mawatha
Tel. 034/223 80
12 Zi (drei mit Klimaanlage)
3. Kategorie
Lage: Kalutara liegt an der A 2 und an der Bahnlinie von Colombo nach Galle, 42 km südlich von Colombo.

Kelaniya   Vorort von Colombo mit weitläufiger Klosteranlage Raja Maha Vihara, deren Geschichte in das 3. Jh. v. Chr. zurückreicht. Hier entstand die erste Dagoba an der Stelle, wo der Legende nach der Buddha im 5. Jh. der dort lebenden König seine Lehre gepredigt haben soll. Die heutige Dagoba stammt aus dem 17. Jh. Besonders beachtenswert ist das Statuenhaus aus dem 17. Jh. mit einem sehr guten Außenfries: unten ein Band mit Elefanten, oben eines mit Gänsen und dazwischen eines mit lauter individuellen und oft herrlich grotesken Zwergendarstellungen. Die Wandmalereien aus dem 17. Jh. im Innern des Statuenhauses zeigen neben Szenen aus dem Leben des Buddha auch historische Darstellungen der Auseinandersetzungen zwischen Singhalesen und europäischen Eroberern.
Das große Eingangstor zur Vihara diente John Hagenbeck als Vorlage für das Tor zum Hamburger Zoo.
Besonders reges Treiben herrscht in Kelaniya an allen Vollmondtagen sowie während des Tempelfestes im Januar, wo dann auch eine Perahera (Prozession) stattfindet.
Tgl. 6–21 Uhr
Lage: 10 km östlich von Colombo.

Negombo   Die achtgrößte Stadt (65 000 Einwohner) und eins der wichtigsten Touristenzentren der Insel. In der Kolonialzeit war Negombo besonders als Zentrum des Zimtanbaus und -handels von Bedeutung. Davon zeugen noch der idyllische Zimtkanal (Dutch Canal) aus der holländischen Kolonialzeit, der von Puttalam bis Colombo führte, und das Fort an der Hafeneinfahrt, das heute als Gefängnis dient. Negombo hat keine besonderen Sehenswürdigkeiten, bietet aber viele reizvolle Anblicke: im Süden die große Lagune, stattfindenden Fischmarkt und die vielen Katamarane der Fischer, entlang des gesamten Ufers viele Kirchen unter Kokospalmen sowie ein lebhaftes Stadtzentrum voller kleiner Geschäfte und Buden. Zahlreiche kleine Souvenirläden, fliegende Andenkenhändler, einfache Restaurants und die umweltfreundlich flach gebauten Hotels am Strand sorgen für eine fast mediterran anmutende Urlaubsatmosphäre.

Im einzelnen wollen wir auf folgende Hotels und Restaurants hinweisen: Neben *Silva's Beach Restaurant* im Ortsteil Ettuhale (→ Der gute Tip S. 78) empfehlen wir das *Resthouse* an der Uferstraße: ausgezeichnetes einheimisches Essen und mittags ein prächtiger Blick auf die unter Segeln in den Hafen zurückkehrenden Fischerboote. Der Hotelkomplex *Blue Lagoon* ist eine weitläufige, kinderfreundliche Anlage am Ufer der Lagune; Baden im Meer nicht möglich. Wasserski, Surfbrettverleih und -unterricht, Pool, Tennisplatz. Das *Brown's Beach* ist eine langgestreckte, altbekannte Hotelanlage im touristischen Zentrum des Ortes direkt am Meeresstrand; schmaler, steil abfallender Strand, Pool, Sauna, Tennis- und Squashclub, guter Nightclub. Einfacher geht's im *Rainbow Guesthouse* in Strandnähe am Rande der Hotelzone zu.

Blue Lagoon
Talahena (7 km südlich des Stadtzentrums)
Tel. 031/3004 und 3005

48 Bungalows (mit und ohne Klimaanlage)
3. Kategorie
Brown's Beach
175, Lewis Place
Tel. 031/2031 und 2638
Telex 21552 BROWNS CE
132 Zi (mit Klimaanlage)
2.–3. Kategorie
Rainbow Guesthouse
3, Carron Place
Tel. 031/2082
8 Zi (ohne Klimaanlage)
3. Kategorie
Resthouse
Uferstr. am Hafen
Tel. 031/2299
Tgl. 7–22 Uhr
3. Kategorie
Silva's Beach Restaurant → Der gute Tip S. 78

Nittambuwa In diesem Dorf durchquert die A 1 von Colombo nach Kandy die ausgedehnten Ländereien der srilankischen Politikerfamilie Bandaranaike. Nördlich der Straße kann das Grabmal des ermordeten Präsidenten Solomon Bandaranaike besucht werden, südlich der Straße liegt die prächtige Villa der Familie.
Lage. An der A 1, 39 km nordöstlich von Colombo.

Panduvas Nuwara Diese abseits der Hauptstraßen gelegenen Ruinen einer Stadt aus dem 12. Jh. lohnen nur für archäologisch besonders Interessierte einen Besuch. Zu sehen sind die Reste einer Stadtmauer sowie mehrere Tempel und Hallen.
Ständig geöffnet
Lage: Nahe der kleinen Straße von Chilaw (36 km) nach Wariyapola-Kurunegala (34 km) beim Dorf Kongahamula.

Puttalam Kleinstadt mit 20000 Einwohnern an einer großen Lagune. Die Menschen hier leben überwiegend von der Fischerei, einer Zementfabrik und einer großen Saline in der Lagune, die rund 20 Prozent der gesamten srilankischen Salzproduktion erbringt. Historisch ist die Stadt nur als Landeplatz des Prinzen Vijaya (um 480 v. Chr.) und des arabischen Weltreisenden Ibn Battuta (1344) erwähnenswert. Unterkunft bietet das *Resthouse,* ein im Ortszentrum gelegener Kolonialbau, einfache Ausstattung.

 Resthouse
8 Zi (ohne Klimaanlage)
3. Kategorie
Lage: Endpunkt der A 3 und der Bahnlinie von Colombo aus, 130 km nördlich von Colombo.

Ratnapura Mindestens jeder zweite der 40 000 Einwohner Ratnapuras lebt von den Edelsteinen, die in der Stadt und in ihrer Umgebung gefunden, zum Teil auch geschliffen und verkauft werden. Der Name der Stadt bedeutet denn auch übersetzt schlicht »Stadt der Edelsteine«. Überall sieht man die Schächte der Schürfer, in den Gassen Ratnapuras drängt sich Schleiferei an Schleiferei, und am Stadtrand entstanden große Läden für Touristen.
Die Edelsteine liegen in einer Kiesschicht, zu der man sich durch eine bis zu 12 m dicke Lehmschicht durcharbeiten muß. Ist das gelungen, wird der Schacht überdacht und meist mit Palmblättern oder Bambusstangen ausgekleidet. Am Grund der Grube wird der Kies in Eimer geschaufelt, während das Grundwasser mittels einer Motorpumpe abgezogen wird. Der Eimer wird per Hand ans Tageslicht geholt, sein Inhalt entweder gleich oder an Tagen mit günstigem Horoskop gesiebt.
Schürflizenzen kann jeder Srilanker vom Staat erwerben. Wer eigenes Land besitzt, hat Glück; die übrigen müssen auf Versteigerungen ein bestimmtes staatliches Grundstück erwerben, auf dem sie dann jeweils ein Jahr lang arbeiten dürfen. In einigen Fällen verschenkt der Staat sogar Grund und Boden inklusive Schürflizenz an landlose Bauern.

Sehenswert ist Ratnapura aber auch wegen seiner landschaftlichen Lage. Die Stadt liegt inmitten üppigen Grüns vor dem Hintergrund der ceylonesischen Berge, unter denen der Adam's Peak durch seine markante Spitze besonders auffällt. Gott Saman, der diesen Berg und die ganze Insel beschützt, ist am Stadtrand eine große buddhistische Tempelanlage aus dem 16. Jh. gewidmet.
Wer einkaufen möchte, wird in dem voll klimatisierten Juwelierladen *Gems Chamber* (mit eigenem Edelsteinmuseum und Restaurant) gut bedient. Der älteste Edelsteinladen heißt *Ratnapura Gem Bureau.* Ein kleines *archäologisches Museum* befindet sich am Bahnhof. Den Hunger stillt das *Resthouse* auf dem Hügel im Stadtzentrum, Unterkunft bietet das Hotel *Ratnaloka Tour Inns.* Schön außerhalb der Stadt mitten in einer Kautschukplantage an einem kleinen See. Pool.

Gems Chamber
6, Ehelapola Mawatha (Badulla Road)
Batugedera
Tgl. außer So 9–18 Uhr
Maha Saman Devale (Tempel)
Panadura Road
Tgl. 5.30–21.30 Uhr
Museum
Am Bahnhof
Tgl. 9–17 Uhr
Eintritt frei
Ratnaloka Tour Inns
Kosgala, Kahangama
Tel. 045/2455 und 2486
53 Zi (mit Klimaanlage)
3. Kategorie
Ratnapura Gem Bureau
Getangama
Tgl. außer So 8–16 Uhr
Resthouse
Auf dem Hügel im Stadtzentrum
Tel. 045/2314
Tgl. 7–21 Uhr
3. Kategorie
Lage: An der A 4 von Colombo nach Batticaloa, 96 km südöstlich von Colombo.

Galle

Galle ist die größte Stadt im Süden der Insel (80 000 Einwohner) und außerhalb der Colombo-Region nach Jaffna und Kandy die drittgrößte. Von der portugiesischen Kolonialherrschaft an bis gegen Ende des vergangenen Jahrhunderts war Galle der bedeutendste Hafen Ceylons. Die große Bucht, an deren Westseite die Stadt liegt, gab einen guten Ankerplatz ab. Während des Südwest-Monsuns war die Hafeneinfahrt allerdings recht gefahrvoll, so daß sich die Briten zum Ausbau des Hafens von Colombo entschlossen und damit Galle zur maritimen Bedeutungslosigkeit verdammten. Inzwischen wird nicht einmal mehr ein Prozent des srilankischen Seehandels über Galle abgewickelt.

Da die Stadt in diesem Jahrhundert so stark an Bedeutung verlor, blieb ihre Altstadt anders als die von Colombo nahezu vollständig erhalten. Sie ist noch immer von der alten holländischen Stadtmauer umgeben; das Straßennetz mutet europäisch an. Besser als in Galle wird man kaum nacherleben können, wie die Kolonialherren des 17.–19. Jahrhunderts ihre Städte bauten. Darum ist der Ort ein bedeutendes Ausflugsziel für alle Badeurlauber an der Südwest- und Südküste. Für eine Stadtbesichtigung sollte man sich mindestens einen halben Tag Zeit nehmen. Dann mag man das nostalgische Flair genießen, das durch die Gassen des auch Fort genannten Altstadtviertels weht, hat Muße, die Bastionen der Mauer abzulaufen, auf denen Ziegen grasen und Hühner picken, kann sich beim Blick aufs Meer leicht die alte Zeit der Segelschiffe bildhaft vorstellen. Geht man dann an der Ostseite der Halbinsel, auf dem das eigentliche Fort liegt, in die Neustadt zurück, erblickt man ein skurriles Zeichen der Modernisierung des Landes: Die Katamarane der Fischer von Galle sind schon alle mit Außenbordmotoren bestückt. Die Neustadt selbst, auch Pettah oder Kaluwella (Stadt der Dunkelhäutigen) genannt, bietet keine großen Sehenswürdigkeiten, ist aber ob ihrer urbanen Betriebsamkeit zumindest für all die einen Bummel wert, die keinen Tag in Coombo verbringen wollen.

Geschichte: Als die Portugiesen 1587 diese Bucht in Besitz nahmen, gab es hier bereits eine kleine Siedlung namens »Gala«, was auf singhalesisch »Fels« bedeutet. Die Portugiesen machten aus dem Wort »gallo« (Hahn) und setzten deshalb auch den Hahn in das Wappen der von ihnen gegründeten Stadt. Sie bauten ein erstes, kleineres Fort, das der holländischen Belagerung durch 12 Schiffe und 2000 Mann im Jahre 1640 aber nur vier Tage standhalten konnte. Die Holländer legten in den nächsten 150 Jahren die Altstadt von Galle an, die sie dann 1797 kampflos den Briten überließen. Heute ist Galle vor allem Handels- und Verwaltungsstadt; weitere Arbeitsplätze schaffen zahlreiche Schulen, der Hafen und eine Zementfabrik.

Karte → Klappe hinten außen

Auskunft
Da es in Galle kein offizielles Auskunftsbüro des Tourist Boards oder lokaler Behörden gibt, wende man sich mit wichtigen Fragen an die Rezeption des Hotels New Oriental direkt in der Altstadt (→ Der gute Tip S. 81).

Essen und Trinken
Restaurants des Hotels New Oriental (→ Der gute Tip S. 81) und des Hotels Closenberg (→ Der gute Tip S. 88).

Hotels und andere Unterkünfte
Closenberg → Der gute Tip S. 88
New Oriental → Der gute Tip S. 81

Der gute Tip von MERIAN

New Oriental Trotz des Namens ist es eines der ältesten Hotels der Insel. Für Nostalgiker und Romantiker ein »Muß« (→ S. 81).

In der Umgebung von Galle:

Buddha-Statue von Wewurukannala bei Dikwella Die größte moderne Buddha-Statue wurde 1970 errichtet. Von der Rückwand des fünfzig Meter hohen Monuments hat man einen schönen Ausblick auf die umliegenden Reisfelder (→ S. 108).

Hotel Closenberg 1858 erbaut, hat das Haus über die Jahrzehnte hinweg seine koloniale Atmosphäre bewahrt (→ S. 88).

Holzmasken aus Ambalangoda Ein kleines Privatmuseum in Ambalangola zeigt die schönsten Stücke der Maskenschnitzer zwischen Colombo und Galle; hier können Sie sich auch eine eigene Maske anfertigen lassen (→ S. 70).

Kataragama-Fest Buddhisten, Hindus und Moslems feiern einträchtig 14 Tage lang ein Fest zur Überwindung des Bösen durch das Gute. In vollkommenem Trancezustand kasteien sich die Büßer, ohne daß ein Tropfen Blut fließt (→ S. 105).

Zum Rice & Curry in die Rasthäuser Gute ceylonesische Gerichte, insbesondere Rice & Curry, sollten Sie hier probieren (→ S. 75).

Toddy-Gewinnung an der Westküste Der Arrak, ein köstlicher Palmwein, wird auf der Insel hergestellt. An der Straße, die an der Westküste Sri Lankas entlangführt, gibt es Arrakbrennereien, die Sie besichtigen können (→ S. 58).

Hotel Triton in Ahungalla Ein Hotel der Superlative – es hat den größten Swimmingpool der Insel und ist wohl auch eines der teuersten. Dafür bürgt es aber für einen geruhsamen Urlaub mit jedem erdenklichen Komfort (→ S. 89).

Unawatuna Im Süden Sri Lankas gelegen, bietet dieses Dorf Individualtouristen Urlaubsfreuden in einfachen Strohhütten direkt am palmengesäumten Strand. Luxusliebhaber können es sich freilich in einem der Hotels bequem machen (→ S. 56).

Die Villa bei Bentota In der privaten Atmosphäre dieses Hotels kann man sich herrlich entspannen. Stammgäste der »Villa« versichern, daß die Eisenbahn, die durch den Palmengarten fährt, nicht stört (→ S. 90).

Öffentliche Verkehrsmittel
Eisenbahn- und Busbahnhof liegen beide an der Nordseite der Esplanade, die Alt- und Neustadt voneinander trennt.

Bahn: Etwa 10 Züge täglich nach Colombo, 3 Züge täglich nach Matara. *Bus:* Buslinie 2 nach Colombo und Matara tagsüber alle 15–20 Minuten, nachts stündlich (120 km). Mehrmals täglich Busse nach Ratnapura und Kataragama.

Sehenswürdigkeiten

Esplanade Neu- und Altstadt wurden im letzten Jahrhundert noch durch einen Festungsgraben voneinander getrennt, den die Briten dann zuschütten ließen. So entstand ein Wall, die Esplanade. Der westliche Teil gehört noch zum Victoria Park und ist durch die sogenannte »Butterfly Bridge« (Schmetterlingsbrücke) mit der eigentlichen Esplanade verbunden. Reizvoll ist die Esplanade vor allem an Wochenenden, wenn die Einheimischen hier flanieren und fliegende Händler ein paar Rupien zu verdienen versuchen.

Groote Kerk Im Jahre 1754 wurde diese Kirche von der Frau eines holländischen Garnisonskommandanten zum Dank für die Geburt eines langersehnten Sohnes gestiftet. Während der britischen Kolonialherrschaft wurde die Kirche anglikanisch. Zahlreiche historische Grabsteine und Wappen.

Church Street (neben dem New Oriental Hotel)

Leuchtturm und Bastionen Vom alten Leuchtturm aus hat man den schönsten Blick auf die Bastionen und Dächer der Altstadt. Er steht an der Südspitze der Halbinsel, auf der die Altstadt liegt. Der Leuchtturmwärter ist meist anwesend und begleitet Besucher hinauf; Trinkgeld wird erwartet.

Sri Kathiresan Kovil Einzige Sehenswürdigkeit in der Neustadt ist dieser Hindu-Tempel, 1790 erbaut und mit Wandmalereien geschmückt, die Begebenheiten aus dem Epos Ramayana erzählen.
Colombo Road
Tgl. 6–20.30 Uhr

Stadttore Zwei alte Tore führen in die Altstadt: nämlich das von den Briten 1873 errichtete New Gate und das noch aus holländischer Zeit stammende Old Gate. An der Innenseite des Alten Tores sehen Sie das Wappen der »Vereenigde Oost-Indische Compagnie« mit dem Hahn von Galle darüber. Als Erbauungsjahr ist in römischen Ziffern 1669 angegeben.

Souvenirs

Wohl noch aus der portugiesischen Kolonialzeit stammt die Kunst der Spitzenklöppelei, für die Galle bekannt ist. Straßenhändler bieten außerdem handgeschnitzte Katamaran-Modelle an.

Ziele in der Umgebung

Ambalangoda Das Dorf der Maskenschnitzer (→ Der gute Tip S. 70) ist auch ein guter Ausgangspunkt für einen Spaziergang auf der Küstenstraße, vielleicht bis hin zum 13 km entfernt gelegenen Hikkaduwa. Unterwegs bekommt man so allerlei vom Leben der einfachen Srilanker mit: Schmiede in ihren unglaublich einfachen Werkstätten, Seiler bei der Arbeit, die Kalkbrennereien, in denen verbotenerweise Korallenkalk hergestellt wird, Ochsenkarren, kleine Lädchen, an denen es auch erfrischende Getränke gibt und vieles mehr. Einen Besuch wert ist auch das Resthouse von Ambalangoda, das in Zentrumsnähe etwas erhöht direkt am Meer steht – von hier aus kann man gut den Fischern zuschauen.

Ambalangoda Resthouse
Tel 09/299
12 Zi (ohne Klimaanlage)
3. Kategorie
Lage: 85 km südlich von Colombo und 21 km nordwestlich von Galle an der A 2 von Colombo nach Galle.

Ambalantota Kurz vor der Brücke über den Walawe-Fluß liegt das buddhistische Kloster Girihandu Vi-

hara mit einer alten Dagoba. Außergewöhnlich ist das 30 mal 30 cm große Relief, das der Maha Thera dort verwahrt. Es zeigt den Abschied Buddhas vom weltlichen Leben. In seiner Art ist es einzigartig auf Sri Lanka und stammt wahrscheinlich aus Indien.
Lage: An der A 2 von Galle nach Hambantota, 109 km östlich von Galle.

Buduruvagala Mitten in der Wildnis stehen hier die bedeutendsten Kunstzeugnisse des Mahayana-Buddhismus auf Sri Lanka. Es handelt sich um sieben aus dem Fels gehauene Kolossalfiguren im Hochrelief. Sie sind in zwei Dreiergruppen rechts und links des zentralen, 15 m hohen Buddha angeordnet. Die mittlere Figur beider Gruppen, etwa 7 m hoch, stellt Boddhisattvas dar; Erleuchtete also, die ins Nirwana eingehen könnten, aber darauf noch verzichten, um anderen auf ihrem Weg zur Erleuchtung beizustehen. Datiert wird die Gruppe ins 8. oder 9. Jh.
Lage: 4 km westlich der A 2, von der man im gleichnamigen Dorf abzweigen muß (4 km schlechte Straße); bei km 312 der A 2 von Hambantota nach Wellawaya.

Dondra Das Dorf besitzt einen großen, modernen buddhistischen Klosterkomplex, die Dewundara Vihara. Ende Juli/Anfang August wird hier alljährlich eine prunkvolle, einwöchige Perahera begangen. In der übrigen Zeit des Jahres lohnt der Leuchtturm am Dondra Head, der Südspitze Sri Lankas, einen kurzen Besuch. Bis zur 8300 km entfernten Antarktis hat man hier nur Wasser vor sich. Der Leuchtturm wurde 1889 erbaut und ist 52 m hoch.
Lage: Dondra liegt an der A 2 von Galle nach Hambantota, 53 km östlich von Galle.

Hambantota Die 8000 Einwohner zählende Stadt erlangte während der britischen Kolonialzeit Bedeutung, weil sie ganz in der Nähe ausgedehnter Salinen liegt, in denen heute noch jährlich 24000 t Salz gewonnen werden, also 15 Prozent der gesamten srilankischen Salzproduktion. Die Briten bauten auf dem Kap, auf dem heute das *Resthouse* steht, ein Fort, von dem noch spärliche Reste zu sehen sind. Sie holten zahlreiche Malaien ins Land, die Hambantota ihr Gepräge geben. Ihre Boote, die Sampans, gaben dem Ort seinen Namen. Ihrem Glauben bleiben die Malaien treu, wie die Moscheen der Gegend belegen, ihre Sprache aber vergaßen sie zugunsten des Tamilischen. Besonders schön ist der Blick vom Resthouse über die Stadt, die sanft geschwungene Bucht, an deren Strand Dutzende von Fischerbooten liegen, und auf die Salinen, die Sanddünen und die Palmyra-Palmen, die diese Landschaft prägen. Etwas abseits, ziemlich vereinsamt, liegt das neuere *Peacock Beach Hotel.*

Peacock Beach Hotel
Galwala bei Hambantota
Tel. 047/20377
79 Zi (mit Klimaanlage)
2. Kategorie, Suiten 1. Kategorie
Resthouse
Tel. 0472/299
15 Zi (ohne Klimaanlage)
3. Kategorie
Restaurant: 2. Kategorie

Hikkaduwa Neben Negombo und Beruwala ist Hikkaduwa der größte Badeort Sri Lankas und ist daher auch recht touristisch. Sein Charakter jedoch ist einzigartig. Nicht Hotels, sondern viele kleine Pensionen prägen das Bild des Ortes. Die prachtvollen Korallengärten sind auf jeden Fall einen Besuch wert. Zahlreiche Souvenirstände, die luftige Kleidung im »Hippie-Stil« anbieten, säumen über einen Kilometer die Hauptstraße (A 2). Die vielen einfachen Restaurants des Ortes haben sich auf den europäischen Geschmack eingestellt und bieten verschiedene Curries an, die mit dem Originalgericht kaum noch etwas zu tun haben. Jüngeres Publikum überwiegt, und so ist denn auch das Leihfahrrad (20–30 Rps./Tag) ein beliebtes Verkehrsmittel in Hikkaduwa. Sehenswürdigkeiten gibt es außer den Korallen nicht, ausgenommen vielleicht das 1911 von einem deutschen Buddhisten gegründete Kloster »Island Hermitage« auf einer Insel im 5 km entfernten Ratgama-Fluß. Zu Bootsausflügen kann man sich mit den Fischern an der Flußmündung verabreden.

Einige Beispiele aus dem reichhaltigen Unterkunftsangebot:

Coral Gardens
Main Road
Tel. 09/30 23 und 21 89
156 Zi (mit Klimaanlage)
2. Kategorie

Coral Sands
326, Galle Road
Tel. 09/224 36
50 Zi
3. Kategorie

Seaside Inn
Patuwata
Tel. 09/234 13
12 Zi
3. Kategorie

Kataragama Kataragama ist alljährlich im Sommer Schauplatz eines der größten religiösen Feste der Insel (→ Der gute Tip S. 105). Darum ist der heilige Bezirk so weitläufig und wirkt in der übrigen Zeit so leer. Ein Besuch lohnt aber jederzeit.

Am großen Vorplatz gleich hinter der Flußbrücke stehen ein islamisches und ein buddhistisches Heiligtum sowie das kleine, moderne Archäologische Museum.

Es folgt der große Zentralhof mit zahlreichen Hindu-Schreinen, deren vier wichtigste nebeneinanderstehen und (von links nach rechts) der Gemahlin Shivas, dem vor allem im Teeland von Tamilen hochverehrten Dedimunda, dem Beschützer des Adam's Peak und der Insel Saman sowie Sunjan, dem Gott der Rache und Strafe, geweiht sind. Auf der anderen Seite des Zentralhofs betritt man eine weitläufige Parkanlage, deren Mittelpunkt die Dagoba Kiri Vihara bildet, in deren Reliquienschrein das Rasiermesser Buddhas verwahrt wird.

Unterkünfte für Touristen gibt es in Kataragama nicht. Die meisten Pilger schlafen in Herbergen, die viele Behörden und Firmen für ihre Mitarbeiter unterhalten. Die nächstgelegenen Hotels stehen in Tissamaharama und Wirawila, müssen während der Festzeit aber lange im voraus reserviert werden.

Archäologisches Museum
Tgl. außer Di 8–20 Uhr
Eintritt frei

Heiliger Bezirk
Tgl. 4–21 Uhr, hinduistische Poyas 4.30, 10.30 und 18.30 Uhr
Lage: 17 km nördlich von Tissamaharama, 152 km östlich von Galle.

Matara Lebendige Marktstadt mit 40 000 Einwohnern, neue Universität (Ruhunu-Universität) 4 km östlich des Ortes. An der A 2 im Zentrum steht noch eine alte Markthalle aus holländischer Zeit, am Meer 300 m vom Zentrum entfernt liegen die Reste von zwei holländischen Forts. Dort findet sich auch ein gutes, kleines Resthouse, in dessen Garten oft Kühe weiden – ländliche Idylle. Rund um Matara wird Zitronellagras angebaut. Das Öl der Zitronella hilft gegen Insektenstiche.

Matara Resthouse

Tel. 04 15/22 99
13 Zi (ohne Klimaanlage)
3. Kategorie
Lage: Endstation der Bahnlinie von Colombo her, an der A 2 42 km östlich von Galle.

Tangalle Kleinstadt mit schönen Stränden, lebhaftem Markttreiben und emsigem Fischereihafen. Stützpunkt der srilankischen Marine. Ganz in der Nähe (bei Meilenstein

117 von der A 2 zum Meer hin abzweigen) zeigen Einheimische während der Monsunzeit den »Geysir von Hummane«. Es ist freilich kein echter Geysir; vielmehr drückt hier die Brandung Wasser in einen unterirdischen Felsgang, aus dem es durch eine kleine Öffnung mit bis zu 20 m hohem Strahl wieder entweicht. Ein merkwürdiges Gebäude ist das teure *Tangalle Bay Hotel.* Der Architekt hat es wie ein Schiff konzipiert, mit Zimmern, die wie Kajüten aussehen sollen – eine nicht besonders gelungene Spielerei, die als Unterkunft nicht empfehlenswert ist. Gut ist dagegen das Restaurant dieses Hotel-Dampfers, wo es sehr leckere Seafood-Gerichte gibt. Wer in der kleinen Stadt übernachten möchte, dem sei *Namal Gardens Beach Hotel* empfohlen. Das Haus wurde im Dezember 1983 eröffnet, ein familiäres Kleinhotel, direkt am Strand gelegen, mit Blick auf den Fischereihafen, gedeckte Terrasse vor allen Zimmern.

Namal Gardens Beach Hotel
Medaketiya Road
10 Zi (ohne Klimaanlage)
Hotel: 3. Kategorie
Restaurant: 3. Kategorie
Lage: An der A 2.
Tangalle Bay Hotel
Tel. 01/43 47 82
3. Kategorie

Tissamaharama   Der meist kurz »Tissa« genannte Ort war vom 3. Jh. v. Chr. bis ins 13. Jh. hinein die Residenz der von den jeweiligen Königen in Anuradhapura und Polonnaruwa mehr oder minder unabhängigen Fürsten von Ruhunu. Eine große Rolle spielte der Ort als Refugium der singhalesischen Könige in Zeiten tamilischer Eroberungszüge. Hier konnten sie neue Armeen aufstellen für die Rückeroberung Zentrallankas. Seit dem 13. Jh. verfielen die bereits angefertigten Bewässerungsanlagen, der Dschungel überwucherte viele Reisfelder. Seit der Restaurie-

rung mehrerer Stauseen in diesem Jahrhundert gedeiht Tissa wieder – und ist heute ein wichtiges Touristenzentrum für Ausflüge nach Kataragama und in den Yala-Nationalpark.

Sehenswert sind in Tissa selbst mehrere Dagobas, die von vergangener Bedeutung zeugen: die große weiße, die Landschaft beherrschende, oftmals veränderte Tissamaharama-Dagoba aus dem 2. Jh. v. Chr. und die Sandagiri-Dagoba an der Straße nach Kirinda, die Yatala-Dagoba aus dem 2. Jh. v. Chr. und die Menik-Dagoba an der Straße nach Hambantota sowie die monolithischen Säulen eines antiken Palastes, die zwischen den beiden letztgenannten Dagobas stehen. Übernachten kann man in dem großzügigen modernen *Resthouse* im Ortszentrum am Ufer eines der Stauseen.

Resthouse
Kataragama Road
Tel. 047/372 99
62 Zi (10 mit Klimaanlage)
3. Kategorie
Jeepvermietung: Im Resthouse können Jeeps für Ausflüge an den Rand des Nationalparks gemietet werden.
850 Rps./Jeep/$\frac{1}{2}$ Tag, 1600 Rps. für den ganzen Tag. Platz haben 3 bis 4 Personen
Lage: 150 km östlich von Galle, zu erreichen über die A 2, Abzweigung nach Tissamaharama kurz vor und hinter Wirawila (beschildert).

Unawatuna → Der gute Tip S. 56

Weherahena   Moderner buddhistischer Wallfahrtsort mit riesiger, 1909 begonnener und immer noch nicht fertiggestellter Tempelanlage, deren besondere Attraktion die 39 m hohe Buddha-Statue ist. Die in grellen Farben bemalte Statue erhebt sich am Ende eines weiträumigen Platzes mit Wasserbecken, der das Dach eines aus dem Felsen gearbeiteten, weitläufigen Tempels ist. Die Innenwände dieses Tempels sind über und über mit Wandmalereien geschmückt, die in der Art von Comics aus dem Leben des Gautama Buddha erzählen.

Lage: 2,5 km außerhalb von Matara.

Weligama Im ganzen Küstengebiet des Städtchens Weligama (20 000 Einwohner) stehen Pfähle im Wasser, auf denen manchmal nur mit einem Lendenschurz bekleidete Männer hocken und angeln. Diese Pfahlfischer haben die etwa 4–6 m langen Pfähle in den hier steil abfallenden Meeresgrund gerammt und an ihren aus dem Wasser ragenden Enden zwei oder drei kurze Hölzer zu einem seitlich abstehenden Dreieck zusammengebunden, von dem aus sie nun, mit Krabben an der Leine, den Fischen nachstellen.

Vor der Küste von Weligama liegt ein kleines Inselchen, das in den 20er Jahren einem englischen Grafen gehörte, der sich dort ein Haus baute. Heute ist es nur noch ein Fotomotiv, die Insel ist unbewohnt.

Kunstfreunde finden in Weligama eine etwa 4 m hohe, aus dem Fels gehauene Kolossalstatue eines Boddhisattvas aus dem 10. Jh. Im Volksmund wird sie Kustaraja (= Leprakönig) genannt. Die Legende erzählt, es sei ein indischer Herrscher gewesen, der an Lepra erkrankte und hier in Lanka durch Kokosnüsse von seinem Leiden geheilt wurde. Die Statue findet man, wenn man am westlichen Ortsrand von Weligama von der Küste abbiegt; sie steht gleich links hinter dem zweiten Bahnübergang. (Ständig zugänglich, kein Eintritt.) Zur Übernachtung können wir das Hotel *Weligama Bay Inn* empfehlen, ein älteres Haus mit einem Anbau, an der Landseite der Küstenstraße gelegen.

Weligama Bay Inn

(An der A 2)

Tel. 04 15/299

Telex 21196 HOTELCO CE

12 Zi (ohne Klimaanlage)

3. Kategorie

Restaurant: 3. Kategorie

Lage: An der A 2 und der Bahnlinie von Galle nach Matara, 24 km östlich von Galle.

Wewurukannala-Tempel → Der gute Tip S. 108

Wirawila Kleiner Ort am gleichnamigen Stausee, der für seinen Vogelreichtum bekannt ist. Ausgangspunkt für Fahrten nach Kataragama und in den Yala-Nationalpark.

Yala-Nationalpark Rund 1100 qkm großer, bereits 1938 erklärter Nationalpark, der insbesondere für seine Elefanten bekannt ist. Nur kleine Teile des Parks dürfen besucht werden – und auch das nur im offiziellen Kleinbus der Parkverwaltung. Andere Fahrzeuge haben keinen Einlaß in den Nationalpark. Hotels → Der gute Tip S. 85

Man sollte schon um 6 Uhr am Parktor starten. Die Nachmittagstour beginnt um 15 Uhr und dauert drei Stunden.

Jeepmiete: 850 Rps. für den halben Tag und 1600 Rps. für den ganzen Tag

Eintritt: 50 Rps. pro Person

Jaffna

Mit 120 000 Einwohnern ist Jaffna nach Colombo die zweitgrößte Stadt Sri Lankas. Sie liegt auf einer trockenen Halbinsel, die nicht durch Stauseen und Kanäle, sondern nur mit Brunnenwasser bewässert werden kann. Zwei schmale Isthmen verbinden die Halbinsel mit der übrigen Insel. Von der sonst tropischen Üppigkeit Ceylons ist hier kaum etwas zu spüren. Die für Sri Lanka so ty-

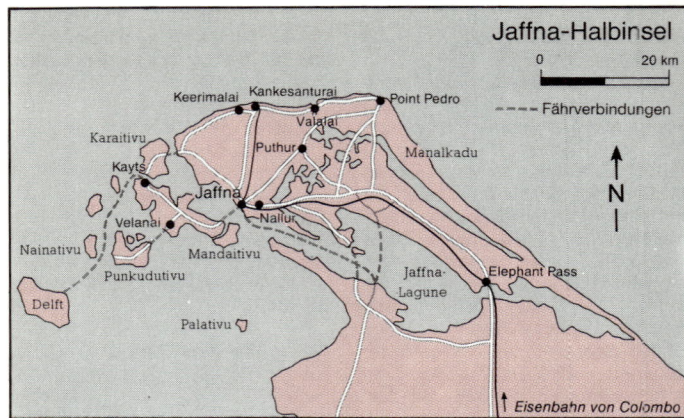

pische Hügellandschaft weicht hier flachem Land und unzähligen Lagunen. An die Stelle der dichten Kokoshaine treten wüstenhaft erscheinende Palmyra-Palmen.

Aber nicht nur landschaftlich, auch kulturell unterscheidet sich die Jaffna-Halbinsel vom übrigen Land. Rund zwei Drittel ihrer Bewohner sind alteingesessene hinduistische Tamilen, ein weiteres Viertel tamilische Christen. Hinzu kommen fast zehn Prozent ebenfalls tamilisch sprechende Muslime, so daß singhalesische Buddhisten in dieser Region wahrhaftig in der Diaspora leben. Kein Wunder also, daß Jaffna zur Hauptstadt des Kampfes um einen unabhängigen Tamilenstaat auf der Insel geworden ist – und deswegen schon seit 1983 kaum noch von Touristen besucht werden kann. Statt dessen kommen immer mehr Flüchtlinge aus den zwischen Terroristen und singhalesischem Militär umkämpften Gebieten, um in ihrer Hauptstadt Schutz zu finden. Die Halbinsel, mit über einer Million Menschen und über tausend Einwohnern pro Quadratkilometer ohnehin schon übervölkert, dürfte am Rande ihrer Aufnahmekapazität angelangt sein.

Geschichte: Gegründet wurde Jaffna im 12. Jahrhundert. Ein Jahrhundert später war es für kurze Zeit Hauptstadt eines unabhängigen Königreichs, im 14. Jahrhundert aber bereits wieder nur eine Provinzstadt im tamilischen Reich der Aryacakravartis, die ihre Hauptstadt im heutigen Vorort Nallur hatten. Die portugiesischen Eroberer zeigten zunächst wenig Interesse am kargen Norden, der ihnen weder Schätze noch gute Häfen bieten konnte. Sie setzten darum dem tamilischen Widerstand gegen die Europäer nur wenig entgegen und eroberten Jaffna schließlich erst zu Beginn des 17. Jahrhunderts, also über hundert Jahre später als beispielsweise Colombo und Galle. Im Jahre 1620 entsagte der letzte tamilische Herrscher seinem Thron. Später wurde Jaffna wie das übrige Ceylon zunächst holländisch, dann britisch.

 Hotels und andere Unterkünfte
(Wir nennen keine Preise, da das Gebiet zur Zeit der Recherchen wegen der Unruhen nicht zu bereisen war.)

Ashok Hotel
3, Clock Tower Road
Tel. 021/242 46 und 243 36
32 Zi (mit Klimaanlage)

Yarl Beach Inn
139, Beach Road
Tel. 021/240 49
10 Zi
(ohne Klimaanlage)

Museum
Archäologisches Museum Volkskundliche Sammlung aus dem 19. Jh., Funde aus Kantarodai, chinesisches Porzellan aus dem 7. bis 10. Jh.
First Cross Road

Sehenswürdigkeiten
Fort Es galt als die am besten erhaltene holländische Festung in ganz Asien. Die Anlage zeugt vom kolonialistisch-militärischen Stil der Holländer, die das Fort im Jahre 1792 fertigstellten. Leider wurde die am Hafen gelegene, sternförmig angelegte Festung während des Bürgerkrieges der letzten Jahre schwer beschädigt.

Kandaswamy Kovil Wichtigster Tempel im Stadtteil Nallur mit langer Tradition. Von den Portugiesen zerstört, Anfang des 19. Jh. wieder aufgebaut. Geweiht dem Kriegsgott Skanda, der auch in Kataragama verehrt wird. Wie dort findet hier jedes Jahr im Juli und August ein fast einen Monat lang währendes Fest statt, bei dem sich viele Gläubige kasteien. Zutritt für Männer nur mit nacktem Oberkörper.
Point Pedro Street, Nallur.

Ziele in der Umgebung

Delft Äußerste der der Jaffna-Halbinsel vorgelagerten Inseln. Besondere Attraktion sind die wilden Pferde von Delft, Nachkommen einer von den Portugiesen hier einst eingerichteten Zucht. Das Fort aus portugiesischer Zeit ist noch erhalten, hier kann man am »Castle Beach« übrigens auch gut baden.
Überfahrt: Etwa 2 Std. von Karikadduwan auf der über Dämme erreichbaren Insel Punkudutivu aus.

Elephant Pass Furt zwischen der Hauptinsel und der Jaffna-Halbinsel. Früher transportierten die Elefanten hier die Lasten hinüber. Heute bilden Eisenbahn- und Straßendamm die einzige ganzjährig passierbare Verbindung. Im Gebiet um den Elephant Pass, das mit nur 60 – 120 cm Niederschlag pro Jahr zu den trockensten Sri Lankas gehört, liegen die ergiebigsten Salinen des Landes.
Lage: 57 km südöstlich von Jaffna.

Kantadorai Einzige archäologisch interessante Stätte der Jaffna-Halbinsel. In den 60er Jahren wurden hier rund 100 gemauerte Votiv-Dagobas von etwa 5 m Höhe entdeckt, die aus der Zeit um die christliche Zeitenwende stammen sollen. Sie belegen, daß der Budchismus einst auch hier im Norden Lankas heimisch war. Außerdem fand man zahlreiche Münzen, die jetzt im Museum von Jaffna ausgestellt sind.
Lage: 16 km nördlich von Jaffna bei Chunnakam.

Karaitivu Der Jaffna-Halbinsel westlich vorgelagerte Insel. Der schöne Badestrand Casuarina Beach ist durch einen 3 km langen Damm mit dem Festland verbunden.

Kayts Ebenfalls westlich der Jaffna-Halbinsel gelegene Insel mit den Resten des portugiesischen Eyrie Forts. Kirchen prägen das landschaftliche Bild, denn auf der Insel leben überwiegend Christen. Vom Ort Kayts aus kann man übersetzen zum Fort Hammenhiel aus niederländischer Zeit, das auf einer Sandbank in der Meerenge zwischen den Inseln Kayts und Karaitivu liegt.
Lage: Kayts ist durch einen Damm direkt mit der Stadt Jaffna verbunden.

Keerimalai Dorf an der Nordküste der Jaffna-Halbinsel mit dem alten Hindu-Tempel Nagilesa Kovil und einem natürlichen Süßwasserschwimmbecken direkt am Meer, dessen Wasser als heilkräftig gilt.

Mannar Der etwa 15000 Einwohner zählende Ort liegt am Ostende der gleichnamigen, flachen Insel, die sich in der »Adam's Bridge« fortsetzt. Diese stellt die Verbindung zum indischen Subkontinent her. Sehenswert sind die tausendjährigen Baobab-Bäume sowie die spärlichen Reste eines holländischen Forts. In einem Teil des Ortes leben sogenannte »Canarians«, Nachkommen einstmals hier gestrandeter kanarischer Seeleute. Bis zur Mitte unseres Jahrhunderts war Mannar für seine schönen Perlen bekannt. Die Perlenbänke zogen sich hin bis zum Dorf Arippi, im Süden der Insel. Doch die billigen Zuchtperlen bereiteten der Perlenfischerei in den 60er Jahren ein Ende.
Lage: An der A14 nach Talaimannar, 319 km nördlich von Colombo, 220 km südlich von Jaffna.

Nainativu Pilgerinsel für Hindus und Buddhisten westlich der Jaffna-Halbinsel. Eine Dagoba kennzeichnet den Ort, wo Buddha vor 25 Jahrhunderten – vielleicht sogar erstmals – auf ceylonesischem Boden gepredigt haben soll. Wenige Meter nördlich davon steht ein hinduistischer Shiva-Tempel mit prächtigem Tempelwagen, der im Mittelpunkt der Prozessionen im Juni und Juli steht. Im Tempel wird ein Inschriftenstein verwahrt, der ein königliches Edikt aus dem 12. Jh. trägt, das die Behandlung von Strandgut und Schiffswracks regelt.
Verbindung: Stündlicher Bootsverkehr von dem Ort Kurikativu aus, der auf der durch einen Damm mit dem Festland verbundenen Insel Punkudutivu liegt.

Point Pedro Fischerdorf und nördlichster Hafen Sri Lankas. Südöstlich des Dorfes beginnt die Sandwüste von Manalhadu, scherzhaft die »Sahara Ceylons« genannt.
Lage: 35 km nordöstlich von Jaffna.

Talaimannar Bis zum Ausbruch der schweren Unruhen Mitte der 80er Jahre bedeutend für den Fährverkehr nach Indien.
Lage: Am Endpunkt der Bahnlinie von Colombo und der A 14, 351 km nördlich von Colombo und 248 km südlich von Jaffna.

Tolagatty Christliche Mönche leben hier und betreiben den einzigen Weinkeller Sri Lankas. Der von ihnen produzierte Wein ist süß und stark. Bis 1983 war er in Jaffna erhältlich.
Lage: Beim Dorf Achchuveli, 13 km nordöstlich von Jaffna.

Kandy

Colombo ist die Hauptstadt des modernen Vielvölkerstaates Sri Lanka, Jaffna die Hauptstadt des tamilischen Nordens. In Kandy schlägt das Herz des singhalesischen Nationalismus. Hier regierten die letzten Könige der Insel, hier steht die bedeutendste Universität des Staates, hier befindet sich mit dem Zahntempel der heiligste Schrein der singhalesischen Buddhisten (→ Der gute Tip S. 101). Er ist ein Symbol des nationalen Selbstbewußtseins: Kein neugewählter Präsident, Parteiführer und sonstiger Würdenträger würde es je versäumen, nach seinem Amtsantritt möglichst unverzüglich Kandy und dem Zahntempel einen Besuch abzustatten.

Geographisch liegt Kandy eher im Mittelpunkt der Insel als die Küstenstädte Colombo und Jaffna. Landschaftlich ist es weitaus reizvoller. »Ich glaube, dies muß der schönste Fleck der Welt sein. Ich weiß nicht, wo da irgendein schönerer sein könnte«, schrieb einmal im Jahre 1883 ein amerikanischer Geistlicher – und dieser Meinung schließen sich viele Srilanker und Touristen an. Kandy liegt 490 Meter hoch inmitten bewaldeter Hügel an einem kleinen, künstlichen See und vermittelt trotz seiner 105000 Einwohner nie den Eindruck einer ausufernden Metropole. Vom dichten Verkehr einmal abgesehen, wirkt es eher wie eine europäische Stadt im Mittelgebirge. Einen fremdartigen Tupfer setzen freilich die vielen Tempel im Stadtbild, die das ganze Jahr über eifrig von Pilgern frequentiert werden. Darauf sind die Einheimischen ebenso stolz wie auf das hohe Bildungsniveau, das den Bürgern der Stadt allgemein nachgesagt wird. Um die Sehenswürdigkeiten und die Atmosphäre der Stadt kennen und schätzen zu lernen, sollte man sich mindestens einen vollen, besser noch zwei Tage Zeit nehmen und sich vor allen Dingen mehr anschauen als nur den Zahntempel und die Kandy-Tänze.

Geschichte: Kandy ist eine relativ junge Stadt, erstmals erwähnt unter dem Namen Senkadagalapura im 14. Jahrhundert. Legenden ranken sich um ihre Entstehung. Sie glorifizieren und mystifizieren der langen Widerstand des Königreichs von Kandy gegen die europäischen Kolonialmächte. So sagt man, ein frommer Einsiedler namens Senkadagala habe hier gelebt. Einst beobachtete er, so erzählen die einen, wie ein Hase sich gegen seine Jäger wandte und diese in die Flucht schlug. Die anderen sagen, es sei ein sonst doch immer siegreicher Mungo gewesen, der plötzlich entsetzt vor einer Schlange flüchtete. Wie es auch immer gewesen sein mag, der Einsiedler berichtete jedenfalls dem König von diesem Ereignis, der dessen wegweisende Bedeutung erahnte und neben der Einsiedelei einen Palast errichten ließ. Dieser König war wahrscheinlich Vikrama Bahu III. (1357–74). Seine Nachkommen schufen hier oben im Bergland das Fürstentum Sitawaka, das schon seit 1415 von Kotte, dem heutigen Vorort von Colombo, recht unabhängig war. Während die Könige von Kotte in der ersten Hälfte des 16. Jahrhunderts zu Handlangern der Portugiesen degradiert wurden, stieg das Fürstentum Sitawaka zur einzig freien singhalesischen Macht der Insel auf und wurde zum Königreich von Kandy, dem »Kanda Uda Pasrata – dem Königreich in den Bergen«. Die Portugiesen machten daraus dann den Namen Canea, aus dem schließlich Kandy wurde.

Als erster König von Kandy gilt Wimala Dharma Suriya I. (1592–1604), der das Wohlwollen der Portugiesen dadurch zu erringen hoffte, daß er eine von ihnen favorisierte Christin namens Dona Catherina heiratete. Er erbaute den ersten Zahntempel und gab damit Kandy auch die Würde einer Inselhauptstadt. Unter seinen Nachfolgern versuchten die Portugiesen mehrmals, auch Kandy in ihre Gewalt zu bekommen, doch sie wurden sowohl 1530 als auch 1638 vernichtend geschlagen. Die Könige von Kandy konnten ihren Machtbereich über große Teile des Inselinneren ausdehnen. Um die Portugiesen vollends von der Insel zu vertreiben, verbündeten sie sich mit den Holländern – und handelten sich damit neue Kolonialherren ein. Der europäische Einfluß am Hof von Kandy wuchs. Christliche Missionare waren hier zeitweise tätig, sogar christliche Minister gab es. Trotz allem blieb freilich der Buddhismus die die Monarchie tragende Staatsreligion, buddhistische Tempel und Klöster konnten sich der königlichen Gunst erfreuen. Das wurde auch nicht anders, als der letzte singhalesisch-buddhistische Herrscher starb und bald darauf ein Bruder der Königin, die aus der südindischen, hinduistischen Tamilen-Dynastie der Nayakkars stammte, den Thron bestieg. Dieser Kirti Sir Rajasinha (1747–81) wurde sogar zum stärksten Förderer einer buddhistischen Renaissance auf Ceylon und widersetzte sich am heftigsten den Europäern. Sechs Jahre lang, von 1760 bis 1766, führte er Krieg gegen die Holländer, bis er schließlich einen von ihnen diktierten Friedensvertrag annehmen mußte. In diesen Kriegsjahren hatte der König erste Kontakte zu den Briten geknüpft, weil er mit ihrer Hilfe die Holländer zu besiegen hoffte; die Briten fanden jedoch erst im Zuge ihrer Kriege mit den Franzosen im Jahre 1781 Interesse an der Insel und insbesondere an ihrem idealen Kriegshafen Trincomalee, den sie dann 1795 eroberten.

Nachdem die Briten sich überall an den Küsten festgesetzt hatten, stießen sie auch bald nach Kandy vor. Im Jahre 1815 war es dann soweit: Kandy fiel, der letzte König, Vikrama Raja Singha (1798–1815), mußte die »Konvention von Kandy« unterzeichnen und wurde dann nach Indien in die Gefangenschaft gebracht. Ganz Ceylon war jetzt britische Kronkolonie. Kandy verlor seine Rolle als Hauptstadt und entwickelte sich zu einem beliebten Erholungsort der neuen Herren.

Heute ist Kandy der südlichste Punkt des sogenannten »Kulturdreiecks« und ein Zentrum der archäologischen Aktivitäten der Unesco. Überall im Bereich des Zahntempels und anderer alter Heiligtümer sind die Forscher jetzt der Vergangenheit auf der Spur.

Karte → Umschlag hinten

Der gute Tip von MERIAN

Cultural Center   Die Kandyan Arts Association fördert das traditionelle Kunsthandwerk Sri Lankas. Hier werden qualitativ hochwertige Mitbringsel zu gerechten Preisen angeboten (→ S. 72).

Kandy-Perahera   Sri Lankas wohl prunkvollste Prozession zu Ehren des heiligen Zahns Buddhas (s. u.) findet 14 Tage lang im Juli und August statt (→ S. 103).

Laksala-Läden   Zu günstigen, staatlich kontrollierten Festpreisen kann man hier Souvenirs erwerben (→ S. 70).

Tempel des heiligen Zahns   Gesehen hat ihn noch niemand, aber kein Buddhist zweifelt an seiner Existenz: Im Tempel des heiligen Zahns wird der übergroße Zahn Buddhas als Reliquie verwahrt (→ S. 101).

In der Umgebung von Kandy:

Botanischer Garten in Paradeniya   Nicht nur für Blumenfreunde ein reizvolles Erlebnis: Im Botanischen Garten von Peradeniya wachsen über 4000 tropische Blumen und Sträucher und mehr als 10 000 Bäume (→ S. 113).

Elephant Orphanage Pinnawela   Im staatlichen Elefanten-Waisenhaus bei Kegalla kann man zahme Elefanten hautnah erleben (→ S. 62).

Der gute Tip von MERIAN

(Fortsetzung)

Gewürzgärten um Kandy Nicht nur für Köchinnen und Köche sind die Farmen interessant, wo man die Pflanzen sieht, die man sonst lediglich in getrockneter und pulverisierter Form aus Gewürzgläsern kennt (→ S. 74).

Höhlentempel von Dambulla 2000 Jahre lang arbeiteten Generationen von Mönchen daran, die fünf Höhlen von Dambulla in 340 Meter Höhe aus dem Fels zu schlagen. Reizvolle Malereien schmücken die Decken der Höhlen, in denen Hunderte von Statuen untergebracht sind (→ S. 95).

Nalanda Gedige Der neuaufgebaute Tempel von Nalanda, auf einer kleinen Insel inmitten eines Stausees gelegen, zählt zu den kunsthistorisch ältesten und bedeutendsten Bauten Sri Lankas (→ S. 97).

Teeplantagen Wer wissen will, wie Tee getrocknet, gerollt, sortiert und verpackt wird, der sollte sich die Besichtigung einer Teeplantage nicht entgehen lassen. Immerhin kann auch probiert und gekauft werden – direkt von der Quelle, sozusagen (→ S. 63).

Trekking und Rafting in tropischen Wäldern Körperlich fit und abenteuerlustig sollten Sie schon sein, wenn Sie auf einer organisierten Tour den 2233 Meter hohen Adam's Peak »bezwingen«, eine Bergwanderung durch die Knuckles (nordöstlich von Kandy) unternehmen und schließlich noch mit dem Schlauchboot dem Fluß Mahaweli Ganga folgen, das alles dann auch noch innerhalb von zehn Tagen... (→ S. 119).

Wanderung zum Adam's Peak Nur halb so anstrengend und abenteuerlich geht es zu, wenn Sie sich lediglich den Berg Adam's Peak vornehmen. Beliebtes Pilgerziel ist der Fußabdruck Buddhas: Der Fuß, der auf diesem Berg stand, maß immerhin anderthalb Meter Länge und siebzig Zentimeter Breite. Einen Aufstieg wert... (→ S. 115).

Wolkenmädchen von Sigiriya Nur etwas für Schwindelfreie ist der Aufstieg über eine Wendeltreppe zu den 17 übriggebliebenen »Wolkenmädchen von Sigiriya«. Im 5. Jahrhundert entstanden etwa 500 Wandmalereien, die alle Frauengestalten, kostbar geschmückt und barbusig, darstellten (→ S. 99).

Auskunft
Tourist Information Centre
c/o Kandyan Arts Association
Building
72, Victoria Drive
(Am Seeufer)
Tel. 08/226 61

Mo–Fr 8–16 Uhr
(mit unregelmäßiger Mittagspause)
Buddhist Publication Society
(Religiöses Informationszentrum)
54, Sangharaja Mawatha
Tel. 08/236 79
Mo–Fr 9–17 Uhr

Einkaufen
Buchhandlungen:
K. V. G. de Silva
86, Trincomalee Str.
Tel. 08/232 54
Queens Hotel
Dalada Veediya
Tgl. 8–18 Uhr
Kunsthandwerk:
Cultural Centre → Der gute Tip S. 72
Laksala → Der gute Tip S. 70

 Essen und Trinken
Bake House
Dalada Vidiya
Tgl. 8.30–20 Uhr
3. Kategorie
Devon
Dalada Vidiya
Tgl. 8–20 Uhr
3. Kategorie
Kandy City Mission Cafeteria
Einfaches Selbstbedienungsrestaurant.
125, D. S. Senanayaka Mawatha
Tgl. 7–20 Uhr
3. Kategorie
Nawa Surasa Modernes Restaurant mit europäischer und chinesischer Küche.
30, George E. de Silva Mawatha
Tel. 08/240 20
Tgl. 11.30–20.30 Uhr
2. Kategorie
Paivas
Yatinuwara Mawatha
Tgl. 8–19 Uhr
3. Kategorie

Feste
Kandy Perahera → Der gute Tip S. 103

 Hotels und andere Unterkünfte
Casamara Modernes Hotel direkt im Stadtzentrum. Von der Bar im obersten Geschoß schöner Blick über die Stadt.
12, Kotugodella Veediya
Tel. 08/240 51–53
Telex 22440 SFC CE
35 Zi (mit Klimaanlage)
3. Kategorie

Citadel Etwas außerhalb am Mahaweli gelegen, angenehme Tropenatmosphäre.
124, Srimath Kuda Ratwatte Mawatha
Tel. 08/253 14 und 25 31 15
93 Zi
2. Kategorie
Hilltop Modernes Hotel, an einem Hügel über der Stadt. Herrlicher Blick, 2 km vom Stadtzentrum, Pool.
200/21, Bahirawakanda
Perideniya Road
Tel. 08/241 62 und 239 92
Telex 21788 AIR ACE CE
57 Zi (15 mit Klimaanlage)
3. Kategorie
Hunas Falls 17 km außerhalb, schöne Lage, nette Atmosphäre.
Elkudawa
Tel. 08/764 02
28 Zi
1. Kategorie
Kandy City Mission Christliches Gästehaus mit kleinem Pool im Stadtzentrum, sehr einfach.
125, Trincomalee Str.
Tel. 08/240 04
12 Zi (ohne Klimaanlage)
3. Kategorie
Mahaweli Reach Älteres Hotel in schönem Garten am Mahaweli-Fluß, 4 km außerhalb, Pool.
34, Siyambalagastenne Road
Tel. 08/320 62 und 320 63
50 Zi (ohne Klimaanlage)
3. Kategorie
Old Empire Altes, sehr einfaches Kolonialhotel im Zentrum. Schöne Veranda.
21, Temple Str.
Tel. 08/242 84
6 Zi (ohne Klimaanlage)
3. Kategorie
Queens Fast 150 Jahre altes Kolonialhotel mit etwas verstaubter Atmosphäre. Wer nicht dort wohnt, sollte es auf jeden Fall einmal zum Teetrinken aufsuchen. Zentrale Lage.
Dalada Veediya
Tel. 08/221 21 und 221 22
100 Zi (mit und ohne Klimaanlage)
3. Kategorie

Rambukwella Walauwa Eine sehr familiäre, kleine Pension in einer alten Kolonialvilla, 5 km außerhalb gelegen.
Yatiyawala
Kurungala Road
Katugosta
2 Zi (ohne Klimaanlage)
3. Kategorie
Suisse Älteres Haus am See, wird bevorzugt von Rundreisegruppen frequentiert.
30, Sangaraja Mawatha
Tel. 08/22637
2. Kategorie
Travellers' Nest Von jungen Reisenden aus aller Welt bevorzugte Pension, 1,5 km außerhalb des Zentrums.
117/4, Dharmapala Mawatha
Tel. 08/22633
26 Zi (ohne Klimaanlage)
3. Kategorie

Markt
Kandy Municipal Central Market Große Markthalle mit reichhaltigem Angebot an Obst, Gemüsen und Gewürzen.
Hiragadera Mawatha
Mo–Sa 7–15 Uhr

Medizinische Hilfe
Apotheke:
New Kandy Dispensary
Brownrigg Str.
Tgl. 9–21 Uhr

Museen
Archäologisches Museum Eine einzige Rumpelkammer ohne jede Aussagekraft, kaum mehr als das Vestibül zu den angrenzenden Ausgrabungen und zur Audienzhalle. Wer gerne stöbert, ist hier richtig.
Palace Square
Tgl. außer Di 9–17 Uhr
Eintritt 5 US-$ oder mit dem Sammelticket des Kulturdreiecks
Nationalmuseum Volkskundliche Objekte, Kunstwerke aus der Kandy-Zeit und eine Kopie der »Konvention von Kandy«.

Tgl. außer Fr 9–17 Uhr
Erwachsene 25 Rps., Kinder 10 Rps.
Fotoerlaubnis 10 Rps.

Post und Telefon
Main Post Office
Railway Approach Road
(Am Bahnhof)
Tel. 08/22522
Für Telefonate und Telegramme rund um die Uhr geöffnet

Sehenswürdigkeiten
Audienzhalle Zwischen dem Zahn-Tempel und dem Archäologischer Museum steht – oft übersehen, obwohl bedeutendster profaner Bau der Stadt – auf dem Gelände des ehemaligen Königspalastes diese offene Halle, in der 1815 die »Konvention von Kandy« unterzeichnet wurde, mit der die Briten die Herrschaft über ganz Ceylon erlangten. Sie ist eines der besten Beispiele für die kunstvolle Holzarchitektur der Kandy-Zeit und besitzt zahlreiche, schön geschnitzte Pfeiler. Mit dem Bau wurde 1783 begonnen, hier fanden die täglichen Ratsversammlungen des Königreichs statt sowie bedeutende Gerichtsverhandlungen, hier empfing der König bei Nacht auch ausländische Gesandte. Die Briten restaurierten und veränderten die Audienzhalle anläßlich eines Besuches ihres Prince of Wales; seit 1981 wird sie im Rahmen des Unesco-Projekts »Kulturdreieck« erneut restauriert.
Zugang vom Nationalmuseum aus frei; kommt man durchs Archäologische Museum, muß man dort Eintritt zahlen.

Kataragama Devale Dies ist einer der hinduistischen Tempel, die an der buddhistischen Perahera teilhaben dürfen. Verehrt wird hier der Kriegsgott Skanda, der ja auch den Buddhisten als eine der vier Schutzgottheiten ihrer Insel gilt. Der Schrein selbst existierte schon im 16. Jahrhundert, die Bauten hingegen dürf-

ten aus dem 19. Jahrhundert stammen.
41, Kotugodella Mawatha

Katugosta Wer sonst keine Gelegenheit hat, Elefanten im Bad zu sehen oder gar auf ihnen zu reiten, nutze die Gelegenheit dazu in Katugosta, obwohl die Mahouts hier schon fast mehr am Geld der Urlauber interessiert sind als an ihren Tieren. Das ist im übrigen nicht neu: Schon der Hamburger Tierfänger John Hagenbeck beklagte sich vor 80 Jahren darüber!
Beste Besuchszeit: nachmittags bis 17 Uhr
Elefantenritt 30 Rps. (Verhandlungssache)
Lage: An der Kurunegala Road 4 km außerhalb des Zentrums am Mahaweli-Fluß.

Kiri Muhada Wewa Der See im Zentrum von Kandy, ohne den die Stadt sicherlich an Reiz einbüßen würde, ist einer Laune des letzten Königs von Kandy, Sri Vikrama Raja Singha, zu verdanken. Der allgemein als recht tyrannisch geltende Herrscher wünschte sich einen trockenen Weg durch die Sümpfe, die damals noch seinen Palast vom Kloster Malwatte Vihara trennten. Man baute ihm einen Damm, von dem das kleine Inselchen im See der letzte Überrest ist. Durch dieses Bauwerk entstand ein kleiner See, den der noble König sogleich zu schätzen wußte. Er nannte ihn »Kiri Muhada« (= Milchsee) nach dem mythischen Schöpfungsmeer der Buddhisten. Kurz darauf ließ er einen neuen Damm errichten – er begrenzt noch heute den See nach Westen – und den alten einreißen. So hatte der See bereits 1812 seine heutige Form. Auf dem Inselchen legte der König einen Pavillon an, in dem er seinen Harem unterbrachte. Ein unterirdischer Gang (heute nicht mehr zu besichtigen) verbindet die Insel mit dem Oktagon des Zahntempels.

Maha Vishnu Devale Schönster und bedeutendster Hindu-Tempel der Stadt, daher auch Maha Devale genannt. Verehrt werden hier der hinduistische Gott Vishnu und der buddhistische Gott Upulvan, oberster Schutzgott der Insel. Er gilt zugleich als Herr der Elefanten, weswegen ihm während der Perahera alle Prozessionselefanten die Ehre erweisen müssen. Besonders sehenswert sind die schöne Dachkonstruktion und der Mondstein aus der Kandy-Zeit.
Tgl. 5–21 Uhr
Lage: Raja Vidiya (schräg gegenüber vom Archäologischen Museum), 150 m vom Zahn-Tempel.

Malwatte Vihara Eins der beiden großen und bedeutendsten Klöster der Stadt (das andere ist die Asgiriya Vihara in der Cemetery Road), gegründet im 18. Jh. Der Maha Nayake Thera (seine Stellung ist mit der eines Abtes vergleichbar) dieses Klosters zählt ebenso wie der des Asgiriyaklosters zu den höchsten buddhistischen Würdenträgern der Insel. Sie verwahren mit einem Laien zusammen die Schlüssel der Zahnreliquie.
Tgl. 7–20 Uhr
Lage: Sangaraja Mawatha am Südufer des Sees.

Natha Devale Dieses hinduistisch-buddhistische Heiligtum ist das älteste Gebäude der Stadt und stammt aus dem 14. Jh. Seit 1981 sind hier Archäologen tätig. Sie legten die Fundamente eines runden Pavillons frei, in dem die Könige von Kandy ihren Amtseid ablegten.
Natha gilt als Schutzgott der Stadt und wird von den Buddhisten als ein Bodhisattva betrachtet. Darum kamen zum hinduistischen Schrein im Laufe der Jahrhunderte auch ein Statuenhaus, eine Bodhi-Baum-Terrasse und zwei kleine Dagobas hinzu, wo die Almosenschale Buddhas als Reliquie verwahrt wurde.

Besondere Beachtung verdienen die Holzsäulen in der Vorhalle des Schreins, der gerade restauriert wird.
Lage: Direkt dem Zahn-Tempel gegenüber.

Pattini Devale Meistbesuchter der vier bedeutenden Hindu-Tempel der Stadt. Die Göttin Pattini wird besonders von den singhalesischen und tamilischen Bauern verehrt, die ihr die Fähigkeit zuschreiben, Krankheiten zu heilen, Trockenheit und Hungersnöte zu beenden.

Lage: Eingang an der Deva Vidiya neben dem Kaufhaus Laksala.

Udawattakele Naturschutzgebiet hinter dem Zahn-Tempel.

Wace Park Blüten- und pflanzenreicher Park am Südufer des Sees, in dem sich immer wieder schöne Aussichten auf die Stadt eröffnen.
Eingang: Rajadinilla Mawatha
Tgl. 8–18 Uhr

Zahn-Tempel → Der gute Tip S. 101

Ziele in der Umgebung

Alu Vihara Landschaftlich schön gelegenes Kloster zwischen Granitfelsen, künstlerisch eher wertlos, jedoch von großer historischer Bedeutung. Hier versammelten sich im 1. Jh. v. Chr. über 500 buddhistische Mönche, um zusammenzutragen, was in jener Zeit als authentisches Buddha-Wort galt. Heraus kam der sogenannte »Dreikorb« (Tipitaka), sozusagen die Bibel des Theraveda-Buddhismus. 1971 wurde die Alu Vihara deswegen zum Nationalheiligtum erklärt.
Lage: An der A 9 von Kandy nach Anuradhapura, 5 km nördlich von Matale, 30 km nördlich von Kandy.

Ambanpittiya Kleines Dorf mit einer Kautschuk- und Teefabrik, die kostenlos besichtigt werden kann, am besten vormittags.
Lage: An der A 1 von Kandy nach Colombo, 42 km westlich von Kandy.

Degaldoruwa Vihara Höhlentempel aus dem 18. Jh. mit schönen Deckenmalereien, die breit ausgeschmückt historische und legendäre Ereignisse darstellen, repräsentativ für den dekorativen Kandy-Stil.
Lage: An der Straße nach Madawela, ca. 6 km vom Zentrum.

Embekke Devale Hinduistisches Heiligtum für den Kriegsgott Skanda (auch Kataragama genannt) mit zwei Säulenhallen, deren hölzerne Säulen reich beschnitzt sind.
Tgl. 5–21 Uhr
Lage: Südlich der A 1 von Kandy nach Colombo im Dorf Embekke, 12 km südwestlich von Kandy.

Gadaladeniya Vihara Buddhistische Klosteranlage mit Bauteilen aus dem 14. Jh.
Lage: Südlich der A 1 von Kandy nach Colombo, 13 km westlich von Kandy.

Hanguranketa Ausweich-Residenz des Königs Raja Singha II. (1632–87) während des Krieges gegen die Holländer. Kaum erkennbare bauliche Überreste aus jener Zeit.
Lage: 28 km südöstlich von Kandy.

Lankatilaka Vihara Landschaftlich besonders schön gelegener buddhistischer Tempel mit Pagodendach und Wandmalereien aus dem 18. Jh. im Kandy-Stil. Umgeben wird der Tempel von sechs Hindu-Schreinen.
Lage: Südlich der A 1 von Kandy nach Colombo, 15 km westlich von Kandy.

Medawala Viharaja Bereits um 100 n. Chr. wurde diese buddhistische Klosteranlage gegründet. Die Anbauten stammen aus dem 18. Jahrhundert.

Lage: An der A 10 von Kandy nach Kurunugela, 3 km nördlich von Hedeniya, 15 km nordwestlich von Kandy.

Peradeniya → Der gute Tip S. 113

Nuwara Eliya

Nuwara Eliya bedeutet auf deutsch »Stadt über den Wolken«. Sie liegt fast 100 Kilometer vom Meer entfernt zwischen 1900 und 2100 Meter hoch, höher als jede andere Stadt der Insel. Nuwara Eliya, meist nur kurz »Nurelja« genannt, ist das Versorgungszentrum für die vielen umliegenden Teeplantagen und ihre zumeist tamilischen Arbeiter. Der Ort besitzt eine große Brauerei und lebt auch vom Tourismus.

Ausländer kommen zumeist nur für einen kurzen Zwischenstopp, weil ihnen das Wetter hier oben zu mitteleuropäisch ist. Selten wird es wärmer als 25 Grad Celsius, nachts braucht man unbedingt eine warme Jacke oder gar einen Mantel; häufig fällt europäisch-kühler Nieselregen, an etlichen Tagen im Jahr versinkt Nuwara Eliya in dichtem Nebel.

Für die Menschen, die hier oben leben müssen, ist das Klima ebenso unangenehm wie für die sonnenhungrigen europäischen Touristen. Die meisten der 30 000 Bewohner der Stadt können sich nämlich keine wettergerechte Kleidung leisten. Sie laufen mit Pudelmützen auf dem Kopf, aber nackten Beinen durch die Straßen, mummen sich in Wolldecken ein, aber tragen an den strumpflosen Füßen durchlöcherte Stiefel.

Geschätzt wird Nuwara Eliya hingegen von den wohlhabenden Ceylonesen aus Colombo – und das nicht nur, weil sie hier oben für ein paar Tage der Hitze der Hauptstadt entfliehen können: Sie setzen in Nuwara Eliya auch den Stil der früheren britischen Kolonialherren fort. Man trifft sich vor allem rund ums buddhistische Neujahrsfest im April. Die Hotels sind für jenen Monat immer schon ein halbes Jahr im voraus ausgebucht. Auf dem Golfplatz wird dann die Saison eröffnet, man vergnügt sich bei Pony-, Auto- und Motorradrennen. In den Hotels mit dem Charme des letzten Jahrhunderts sitzt man abends am wärmenden Kaminfeuer oder in Abendgarderobe beim Candlelight-Dinner beisammen, spielt Darts und Billard oder liest wochenalte Ausgaben des Londoner »Daily Telegraph«.

Die Architektur der Stadt unterstreicht ihre bizarre Atmosphäre. Das Post- und Telegraphenamt, ein Bau aus Fachwerk und rotem Klinker, ist eindeutig viktorianisch, der steinerne Bau des Hill Clubs erinnert an schottische Herrenhäuser. Überall zwischen den lieblich-grünen Hügeln und dem von den Briten künstlich geschaffenen See stehen europäisch anmutende Villen in kleinen Gärten, direkt im Stadtzentrum liegt ein tropischer Englischer Park. Im Ortskern entstehen durchaus anspruchsvolle moderne Bauten, und nur noch wenige Freiflächen erinnern daran, daß hier im August 1983 singhalesische Horden, die von weither kamen, Dutzende tamilischer Wohn- und Geschäftshäuser niederbrannten.

Geschichte: Die Briten entdeckten das Hochland von Nuwara Eliya um 1800. Zunächst wurde es ein beliebtes Revier für Elefantenjagden, 1828 machte dann eine neue Straße von Kandy her dieses Gebiet für jedermann leicht zugänglich. Erholungsheime für britische Offiziere und Kolonialbeamte entstanden, der Gouverneur nahm hier seinen Sommersitz (heute haben der Staatspräsident und die srilankische Generalität hier oben Sommersitze). Im Jahre 1848 ließ sich hier der spätere Entdecker des Albert-Sees und der Nilquellen, Sir Samuel Baker, nieder und begann mit dem Anbau europäischer Gemüsesorten, die auch heute noch um Nuwara Eliya in großem Maßstab angebaut werden. Kaffee- und Kakaoplantagen wurden angelegt, die später dann Teeplantagen Platz machten. 1873 war der künstlich geschaffene Gregory-See fertig, 1875 fand in Nuwara Eliya das erste Pferderennen statt. Die Rennbahn sieht man heute noch, der ceylonesischen Wettleidenschaft wegen sind Rennen jedoch seit 1967 nicht mehr erlaubt. 1889 entstand der Golfplatz.

Der gute Tip von MERIAN

St. Andrew's in Nuwara Eliya   In Zimmern mit schönen alten Möbeln wohnen, am Kamin sitzend den Abend verstreichen lassen – im Hotel in der »Stadt in den Wolken« läßt es sich gut wohnen (→ S. 84).

In der Umgebung von Nuwara Eliya:

Botanischer Garten von Hakgala   Auf 1700 Meter Höhe gelegen, wachsen hier ganz andere Pflanzen als im Garten bei Kandy. Rosenfreunde und Liebhaber von Ziersträuchern und Lotusteichen kommen hier voll auf ihre Kosten (→ S. 113).

Fahrt auf die Horton Plains   Als das »Ende der Welt« wird sie bezeichnet, die 2000 Meter über dem Meeresspiegel liegende Ebene Horton Plains, und nur ein einziger Weg führt hinauf (→ S. 110).

Fußabdruck Buddhas am Adam's Peak   Einen Aufstieg wert ist er schon, der Fußabdruck Buddhas, maß sein Fuß demnach doch anderthalb Meter Länge und siebzig Zentimeter Breite (→ S. 115).

Safari-Hotels am Yala-Nationalpark bei Tissamaharama
Blick auf das Meer oder – mit etwas Glück – auf sich im Brackwasser tummelnde Krokodile bietet das *Yala Safari Beach Hotel.* Im *Browns Safari Beach Hotel* werden von November bis April fangfrische Meeresfrüchte serviert. Beide Hotels liegen bei Tissamaharama, von wo aus Sie Ausflüge in den Yala-Nationalpark machen können (→ S. 85).

Trekking und Rafting in tropischen Wäldern   Durch die Knuckles, ein Gebirgszug mit 1854 Metern Höhe, geht die Wandertour, bei der auf allen Komfort verzichtet wird. Danach geht's weiter mit dem Schlauchboot auf dem Mahawel Ganga – eine Tour für Abenteurer, die keine Anstrengung scheuen (→ S. 113).

Hotels und andere Unterkünfte
Grand Hotel   Einst war es das beste Hotel der Stadt, heute leidet die Atmosphäre sehr unter dem Massenbetrieb der Reisegruppen. Das Haus ist schön gelegen, am Rand des Golfplatzes, nur 500 m vom Stadtzentrum entfernt.

Grand Hotel Road
Tel. 05 22/28 81−87
114 Zi
(mit Heizung)
3. Kategorie
Hill Club Heimat des 1877 gegründeten Herrenclubs von Nuwara Eliya und heute stilvollstes der alten Kolonialhotels, das von den Gästen allerdings Anpassungsfähigkeit verlangt. Ab 19 Uhr sind für Herren Jackett und Krawatte in allen öffentlichen Räumen vorgeschrieben, im Billardsaal ist strikte Ruhe erwünscht. Seinen Drink nimmt man nach Wahl in der »Ladies Lounge« bzw. »Mens Bar« oder in der »Mixed Bar«. Gelegen am Golfplatz, etwa 400 m vom Stadtzentrum entfernt.,
Tel. 05 22/231 und 654
30 Zi (mit Heizung)
1. Kategorie
Hill Town Resthouse Entgegen seinem Namen kein Rasthaus, sondern eine Pension in einem Landhaus 4 km außerhalb der Stadt mit schönem Blick auf Sri Lankas höchsten Berg und großem Garten.
169, Kandy Road
Bambarakela
Tel. 05 22/500
10 Zi (mit Heizung)
2. Kategorie
Princess Guesthouse Einfache Pension im Stadtzentrum.
12, Wedderburn Road
Tel. 05 22/462
7 Zi
3. Kategorie
St. Andrew's → Der gute Tip S. 84

Märkte

Sonntagsmarkt: Mit großem Angebot an Früchten und Gemüse, Klei-dung und Hausratsgegenständen auf dem Marktplatz und in den Straßen des Zentrums.
Jeden Sonntagvormittag
Obst- und Gemüsemarkt: Auf dem Marktplatz im Zentrum.
Tgl. außer an Poya-Tagen 8−17 Uhr

Öffentliche Verkehrsmittel

Bahn: Bahnstation für Nuwara Eliya ist das 8 km entfernte Nanu Oya. Vom Bahnhof aus zu den Zugankünften und -abfahrten Busverbindung mit Nuwara Eliya. Züge ab und nach Colombo sowie Badulla 4mal täglich, davon 2 mit Aussichtswagen sowie 1.- und 2.-Klasse-Waggons.
Bus: Häufige Busverbindungen mit Colombo, Badulla und Kandy sowie allen Dörfern in der Umgebung.

Sehenswürdigkeiten

Sehenswürdigkeiten im üblichen Sinn besitzt Nuwara Eliya nicht. Um einen Eindruck von der Atmosphäre der Stadt zu gewinnen, sollte man außer dem Victoria Park die genannten Kolonialhotels besuchen.

Sport

Golf: 18-Loch-Golfplatz, Gäste willkommen.
Green Fee 200 Rps./Tag
Wandern: Bei gutem Wetter ist die Wanderung auf den höchsten Berg Sri Lankas, den 2524 m hohen Pidurutalagala, problemlos. Hin und zurück braucht man etwa 3$\frac{1}{2}$ Std. Der Weg beginnt beim St. Andrew's Hotel. Polizeiliche Genehmigung erforderlich, kann über die Hotelrezeption beantragt werden. Wird normalerweise sofort und ohne Umstände erteilt.

Ziele in der Umgebung

Adam's Peak → Der gute Tip S. 115

Badulla Zwischen Reisfeldern und Teeplantagen 800 m hoch in einem Talkessel. Hauptstadt der Uva-Provinz mit 35 000 Einwohnern. Ferienort der einheimischen Mittelschicht. Bester Ausgangspunkt für den Besuch der 63 m hohen Dunhinda-Wasserfälle (7 km nördlich) und für eine

Wanderung auf den 2033 m hohen Namunukulakanda, der die Kulisse des Städtchens prägt. Unterkunft:

Duhinda Falls Inn
35/11, Bandaranayaka Mawatha
Tel. 055/24 06
23 Zi (ohne Klimaanlage)
3. Kategorie
Lage: 40 km östlich von Nuwara Eliya, Endstation der Bahnlinie von Colombo und Nanu Oya her; an der A 5 von Nuwara Eliya nach Batticaloa.

Bandarawela Beliebter Ferienort der einheimischen Mittelschicht in 1200–1300 m Höhe mit vielen Hotels und Ferienhäusern.
Das *Bandarawela Hotel* ist ein etwas verschachtelt gebautes, ordentlich geführtes Hotel der Mittelklasse mit Biergarten (der heißt wirklich so). Im *Alpine Inn* herrscht eine nette Atmosphäre, es liegt etwas außerhalb. Das *Bandarawela Resthouse* ist ein im Zentrum gelegenes Gebäude mit schöner Aussicht und sehr guter einheimischer Küche. Auch das *Madhu,* 3 km außerhalb vom Zentrum, mit Sauna und Fitneß-Raum, bietet einen grandiosen Rundblick über Hügel und Teeplantagen.

Alpine Inn
Ellatota
Tel. 057/25 69
4 Zi
2. Kategorie
Bandarawela Hotel
14, Welimada Road
Tel. 057/2501
36 Zi
2.–3. Kategorie
Bandarawela Resthouse
Dharmapala Mawatha
Tel. Bandarawela 501
9 Zi
3. Kategorie
Madhu
Badulla Road
Tel. 057/25 04
30 Zi
(mit Heizung)
2. Kategorie

Diyaluma Falls Mit 171 m die höchsten Wasserfälle Sri Lankas.
Lage: Nördlich der A 4 von Batticaloa nach Colombo, 4 km östlich von Koslanda nahe der Straße. 80 km südöstlich von Nuwara Eliya.

Dowa Vihara Buddhistische Klosteranlage mit altem Felstempel, in dem sich mehrere unvollendete Buddha-Statuen befinden, darunter als schönste ein in Hochrelief aus dem Fels gearbeiteter stehender Buddha von 8,2 m Höhe aus dem 16. Jh. Außerdem moderne Wandmalereien aus den 80er Jahren unseres Jahrhunderts.
Lage: Unterhalb der A2 von Ella nach Badulla, 3 km nördlich von Ella, 43 km südöstlich von Nuwara Eliya.

Ella Das kleine Städtchen liegt in etwa 900 m Höhe direkt am Steilabfall des Berglands zur südlichen Tiefebene hin. Ein unvergeßliches Erlebnis ist die Bahnfahrt von Nuwara Eliya (Nanu Oya) durch die Bergwelt nach Ella; schönster Aussichtspunkt in Ella selbst ist das *Resthouse,* ein bevorzugtes Reiseziel srilankischer Frischvermählter. Man sitzt auf einer Terrasse mit unvergleichlichem Panoramablick, der bis hinunter zum Indischen Ozean reicht. Bequem zu Fuß erreichbar sind von hier die Wasserfälle Ravana-Ella-Falls, in denen der böse Ravana mit der guten Heldin Sita aus dem Ramayana gebadet haben soll, sowie die Ravana-Höhle, in der Ravana Sita eine Zeitlang versteckt gehalten haben soll.

Ella Resthouse Nach dem Tissawewa Resthouse ist dies das schönste Rasthaus und bei einheimischen Honeymoonern sehr beliebt. Die Zimmer sind deshalb oft ausgebucht. Wer hier nicht wohnen kann, sollte sich aber einen Nachmittag auf der Terrasse gönnen.
Tel. Ella 806
6 Zi (davon Zi Nr. 3–6 mit prächtigem Ausblick)
3. Kategorie

Lage: An der A 2 von der Südküste nach Badulla, 45 km südöstlich von Nuwara Eliya; an der Bahnlinie von Nanu Oya nach Badulla.

Hakgala → Der gute Tip S. 113
Horton Plains → Der gute Tip S. 110
Pussellawa → Der gute Tip S. 63

Sita Eliya Dorf mit einem kleinen Hindu-Tempel, der direkt an der Hauptstraße liegt. Der Legende nach soll Sita, die schöne Heldin aus dem Epos Ramayana, diesen Tempel aus Dankbarkeit für ihre Errettung durch Rama und Hanuman gestiftet haben.

Lage: 9 km südöstlich von Nuwara Eliya an der A 5 von Nuwara Eliya nach Badulla.

Worlds End → Der gute Tip S. 115

Polonnaruwa

Polonnaruwa ist die zweite große historische Königsstadt Sri Lankas neben Anuradhapura und neben jenem das archäologisch ergiebigste Ziel auf der Insel. Wie Anuradhapura ist es heute nur noch eine kleine Bezirkshauptstadt (6000 Einwohner), die vom Tourismus, der Verwaltung, einer staatlichen Kondensmilchfabrik und einer staatlichen Tierzucht lebt. Sie wirkt recht ländlich, umgeben von Reisfeldern und Dschungel. Am Ufer des Stausees Parakrama Samudra, der größer ist als der Hafen von Colombo, werfen Fischer ihre Netze aus, das Leben geht scheinbar einen gemächlichen Gang. Nur die mit Sandsäcken und Blechtonnen gesicherte Polizeistation zeugt von der Nähe zum umkämpften tamilischen Osten – für Touristen enden alle Straßen östlich und südlich der alten Königsstadt.

Wie in Anuradhapura liegen die Ruinen und Statuen zwischen Dschungel und Reisfeldern in einer parkähnlich anmutenden Landschaft verstreut. Anders als in Anuradhapura stammen die sichtbaren Zeugnisse der Vergangenheit aber nicht aus einem Zeitraum von über 1000 Jahren, sondern aus einer eng umgrenzten Epoche, dem 10.–12. Jahrhundert. Länger war Polonnaruwa nicht die Metropole des Reichs. Mit unseren Begriffen läßt es sich so formulieren: Anuradhapura war die antike Hauptstadt der Insel, Polonnaruwa die erste mittelalterliche. Die Bauten hier sind weniger monumental, die großen Dagobas fehlen. Dafür sind die Überreste der weltlichen Bauten und der kleinen Sakralanlagen im allgemeinen besser erhalten als die in Anuradhapura, ganz zu schweigen von den Monumentalstatuen der Gal Vihara, die zu den Höhepunkten der singhalesischen Kunst gehören. Für eine Besichtigung Polonnaruwas sollte man sich mindestens einen vollen Tag Zeit lassen. Um die Atmosphäre zu genießen, schwingt man sich am besten auf einen Fahrradsattel oder geht zu Fuß, obwohl sämtliche Monumente auch mit dem Auto zu erreichen sind.

Geschichte: Das Gründungsdatum der Siedlung steht nicht fest. Als Lanka im 7. Jahrhundert immer wieder unter südindischen Einfluß geriet und als dann zeitweise auch südindische Herrscher in Anuradhapura residierten, bestand in Polonnaruwa wohl schon ein kleines Militärlager, in das sich die singhalesischen Könige bei Gefahr zurückzogen. Der erste König, der unter solchen Umständen in Polonnaruwa den Thron bestieg, war Sena I. (853–887), dessen Nachfolger Udaya II. (887–898) dann zum letzten gänzlich in Anuradhapura residierenden König der Insel wurde. Hauptstadt der gesamten Insel wurde

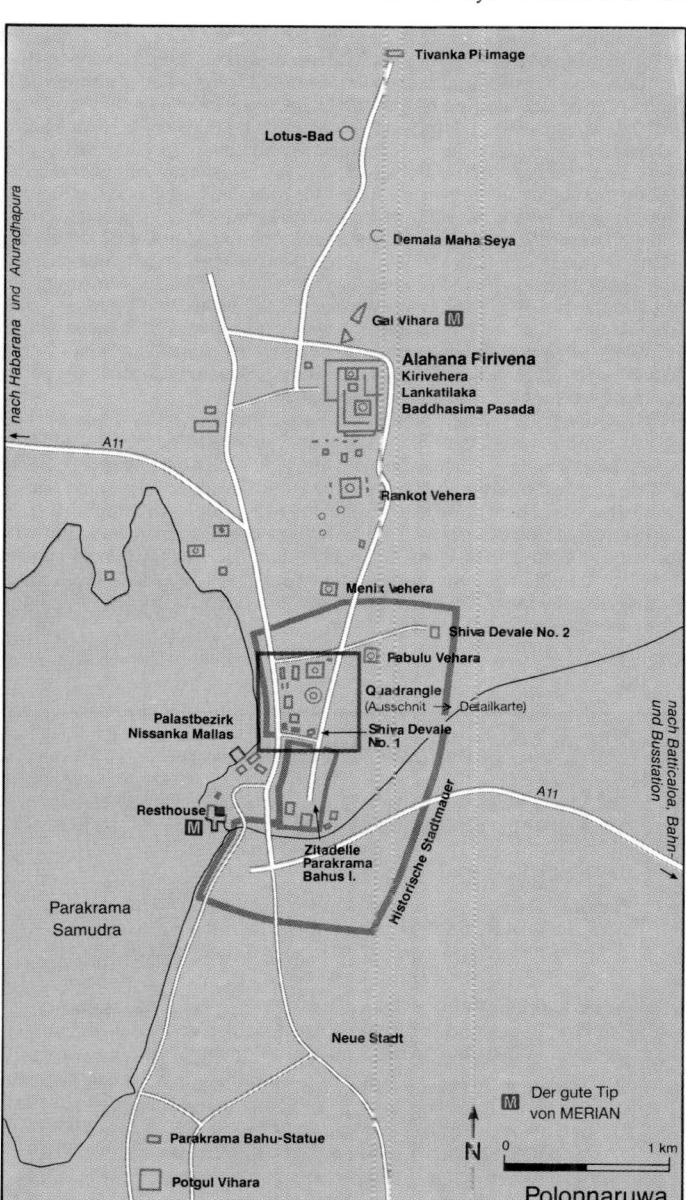

Polonnaruwa

Tivanka Pi image

Lotus-Bad

Demala Maha Seya

Gal Vihara

Alahana Firivena
Kirivehera
Lankatilaka
Baddhasima Pasada

Rankot Vehara

nach Habarana und Anuradhapura

A11

Menix Vehara

Shiva Devale No. 2

Pabulu Vehara

Quadrangle
(Ausschnitt → Detailkarte)

Shiva Devale
No. 1

Palastbezirk
Nissanka Mallas

Resthouse

Zitadelle
Parakrama
Bahus I.

Historische Stadtmauer

A11

nach Batticaloa, Bahn und Busstation

Parakrama
Samudra

Neue Stadt

Der gute Tip
von MERIAN

N
0   1 km

Parakrama Bahu-Statue

Potgul Vihara

Polonnaruwa während der Zeit der Chola-Herrschaft über ganz Lanka. Die Cholas waren 993 auf der Insel einmarschiert, weil die singhalesischen Herrscher in einem dynastischen Streit ihre Gegner unterstützten. Zwischen 1017 und 1070 kontrollierten sie die gesamte Insel. Von Ruhunu im Süden aus zog 1070 dann Vijayabahu I. (1055–1110) gegen sie los und konnte sie aus Lanka vertreiben. Er residierte zwar noch einmal in Anuradhapura, erkannte aber bereits die taktischen Vorteile Polonnaruwas: Bei Invasionen vom südindischen Festland aus hatte man hier mehr Zeit für Kampfvorbereitungen, außerdem ließ sich von hier aus das für Umsturzversuche immer gute Vizekönigreich von Ruhunu besser kontrollieren. Am meisten für den Ausbau der Stadt tat dann König Parakrama Bahu I. (1153–86), von dem die meisten der heute sichtbaren Gebäudereste stammen und der auch den großen Stausee Parakrama Samudra anlegen ließ, mit dessen Wasser 7300 Hektar Land bewässert werden konnten – und auch noch immer bewässert werden. Der Stausee ist über 13 Kilometer lang und durchschnittlich 13 Meter tief, seine Oberfläche beträgt 2000 Hektar. Er ist nur *ein* Beispiel genialer Bewässerungstechnik, die der Insel noch heute, nach 800 Jahren, dienlich ist.

Nachfolger auf dem Königsthron wurde Parakrama Bahus Schwager, ein südindischer Kallinga. Auch er führte die rege Bautätigkeit noch fort. Der Glanz Polonnaruwas erlosch dann wenige Jahre später mit König Magha (1215 bis 1236), einem südindischen Abenteurer, der mit Gewalt auf den Thron gelangt war und nur mit Terror seine Macht aufrechterhalten konnte. Mit ihm zerfiel Lanka in mehrere kleine Fürstentümer und Königreiche, Polonnaruwa wurde 1314 schließlich ganz als Residenz aufgegeben und fiel dem Dschungel anheim. Erst im 19. Jahrhundert wurde es wiederentdeckt, seit 1900 laufen archäologische Ausgrabungen, die jetzt im Rahmen des Unesco-Projekts »Kulturdreieck« intensiv fortgesetzt werden.

Der gute Tip von MERIAN

Gal Vihara   Die vier Buddha-Statuen entstanden im 12. Jahrhundert und gelten als Meisterwerke buddhistischer Kunst (→ S. 93).

In der Umgebung von Polonnaruwa:

Nalanda Gedige   Das Besondere an diesem auf einer Insel in einem Stausee neu aufgebauten Tempel ist nicht nur seine Lage, sondern auch, daß in ihm hinduistische und buddhistische Elemente vereint sind (→ S. 97).

Hotel Sigiriya Village   Ganz in der Nähe des bekannten Felsens von Sigiriya gelegen, finden Sie einen modernen und kunstvoll ausgestatteten Bungalowkomplex mit allem Komfort (→ S. 86).

Die Wolkenmädchen von Sigiriya   Im 5. Jahrhundert entstanden auf dem Felsen von Sigiriya an die 500 Wandmalereien: kostbar geschmückte Frauengestalten mit Blumen in der Hand, die meisten von ihnen barbusig. 17 dieser Wolkenmädchen sind noch zu erreichen: über eine schwindelerregende Wendeltreppe (→ S. 99).

Archäologische Stätten

Die Identifizierung der einzelnen Baureste der mittelalterlichen Stadt fiel bis vor kurzem auch dem Laien noch leicht, weil sie alle durch englisch und singhalesisch beschriftete Hinweistafeln kenntlich gemacht waren. Diese Tafeln fehlen jetzt zum Teil, oder sie sind kaum noch lesbar.
Sämtliche archäologischen Stätten sind jederzeit frei zugänglich. Sie können mit dem Sammelticket »Kulturdreieck« oder mit einem Einzeltikket für Polonnaruwa betreten werden.

Alahana Pirivena   Der größte Klosterkomplex der mittelalterlichen Stadt, in ihrem Norden gelegen. Gestiftet wurde er von König Parakrama Bahu I. Sein Name ließe sich mit »Verbrennungsplatzkloster« übersetzen; der Platz für die Verbrennung der Leichname von Mönchen und Mitgliedern des Königshauses lag im Mittelalter in seiner unmittelbaren Nähe. Der Alahana Pirivena gilt die besondere Aufmerksamkeit der Archäologen des Unesco-Projekts »Kulturdreieck«, die auch mehrere Bauten im Klosterkomplex restaurieren.
Solche Bauten sind:
Baddhasima Pasada – das Hauptversammlungshaus. Von dem ehemals 12geschossigen Gebäude sind noch die beiden Ziegelsteinterrassen sowie viele reich verzierte Pfeiler und Säulen erhalten.
Kirivehera – die »milchweiße Dagoba«. Diese besterhaltene Dagoba der Stadt war früher mit weißem Muschelkalk verputzt, von dem noch Reste zu erkennen sind.
Lankatilaka – das Statuenhaus. Mit seinen 51 m Länge, 21 m Breite und seinen 16 m hohen Wänden war es das mächtigste Statuenhaus Lankas. Erhalten blieb in ihm nur eine einzige Statue: ein einst 13 m hoher, heute kopfloser Buddha.
Rankot Vehera – die kürzlich restaurierte, größte Dagoba in Polonnaruwa (Höhe: 54 m).

Demala Maha Seya   Eine vermutlich unvollendete, weitgehend von Pflanzen überwucherte Dagoba aus dem 12. Jh., die von tamilischen Kriegsgefangenen erbaut wurde.

Gal Vihara   → Der gute Tip S. 93

Lotus-Bad   Wasserbecken von 7,5 m Durchmesser in Form einer achtblättrigen Lotusblüte, einer der schönsten Badeteiche der Insel.

Menik Vehera   Ruine einer kleinen Dagoba aus dem 12. Jh. mit beachtenswertem Löwenfries.

Pabulu Vehera   Ruine einer weiteren Dagoba aus dem 12. Jh.

Palastbezirk Nissanka Mallas
Nach dem Tode Parakrama Bahus setzte sein Nachfolger Nissanka Malla die eifrige Bautätigkeit seines Vorgängers fort und ließ sich einen neuen Palastkomplex erbauen, der aus mehreren Elementen besteht:
Audienzhalle – der in nur 7 Monaten Bauzeit errichtete Wohn- und Repräsentationsbau des Königs.
Badeanlage – die aus zwei Wasserbecken und einem Pavillon bestand und mit dem Wasser aus dem unmittelbar angrenzenden Stausee gespeist wurde.
Mausoleum – ein einstmals mehrgeschossiger Bau, der als Verbrennungsplatz für den Leichnam Nissanka Mallas gedient haben soll.
Ratshalle – in der der König Versammlungen mit den Würdenträgern des Staates abhielt. Viele Säulen tragen Inschriften, die angeben, wer an der jeweiligen Säule seinen Platz hatte. Der Königsthron stand auf dem 1,30 m hohen steinernen Löwen am Ende der Halle.

Parakrama-Bahu-Statue   Ein auf der ganzen Insel einmaliges, aus dem Fels gearbeitetes Relief, dessen Bedeutung nicht ganz geklärt ist. Es zeigt einen bärtigen Mann mit ei-

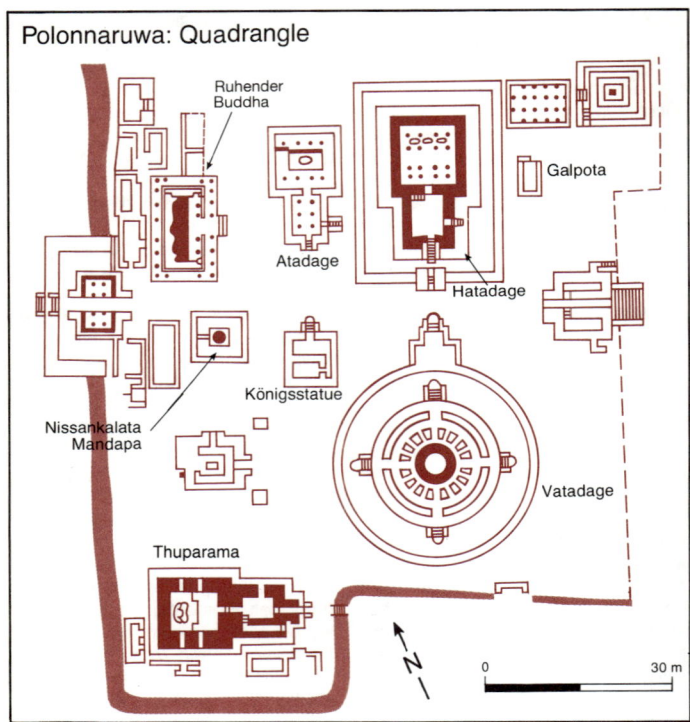

Polonnaruwa: Quadrangle

Ruhender Buddha

Galpota

Atadage

Hatadage

Königsstatue

Nissankalata Mandapa

Vatadage

Thuparama

N

0   30 m

nem um die Hüfte geschlungenen Tuch, der mit beiden Händen ein Palmblattmanuskript oder ein Ochsenjoch hält.

Allgemein wird diese Statue als König Parakrama Bahu interpretiert, der sich entweder als Weiser und Gelehrter (mit dem Manuskript) abbilden ließ oder aber mit einem Ochsenjoch als Zeichen seiner schweren Königsbürde.

Potgul Vihara Überreste eines Klosters aus dem 12. Jh., dessen Name besagt, daß hier heilige Bücher aufbewahrt wurden.

Quadrangle Leicht erhöht gelegener Bezirk innerhalb der mittelalterlichen Stadtmauern, in dem die bedeutendsten religiösen Bauten der Stadt zusammengefaßt waren:

Atadage – der erste Zahntempel der neuen Inselhauptstadt, erbaut von König Vijayabahu I. (1055–1110). Mit diesem Bau wurde der Status Polonnaruwas als Reichsmetropole besiegelt. Neben der Atadage kann man noch die Umrisse eines ruhenden Buddhas erkennen.

Galpota – 15 t schwerer Monolith in Form eines Palmblattmanuskripts, der die längste Steininschrift Sri Lankas trägt, eine Verherrlichung des Königs Nissanka Malla.

Hatadage – letzter der insgesamt drei Zahntempel Polonnaruwas, erbaut von König Nissanka Malla.

Nissankalata Mandapa – ein kleiner Schrein, umgeben von einem steinernen Zaun, der deutlich seine Herleitung von hölzernen Vorbildern verrät. Bemerkenswert sind die acht Säulen in Form von knospenden und blühenden Lotusstengeln.

Thuparama – ein Statuenhaus aus Ziegelsteinen mit dem einzigen noch erhaltenen mittelalterlichen Dach Polonnaruwas.

Vatadage – der zeitlich gesehen mittlere Zahntempel der Hauptstadt aus der Zeit von König Parakrama Bahu I. Im Zentrum des Rundbaus erhebt sich eine kleine Dagoba, an deren vier Kardinalpunkten sitzende Buddhas thronen. Um diese Dagoba herum führt auf einer tiefer liegenden Terrasse ein Umgang, dessen ehemaliges Dach von drei Pfeilerreihen getragen wurde. Beachtenswert sind auch die sorgfältig gearbeiteten Wächterstelen und Mondsteine.

Shiva Devale No. 1 Ein typischer südindischer Hindu-Tempel aus dem frühen 13. Jh.

Shiva Devale No. 2 Ein Hindu-Tempel aus dem 11. Jh., das älteste erhaltene Bauwerk Polonnaruwas.

Tivanka Pilimage Eindrucksvolles, ehemals zweigeschossiges Statuenhaus mit noch erkennbaren Wandmalereien aus dem 12. und 13. Jh. Dargestellt sind Jataka-Geschichten, also Szenen aus den früheren Leben des Buddha.

Zitadelle Der Palastbezirk König Parakrama Bahus I. war von einem zusätzlichen Mauergürtel innerhalb der Stadtmauern umgeben, in den man nur durch ein einziges Tor gelangte. Auf der insgesamt 10 ha großen Palastfläche sind noch die Reste von drei Bauten gut zu erkennen.

Bad – ein quadratisches Bassin, das durch unterirdisch verlaufende Kanäle mit Wasser aus dem Stausee gefüllt wurde.

Palastgebäude – Grundmauern eines einst angeblich siebengeschossigen Baus von 2500 qm Grundfläche.

Ratshalle – deren Außenwände von drei besonders schönen Steinfriesbändern umzogen werden. Das unterste Band zeigt höchst individuell dargestellte Elefanten, das mittlere furchterregende Löwen und das oberste lustige Zwerge.

Hotels und andere Unterkünfte

Amalian Nivas Eins von drei Hotels im »National Holiday Resort« vor Polonnaruwa; die beiden anderen sind das *Seruwa* und das *Araliya* (geschlossen). Zu den gemeinsamen Einrichtungen der drei Hotels gehört ein kleiner Swimmingpool. Bootsfahrten mit Fischern werden von der Rezeption vermittelt; der Hotelkomplex liegt unmittelbar am großen Parakrama-Stausee, 4 km von den Ausgrabungen entfernt.
Tel. 027/2405
36 Z (alle mit Klimaanlage
2.–3. Kategorie

Ramadha Pension, 4 km von den Ausgrabungen entfernt, einfach.
Batticaloa Road, Kaduruwela
Tel. 027/2022
9 Zi (ohne Klimaanlage)
3. Kategorie

Ranketha Rest Kleine Pension in schönem Garten mit familiärer Atmosphäre, am Rande des Ausgrabungsgeländes.
Batticaloa Road
Tel. 027/2080
10 Zi (z. T. mit Klimaanlage)
3. Kategorie

Resthouse Altes, unmittelbar am Seeufer gelegenes Rasthaus mit Kolonialatmosphäre am Rande des Ausgrabungsgeländes. Auch Queen Elizabeth II. hat hier schon einmal übernachtet (Zimmer Nr. 1). Die Restaurantterrasse wurde extra für ihren Besuch angebaut.
Tel. 027/2299
Telex 21169 HOTELCO CE
10 Zi (ohne Klimaanlage)
3. Kategorie

Seruwa Hotel im National Holiday Resort. Alle Zimmer mit Balkon und Seeblick.
Tel. 027/24 11 und 24 12
40 Zi (mit Klimaanlage)
3. Kategorie

Museum
Das kleine Museum ist kaum einen Besuch wert. Äußerst ungeordnet stehen in zwei Sälen allerlei Funde wie stark beschädigte Buddha-Statuen, Mondsteine usw. herum, rund ums Museum lagern Reste von Säulen und Türen.
Tgl. außer Di und an Poya-Tagen 8–17 Uhr

Lage: Auf einem kleinen Hügel beim Resthouse.

Öffentliche Verkehrsmittel
Die Busstation und der Bahnhof liegen in der Neustadt, etwa 4 km östlich des Rasthauses und des Zentrums der mittelalterlichen Stadt.
Bahn: Polonnaruwa liegt an der Bahnstrecke von Colombo nach Batticaloa, Verbindungen mit beiden Zielen bestehen dreimal täglich. Fahrzeit nach Colombo 6–7 Std., Fahrzeit nach Batticaloa 2–3 Std.
Bus: Häufige Busverbindungen bestehen mit Anuradhapura, Colombo, Batticaloa und Trincomalee.

Ziele in der Umgebung

Dimbulagala 500 m hoher Felsen, an dessen dichtbewaldetem Hang ein altes Felskloster liegt. In zwei der Felshöhlen sind noch Malereien aus dem 5.–8. Jh. erhalten. Der Weg zu diesen Höhlen sollte nur von geübten Bergwanderern mit festem Schuhwerk und in Begleitung eines einheimischen Führers begangen werden, der sich eventuell in Mannampitiya finden läßt.
Lage: Südlich der Ortschaft Mannampitiya an der A 11 von Polonnaruwa nach Batticaloa; das Gebiet ist zur Zeit wegen der Unruhen nicht erreichbar.

Giritale Vogelreservat und Erholungsort an einem Stausee aus dem 6. Jh., Möglichkeit zu Bootsfahrten auf dem See mit einheimischen Fischern. Zwei Unterkunftsmöglichkeiten bieten sich an: Das *Giritale*-Hotel liegt auf einem Hügel oberhalb des Sees. Schöne Aussichtsterrasse und mittelgroßer Swimmingpool, sehr ruhig. Das *Royal Lotus* ist ein modernes Hotel, ruhig und schön am Ufer des Stausees gelegen. Kleiner

Swimmingpool, Nightclub. Alle Zimmer mit Balkon.
Giritale
Tel. 027/63 11
Telex 21 115 CARSON CE
42 Zi (mit Klimaanlage)
1. Kategorie
Royal Lotus
Tel. 027/63 16
Telex 21 622 JINA CE
54 Zi (mit Klimaanlage)
3. Kategorie
Lage: An der A 11 von Polonnaruwa nach Habarane, 10 km nordwestlich von Polonnaruwa.

Medirigiriya Klosterkomplex, gegründet im 2. Jh., während der Polonnaruwa-Epoche besonders bedeutend. Erhalten sind die Reste von vier Statuenhäusern mit mehreren monumentalen Buddha-Statuen sowie ein Rundtempel (Vatadage) von großer Schönheit mit besonders kunstvollen Pfeilerkapitellen.
Lage: 40 km nördlich von Polonnaruwa an einer kleinen Landstraße gelegen; zur Zeit wegen der Unruhen nicht zu besuchen.

Trincomalee

Trinco, wie die Stadt meist nur kurz genannt wird, ist die größte Siedlung im Osten der Insel (45000 Einwohner). Ihre Bewohner sind fast ausnahmslos hinduistische Ceylon-Tamilen und islamische Moors. Die Stadt liegt auf einer langgestreckten Landzunge zwischen dem offenen Meer und der weiten Koddiyar-Bucht, die einer der besten und sichersten Naturhäfen ganz Südasiens ist. Diese Lage macht Trincomalees besonderen Reiz aus, ansonsten gleicht der Ort den meisten anderen srilankischen Provinzstädtchen. Die Bevölkerung lebt von Handel und Fischerei; der Tourismus war auch vor Beginn der Unruhen 1983 nur spärlich entwickelt und ist danach zum Erliegen gekommen.

Geschichte: Als Hafen hatte Trincomalee wahrscheinlich schon im Mittelalter eine gewisse Bedeutung. Die europäischen Kolonialmächte waren daher um den Besitz der Stadt besonders bemüht. Einen ersten Versuch, sich hier niederzulassen, unternahmen bereits 1617 die Dänen. Den Portugiesen gelang 1623 die Eroberung, die sie sogleich durch den Bau eines Forts absicherten, des heutigen Fort Frederick. Im Jahre 1639 wurde ihnen die Festung von den Holländern jedoch wieder entrissen, man baute sie um und verstärkte die Mauern. 1782 übernahmen die Briten das Fort. Lord Nelson, der Sieger in der Schlacht von Trafalgar, war von Trinco so begeistert, daß er meinte, hier liege der beste Hafen der Welt. Im Jahre 1800 lebte der Herzog von Wellington für kurze Zeit in der Stadt. 1905 wurde das Fort geschleift; am 9. April 1942 war der Hafen Ziel eines japanischen Luftangriffs.

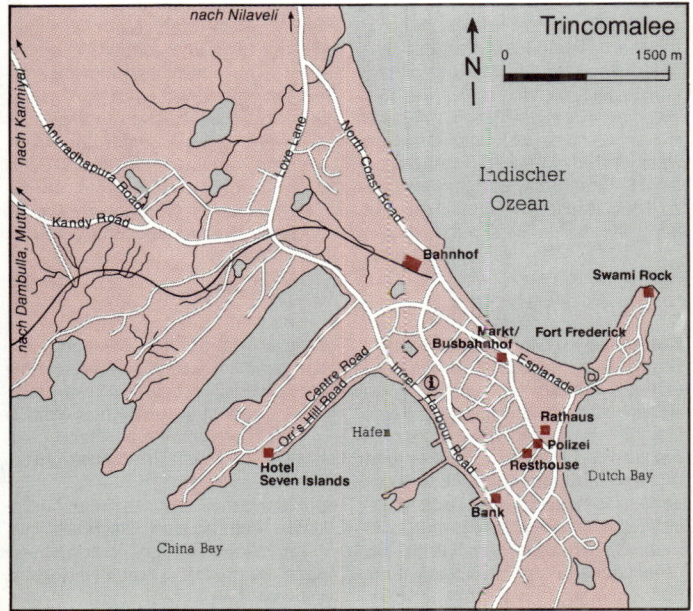

Hotels
(Hier nennen wir keine Preiskategorien, da das Gebiet zur Zeit der Recherchen wegen der Unruhen gar nicht oder nur in sehr eingeschränktem Maße zu bereisen war.)

Club Oceanic Ein komfortables Strandhotel, 6 km nördlich des Stadtzentrums.
Tel. 026/2307 und 2611
Telex 21230 MIKERIS CE
83 Zi (mit Klimaanlage)

Seven Islands Kleines, komfortables Hotel nahe dem Stadtzentrum.
Orr's Hill Road
Tel. 026/2373
25 Zi (mit Klimaanlage)

Öffentliche Verkehrsmittel
Bahn: dreimal täglich zwischen Trincomalee und Colombo (Fahrzeit 7 bis 8 Std.).
Bus: Busse fahren täglich nach Anuradhapura, Batticaloa, Colombo, Jaffna, Kandy und Polonnaruwa.

Sehenswürdigkeiten
Fort Frederick In der von den Portugiesen gegründeten Festung steht noch das Haus, in dem der Herzog von Wellington sich im Jahre 1800 von einer Krankheit erholte. Vor dem Haus der Admiralität wächst ein gewaltiger Banyan-Baum (Ficus bengalensis), unter dem, wie man sagt, bis zu 1000 Menschen Platz finden können. Der Baum wird auch »Markt-

baum« genannt, denn in Indien wird unter Banyan-Bäumen gern Markt abgehalten. Ein weiterer Name des Baums ist »Würgerfeige«, weil dieser Banyan keinen eigenen Stamm besitzt, sondern mit seinen Luftwurzeln einen Wirtsbaum einschnürt.

Fort Ostenburg Kleines holländisches Fort, das einst die Hafeneinfahrt kontrollierte. Schöner Blick auf den Hafen.

Sober Island Kleine Insel im Hafen von Trinco mit einem alten Seemannsfriedhof.

Swami Rock Etwa 130 m hohes Felskap auf der Meerseite der Stadt. Bis zu seiner Zerstörung durch die Portugiesen 1622 stand hier oben einer der größten hinduistischen Tempel Südasiens. Viele seiner einstmals 1000 Säulen ruhen gebrochen und zersplittert auf dem Meeresgrund vor dem Kap. Im an gleicher Stelle neu erbauten Koneswaram-Tempel sind noch sechs Statuen und der Lingam des alten Heiligtums zu sehen. Auf dem höchsten Punkt des Swami Rock steht außerdem eine Gedenksäule aus dem alten Tempel, die ein holländischer Kolonialbeamter errichten ließ: Seine Tochter, Francina van Rhede, stürzte sich hier aus Liebeskummer ins Meer, weil ihr Verlobter mit einem Schiff nach Europa zurückkehren mußte. Der Swami Rock trägt deswegen auch den Namen »Lover's Leap«.

Ziele in der Umgebung

Batticaloa Die zweite größere Stadt an der Ostküste (43000 Einwohner) liegt am Ufer einer Lagune. Sehenswürdigkeiten gibt es keine. Berühmt aber sind die »Singenden Fische von Batticaloa«. In Vollmondnächten hört man auf dem See seltsame Geräusche, die nach altem Volksglauben von den Fischen kommen. Die Wissenschaft hat die Geräuschquelle noch nicht ausmachen können: Manche behaupten, der Ge-

sang entstehe durch Aneinanderreiben der Fischflossen, andere vermuten, die Fische geben schwarmweise Orientierungssignale aus. Wieder andere meinen, eine bestimmte Muschelart sei für die Geräusche verantwortlich.
Batticaloa ist Endpunkt einer von Colombo kommenden Eisenbahnlinie. Züge dorthin fahren – soweit die Lage es zuläßt – dreimal täglich, Fahrzeit 8–9 Std.

Gal-Oya-Nationalpark Mit 602 qkm Fläche ist er der größte – und für viele auch schönste – Nationalpark Sri Lankas. Allerdings nützt dieses Prädikat den interessierten Touristen z. Z. nicht viel, da der Park noch immer geschlossen ist. Zu nahe liegt das Reservat an den Schlupfwinkeln von tamilischen Terroristen im Dschungel. Der Park liegt rund um den Senanayake-Stausee, der zwischen 1949 und 1951 zur Bewässerung des landwirtschaftlich immer stark benachteiligten Südostens des Landes aufgestaut wurde. Mit 78 qkm Wasseroberfläche ist der Senanayake-Stausee der größte der Insel, sein Fassungsvermögen beträgt 700 Millionen cbm. Durch den Stausee wurden 17000 ha neues Ackerland gewonnen, die an arme Bauern des ganzen Landes kostenlos verteilt wurden.

Ausgangspunkt für Touren durch den Nationalpark ist der kleine Ort Inginiyagala; das günstigste Verkehrsmittel im Park sind Motorboote. Man kann an verschiedenen Stellen anlegen und pirscht dann zu Fuß auf der Suche nach Elefanten, Büffeln und Axishirschen durchs Gelände.

Hotel und Ausgangspunkt für alle Touren im Park:

Inginiyagala Safari Inn
Tel. 063/2499
Telex 21138 VAVALEX CE
24 Zi (ohne Klimaanlage)

Kalkudah Badeort an einer schönen, durch Korallenriffe geschützten Bucht an der Ostküste mit herrlichem, kinderfreundlichem Sandstrand und zahlreichen Unterkünften aller Art. Der Ort bildet zusammen mit dem benachbarten Passekudah ein vor allem im Sommer beliebtes Strandresort. Empfehlenswert ist das Hotel *Imperial Oceanic,* direkt am Strand von Passekudah. In unmittelbarer Strandnähe liegt auch die kleine familiäre Bungalowanlage *Kalkudah Holiday Home.* Wer Fisch- und Muschelgerichte liebt, der möge das *Resthouse* aufsuchen. Übernachten können Sie dort natürlich auch (immer vorausgesetzt, daß die politische bzw. die Sicherheitslage dies erlaubt).

Imperial Oceanic
Tel. 065/7206 und 7207
Telex 1203 IMPERIAL CE
66 Zi (mit Klimaanlage)
Kalkudah Holiday Home
Tel. 01/591804 in Colombo
6 Bungalows (ohne Klimaanlage)
Resthouse
Tel. 065/7233
18 Zi (ohne Klimaanlage)

Nilaveli Badeort 16 km nördlich von Trincomalee, größtes Touristenzentrum der Ostküste. Schöner, kilometerlanger Sandstrand. Übernachten können Sie im *Nilaveli Beach Hotel,* mit kleinem Garten direkt am Strand, oder in dem einfachen Strandhotel *Sea Yard.*

Nilaveli Beach Hotel
Tel. 026/2071
80 Zi (mit und ohne Klimaanlage)
Sea Yard
Tel. 026/2384
19 Zi (ohne Klimaanlage)

Pottuvil Zusammen mit dem benachbarten Ort Arugam Bay einer der jüngsten Badeorte Sri Lankas. Da man vom Monsun hier kaum etwas spürt, ist Pottuvil das ganze Jahr über für Badeferien geeignet. Der Ort ist besonders bei jungen Leuten und Windsurfern beliebt. Unterkunft nur in kleinen Pensionen und Strandhütten.

Tiriyay Buddhistisches Heiligtum mit einer mittelalterlichen, restaurierten Vatadage (Rundtempel).
Lage. 46 km nördlich von Trincomalee.

Glossar

Agni: Feuergott im Hinduismus

Ayanar: Gottheit, die über Elefanten und Pferde wacht

Bodhi-Baum (ficus religiosa): Baum unter dem Buddha die Erleuchtung fand

bodhisattwa: Erleuchteter, der so lange nicht ins Nirwana eingehen will, als nicht alle Menschen erlöst sind

Brahma: Gott der Schöpfung, einer der drei Hauptgötter im Hinduismus, vor allem von der Priesterkaste verehrt

Brahman: der reine, unveränderliche und unpersönliche Geist des Hindu

dagoba (dagaba): singhalesische Bezeichung für → Stupa

dalada: Zahnreliquie Buddhas

Ganesha: elefantenköpfiger erster Sohn Shivas, jener für die ceylonesischen Hindus höchsten Gottheit

Hanumam: affenköpfiger Gott aus dem Ramayana-Epos

jatakas: Geschichten aus den früheren Leben Buddhas

karma: durch den Gläubigen selbst bestimmte Kausalität zwischen Verhalten im jetzigen Leben und Stufe der Wiedergeburt

katamaran: Auslegerboot der Fischer

Kuvera: Gott des Reichtums

lingam (linga): phallisches Symbol → Shivas

maluva: Tempelplattform

mandapa: Vorraum bzw. Versammlungshalle eines Tempels

mantra: besonders im Tantrismus gebräuchliche Beschwörungs- und Gebetsformel

mudra: Geste, Haltung in der buddhistischen und hinduistischen Ikonographie

nirwana: »Erlöschen«, Heilsziel des Buddhismus, Überwindung des → karma

oya: singhalesische Bezeichnung für Fluß

paranirwana: Augenblick des Eingehens des Buddha in das Nirwana

patika (moonstone): Schwellenstein vor buddhistischen Tempeln

patimaghera (pilimage): Tempel mit einem Bildnis oder einer Statue (Statuenhaus)

perahera: buddhistische Prozession

poya: Tag des Vollmondes

Shiva: einer der in vielerlei Manifestationen erscheinenden Hauptgötter des Hinduismus

sinha (simha): der Löwe, Bestandteil des Wortes Singhalesen

stupa: buddhistisches Heiligtum

Tantrismus: indische Heilsbewegung, lamaistische Form des Buddhismus mit magischer Tendenz

toddy: Blütensaft der Kokos- und Palmyrapalme

vahalkada: altarartiger Vorbau an Stupas

varna: indische Bezeichnung für Kaste

Varuna: indische Gottheit, Gott des Meeres, Regengott

vatadage (cetiyaghara, thupa-gara): ehemals überdachter runder Stupa-Tempel

veda: aus mehreren Schriften bestehende göttliche Offenbarung im Hinduismus

Vedda (Wedda): Ureinwohner Sri Lankas

vedika: heiliger Zaun um eine Stupa

vel: heiliger Dreizack

vihara: buddhistisches Kloster

yakkas (yakshas, yakkas): Dämoren, mythische Bewohner Sri Lankas

Yama: indische Gottheit, zusammen mit Yami Begründer der Menschheit, auch Gott des Todes

yantra: Darstellung göttlicher Kraft in geometrischer Form, Talisman

Der gute Tip von MERIAN nach Orten

Anuradhapura und Umgebung:
Buddha-Statue von Aukana S. 110
Die Isuruminya Vihara S. 68
Mihintale S. 91
Der Sri-Maha-Bodhi-Baum S. 92
Tissawewa Resthouse S. 83
Yapahuwa S. 112

Colombo und Umgebung:
Beach Wadiya in Wellawatte S. 76
Diskos in Colombos Luxushotels S. 79
Galle Face Hotel S. 55
Laksala-Läden S. 70
Mount Lavinia Hotel S. 80
Nationalmuseum S. 66
Pettah, Altstadt von Colombo S. 60
Rice & Curry in den Rasthäusern S. 75
Silva's Beach Restaurant bei Negombo S. 78
Teeplantagen bei Colombo S. 63
Toddy-Gewinnung und -Verarbeitung an der Westküste S. 58
Mit dem Viceroy Special durch Sri Lanka S. 117

Galle und Umgebung:
Buddha-Statue von Wewurukannala bei Dikwella S. 108
Hotel Closenberg S. 88
Holzmasken aus Ambalangoda S. 70
Kataragama-Fest S. 105

Hotel New Oriental S. 81
Hotel Triton in Ahungalla S. 89
Unawatuna S. 56
The Villa bei Bentota S. 90

Kandy und Umgebung:
Botanischer Garten in Peradeniya S. 113
Cultural Center S. 72
Elefanten-»Waisenhaus« in Pinnawela S. 62
Gewürzgärten um Kandy S. 74
Höhlentempel von Dambulla S. 95
Kandy-Perahera S. 103
Nalanda Gedige S. 97
Tempel des heiligen Zahns S. 101
Trekking und Rafting in tropischen Wäldern S. 119

Nuwara Eliya und Umgebung:
Botanischer Garten von Hakgala S. 113
Fahrt auf die Horton Plains S. 110
Safari-Hotels am Yala-Nationalpark S. 85
St. Andrew's Hotel S. 84
Wanderung zum Adam's Peak S. 115

Polonnaruwa und Umgebung:
Gal Vihara S. 93
Hotel Sigiriya Village S. 86
Wolkenmädchen von Sigiriya S. 99

Register

Bei der alphabetischen Einordnung wurden the, da und vor nicht berücksichtigt. Namen in Anführung bezeichnen Hotels, Restaurants und Diskotheken. Wird ein Begriff mehrmals aufgeführt, verweist die **halbfett** gedruckte Zahl auf die Hauptnennung.

Abkürzungen: A = Anuradhapura, C = Colombo, G = Galle, J = Jaffna, K = Kandy, NE = Nuwara Eliya, P = Polonnaruwa, T = Trincomalee

Die Buchstaben-Zahlen-Kombinationen verweisen auf die Planquadrate der Karte in der vorderen Umschlagklappe, *kursiv* gesetzte Zahlen auf Abbildungen.

Abhayagiri-Dagoba, A 171
Abhayagiri Vihara, A 123
Adam's Bridge 208
Adam's Peak 25, 50, **115ff.**, 119, C5
Aggabodhi II. 175f.
Ahungalla 89f., B6
»Akase Kade«, C 78
Alahana Pirivena, P 123, **223**
»Alpine Inn«, Bandarawela 219
Altes Parlament, C 192
»Alt-Heidelberg«, C 77
Alutgama 194, B6
Alu Vihara 215
»Amalian Nivas«, P 225
Ambalangoda **77ff.**, 161, 201, B6
»Ambalangoda Resthouse« **76**, 201
Ambalantota 201f., C6
Ambanpittiya 215
Ambastale-Dagoba, Mihintale 92
Ambawela 110
Anuradhapura 22, 30, 35, 36f., 49, 95, 102, 112, 117, 124, 160, 166, **168−182**, C3
Archäologisches Museum, A 178
−, J 207
−, K 213
−, Kataragama 203
Art Gallery, C 189
Arugam Bay 161
Ashoka 36, **91**, 93
»Ashok Hotel«, J 206
Audienzhalle, K 213

Aukana 35, 108, **110**, 117, 180, C3
Avissavela 194

Badulla 19, 25, 155, 160, **218f.**, D5
»Bake House«, K 212
Bandaranaike Memorial International Conference Hall, C 190f.
− Museum, C 190
−, Sirimavo 45f.
−, Solomon 45, **197**
Bandarawela 219, C5
»Bandarawela Hotel« 219
»Bandarawela Resthouse« 219
»Barberyn Reef«, Beruwala 195
Bastionen, G 201
Batticaloa 16, 43, 160, **228**, E4
»Beach Wadiya«, Wellawatte 76f.
Beira Lake, C 183, **191**
Bentota 23, **194f.**, B6
»Bentota Beach Hotel« 194
Bentota River 161
»Berlin Bear Guesthouse«, Beruwala 195
Beruwala 23, **195**, B6
Big World's End, bei NE 110, C5
Blaue Lagune, Negombo 161
»Blue Elephant«, C 79
»Blue Lagoon«, Negombo 197
Boddhisattwas 33
Botanischer Garten, Hakgala 114
−, Heneratgoda 195f.
−, Peradeniya 113f.

Brief Garden, bei Bentota 60
»Brown's Beach«, Negombo 197
Browns Safari Beach Hotel, Yala 85f.
Buddha Jayanthi Dagoba, C 191
Buddha-Statue, Aukana 108, **110**, 180
–, Sesseruwa 180
–, Weherahena 204f.
Buddhist Information Centre, C 185
Buduruvagala 202, D5

Cadjugama 195
Carney, bei Ratnapura 116
»Casamara«, K 212
»Ceylon Inn«, C 187
»Ceysands«, Bentota 194
Chilaw 195, B4
»Chilaw Resthouse« 195
Chulawamsa 30
Cinnamom Gardens, C 183
»Cinnamom Gardens Inn«, C 187
»Citadel«, K 212
»Club Oceanic«, T 227
Colombo 13, 16, 19, 43, 52, 117, 155,
    162, **182–198**, B5
»Confifi Beach«, Beruwala 195
»Coral Gardens«, Hikkaduwa 203
»Coral Sands«, Hikkaduwa 203
Cultural Centre, K 72f.

Dakkhina-Dagoba, A 171
Dalhousie, bei Maskeliya 116
Dambulla 23, 35, **95**, C4
Dathopatissa I. 176
Dedigama 195
Degaldoruwa Vihara 215
Dehiwala 182
Delft 207, A/B1
Demala Maha Seya, P 223
Devanampiya Tissa 36, 91, 168, 174,
    175
Devatagaha-Moschee, C 191
»Devon«, K 212
Dewundara Vihara 202
Dickoya 19
Dikwella 108, C6
»Dilmini Tourist Guesthouse«, Alut-
    gama 194
Dimbulagala 226

Dipawamsa 30
Diyaluma Falls 219
Dondra 202, C6
Dondra Head 19, **202**
Doppelbecken, A 171f.
Dowa Vihara 219
»Duhinda Falls Inn«, Badulla 219
Duruthu-Perahera, Kelaniya 35
Dutch Period Museum, C 43, **68f.**
Dutthagamani **37**, 173, 174, 175

»Eastern Palace«, C 186
Edelstein-Palast, A 171
Elefanten-»Waisenhaus«, Pinnawela
    62, *62*, 143
Elephant Pass 207, C1
Ella 19, **219**
»Ella Resthouse« 219f.
Embekke Devale 215
Esplanade, G 201

»Farr Inn Resthouse«, Horton Plains
    111
Felsen von Sigiriya 23, **99ff.**, *100*, C3
Fort, C 41, **183**
–, Frederick, T 227, **228**
–, Hammenhiel 207
–, J 43, **207**
– Ostenburg, T 228

Gadaladeniya Vihara 215
»Galadari Meridien«, C 187
Galle 42, 161, **199–205**, B6
Galle Face Green, C 183
»Galle Face Hotel«, C 21f., *54*, **55f.**,
    183
Gal-Oya-Nationalpark 152, 160, **229**,
    D4/5
Gal Vihara, P *32*, 40, **93ff.**, *94*
Gampaha 195f., B5
Gangarama Pirivena, C 191
»Garden Beach Hotel«, Kalutara 196
Geysir von Hummane, Tangalle 203
Giritale 117, **226**, C3
»Giritale« 226
»Goldi Steak House«, Bentota 194
Gotami Vihara, C 191
»Grand Hotel«, NE 217f.

»Grand Oriental Hotel«, C 22, 187f.
Gregory-See, NE 217
Groote Kerk, G 201
»Da Guido«, C 186

Habarana 117, **179**
»Habarana Inn« 179
»Habarana Lodge« 179
»Habarana Resthouse« 179
»Habarana Village« 179
Hafen, C 191
Hakgala 114, C5
Hambantota 76, 161, **202**, D6
»Hambantota Resthouse« 76, **202**
Hanguranketa 215, C5
»Havelock Tour Inn«, C 188
Heiliger Bezirk, Kataragama 203
»Hela Inn«, A 177
Hendala 196, B5
Hikkaduwa 23, 163, **202f.**, B6
»Hill Club«, NE 216, **218**
»Hilltop«, K 212
»Hill Town Resthouse«, NE 218
»Hilton«, C 79, 188
Höhlentempel von Dambulla **95f.**, *95*, 123
»Holiday Inn«, C 188
Horton Plains 20, **110f.**, *111*, C5
»Hotel Closenberg«, bei G 22, **87ff.**, *88*
»Hotel Miridiya«, A 177
»Hotel Rajarata«, A 177
»Hotel Sigiriya Village« 86f.
»Hotel Sigiriya« 182
»Hotel Triton«, Ahungalla 89f., *89*
»Hunas Falls«, K 212

»Imperial Oceanic«, Kalkudah 229
Inginiyagala 229, D4
»Inginiyagala Safari Inn« 229
»Inter-Continental«, C 188
Island Hermitage, Hikkaduwa 203
Isurumuniya Vihara, A 67f.
Isurumuniya-Vihara-Museum, A 178

Jaffna 16, 41, 43, **205–208**, B1
Jaffna-Halbinsel 19, **161**, B1
Jayewardene, Junius **46**, 48, 49

Jetavana-Dagoba, A 172f.
Jetavana Vihara, A 123

Kadhiresen Kovil, C 191
Kalagaraya Art Gallery, C 190
Kali Kovil, C 191
Kalkudah 161, 229, D3
»Kalkudah Holiday Home« 229
»Kalkudah Resthouse« 229
Kalutara 196, B5
»Kalutara Resthouse« 76
Karal von Negombo 42
Kandaswamy Kovil, J 207
Kandy 25, 35, 74, 95, 101, 102, 155, 161, **208–216**, C4
»Kandy City Mission«, K 212
»Kandy City Mission Cafeteria«, K 212
Kantadoral 207
Kantaka-Cetiya-Dagoba, Mihintale 92
Karaitivu 207, B1
Kassapa I. **180**, 181
Kassapa II. 176
Kataragama **105**, 203, 205, D6
Kataragama Devale, K 213f.
Kataragama-Fest 105f., *105*
Katugosta 214, C4
Kayts 207, B1
Keerimalai 208, B1
Kelani Ganga 194
Kelaniya 34, 35, **196**, B5
Kiri Muhada Wewa, K 214
Kirti Sir Rajasinha 209
Koddiyar-Bucht 227
Königliche Lustgärten, A 173
Königspalast, K 123
Korallengärten, Hikkaduwa 163
Kotte 183, B6
Kupfer-Palast, A 173f.

Laksala-Läden 70
»Lanka Oberoi«, C 188
Lankarama-Dagoba, A 174
Lankatilaka Vihara 215
Laurenco de Almeida 41
Leuchtturm, G 201
»Lihinya Surf«, Bentota 194
Lionel Wendt Art Gallery, C 190

Little World's End, bei NE 110, C5
Lotus-Bad, P 223

»Madhu«, Bandarawela 219
Maha Saman Devale, Ratnapura 198
Maha Vihara, A 93, 171, **174**
Maha Vishnu Devale, K 214
Mahasena 169, 172, 174
Mahasena-Palast, A 174
Mahaseya-Dagoba, Mihintale 92
Mahawamsa 30, **33**, 172
Mahaweli Ganga 113, 119
»Mahaweli Reach«, K 212
Mahaweli-Projekt 39f.
Mahayana-Buddhismus 33
Mahinda **36**, 91
Malwatte Vihara, K 214
Mannar 208, C2
Maskeliya 116, C5
Matara 203, C6
»Matara Resthouse« 203
Medawala Viharaja 216
Medirigiriya 226, C3
Menik-Dagoba, Tissamaharama 204
Menik Vehera, P 223
Mihintale 23, 35, 36, 49, **91f.**, *91*,
    112, 124, C3
Mirisaveti-Dagoba, A **174**, 175
»Monera Tourist Guesthouse«, A 177
Mount Lavinia 161, **182**, B5
»Mount Lavinia Hotel«, bei C 80f., *80*
»Mount Royal Beach«, C 188
Museum, P 226
Museum, Ratnapura 198
»My Kind of Place«, C 79

Nagilesa Kovil, Keerimalai 208
Nalanda Gedige 97f., *97*, C4
»Namal Gardens Beach Hotel«, Tan-
    galle 203
Nanu Oya 25
Natha Devale, K 214f.
Nationalmuseum, C **66f.**, *66*, 152, 183
–, K 152, **213**
»Nawa Surasa«, K 212
Nayinativu 208, B1
Negombo *23*, 42, 43, 120, **196f.**, B4
»Negombo Resthouse« 76, **197**

Neues Parlament, C 192
»New Oriental Hotel«, G 81ff., *83*
Nilaveli 161, **229**, D2
»Nilaveli Beach Hotel« 229
Nillakgama 179, B3
Nissanka Mallas, P 223
Nittambuwa 197
Nuwara Eliya 19, 110, 131, 162,
    216-220, C5
»Nuwara-Wewa Resthouse«, A 177

»Old Empire«, K 212
»Omega Inn«, C 188

Pabulu Vehera, P 223
»Paivas«, K 212
»Palmyrah«, C 186
Panduvas Nuwara 124, **197**
Parakrama Bahu I. 174, **195**, 222
Parakrama-Bahu-Statue, P 223f.
Parakrama Samudra, P 220
Parlamentsgebäude, C 191f.
Pattini Devale, K 215
Pattipola 110
»Peacock Beach Hotel«, Hambantota
    202
»Pegasus Reef«, Hendala 196
Peradeniya 113f., C4
Perahera, C *34*, 187
–, Dondra 202
–, K 34f., **103ff.**, *104*
Pettah, C 46, *47*, **60f.**, *61*, 183, 192
Pidurutalagala 50
Pillyar Kovil, C 192
Pinnawela 62, C4
»Pinnawela Resthouse« 63
Planetarium, C 192
Point Pedro 19, **208**, B1
Polonnaruwa 22, 30, 35, 49, 95, 102,
    108, 112, 117, 124, 160, 166,
    220–226, C3
»Polonnaruwa Resthouse« *75*, 225
Potgul Vihara, P 224
Pottuvil 160, **229**, E5
Poya Day 137
Präsidentenpalast, C 192
Premadasa, Ranasinghe **48**, 49
»Princess Guesthouse«, NE 218

Prinz Vijaya **32f.**, 36, 43, 168,
»Pussallawa Resthouse« 65
Puttalam 197f., B3

Quadrangle, P 224f.
»Queens«, K 212

»Rainbow Guesthouse«, Negombo
197
Raja Maha Vihara, Kelaniya 196
»Ramada Renaissance«, C 188
»Ramadha«, P 225
Ramakrishna Mission, C 185
»Rambukwella Walauwa«, K 213
Randenigala-Damm 39
»Ranketha Rest«, P 225
Rasthäuser **75f.**, 142
»Ratnaloka Tour Inns«, Ratnapura
198
Ratnapura 19, 161, **198**, C5
»Ratnapura Resthouse« 198
Ravana-Ella-Falls 219
Refektorium, A 174f.
Ritigala 179f.
»Riverina«, Beruwala 195
»Royal Lotus«, Giritale 226
Ruhunu 37
»Rumassala Hotel«, Unawatuna 56f.
Ruvanveliseya-Dagoba 37, *37*, 174,
175

»Sakura«, C 186f.
Samadhi-Buddha, A 175
Sandagiri-Dagoba, Tissamaharama
204
Sangha 34
»Seaside Inn«, Hikkaduwa 203
»Sea Yard«, Nilaveli 229
Sena I. 220
Senanayake-Stausee, Gal-Oya-Natio-
nalpark 229
»Serendib«, Bentota 194
»Seruwa«, P 226
Sesseruwa 180, C3
»Seven Islands«, T 227
»Shanti Guesthouse«, A 178
Shiva Devale No. 1, P 225
Shiva Devale No. 2, P 225

Sigiriya 49, 99ff., 112, 117, 123, 124,
180–182, C3
»Sigiriya Resthouse« 182
Sila-Fels, Mihntale 92
»Silva's Beach Restaurant & Guest
House«, bei Negombo 78
Sita Eliya 220
Sober Island, T 228
Sri Kathiresan Kovil, G 201
Sri-Maha-Bodhi-Baum, A 40, **92f.**, 174
St. Andrew's Scots Kirk, C 192
»St Andrew's«, NE 84f., *84*
Stadttore, G 201
Stupa, Kelaniya 35
»Suisse«, K 213
»Susantha Palm Restaurant«, Ben-
tota 194
Swami Rock, T 228

»Taj Samudra Hotel«, C 79, **188**
Talaimannar 208, B2
Tamil Tigers 42
Tangalle 203f.
»Tangalle Bay Hotel« 203
Tanks 38f., *39*
Tempel des heiligen Zahns, K 23,
101f., 104, 147, 160, 208
Therawada-Buddhismus 33
Thuparama-Dagoba, A 168, **175f.**, 178
Tinyay 229
Tissamaharama **203**, 204, D6
Tissamaharama-Dagoba 204
»Tissamaharama Resthouse« 204
»Tissawewa Resthouse«, A 22, **83f.**
Tivanka Pilimage, P 225
Toddy **58ff.**, 131
Tolagatty 208
Town Hall, C 192
»Travellers' Nest«, K 213
Trincomalee 16, 43, 160, **227–229**,
D2
»Triton« 25

Uda-Walawe-Park 152
Udawattakele, K 215
Udaya II. 172, 220
Uhrturm, C 192
Ul-Afar-Juma-Moschee, C *14*, 192

Unawatuna **56f.**, *57*, B6
»Unawatuna Beach Resort« 56f.

Vattagamani Abhaya 171
Viceroy Special 117f.
Victoria Park, G 201
Vihara-Maha-Devi-Park, C 192f.
Vijayabahu I. 222
Vikrama Bahu I. 169
Vikrama Bahu III. 209
Vikrama Raja Singha 43, 210,
  214
»The Villa«, bei Bentota 90
Volkskundemuseum, A 152, **178**
Votiv-Dagobas, Kantadoral 207

Wace Park, K 215
Waldklöster, A 176
Wasgomuwa-Naturreservat 120
Wassergärten, Sigiriya 123
Weddas 30, 52
Weherahena 204f.
Weligama 205, C6
»Weligama Bay Inn Resthouse« 76,
  205

Wewurukannala, bei Dikwella 108, *109*
Wijeweera, Rohana 48f.
»Wildlife-Bungalow«, Wilpattu-Natio-
  nalpark 182
»Wilpattu Hotel« 182
Wilpattu-Nationalpark 152, **182**, B3
Wimala Dharma Suriya I. 209
Wirawila 205, D6
Wolfendahl-Kirche, C 193
Wolkenmädchen von Sigiriya 23, *29,
  99*, **99ff.**, 181
»Y.M.C.A. Colombo« 188
»Y.M.C.A. Mount Lavinia« 189
Yala L'-Nationalpark **85f.**, 143, 152,
  168, 204, 205, D5/6
»Yala Safari Beach Hotel«, Yala 85f.
Yapahuwa 112f., B4
»Yari Beach Inn« 207
Yatala-Dagoba, Tissamaharama 204

Zahntempel s. Tempel des heiligen
  Zahns
Zitadelle, A 176f.
Zitadelle, P 225
Zoo, C 193

Die Autoren dieses Bandes

Klaus Bötig, Jahrgang 1948, lebt als freier Journalist in Bremen. Er arbeitet für Radio Bremen, den NDR sowie für zahlreiche Tageszeitungen, Fachzeitschriften und Presseagenturen.

Bernd Schiller, Jahrgang 1943, leitet die Reiseredaktion der Zeitschrift »Brigitte«. Er hat zahlreiche Reisebücher Bildbände und Führer veröffentlicht, die meisten zu Zielen in Süd- und Südostasien. Die Bearbeitung und Aktualisierung der 2. Auflage lag in seinen Händen.

Fotonachweis
K. Bötig: 75, 87, 89, 97, 106
H. Mertes: 25, 28, 32, 34, 37, 39, 42, 49, 58, 62, 66, 71, 84, 88, 94, 95, 99, 100
G. Pfannmüller: 1, 12, 15, 17, 21, 31, 44, 51, 54, 57, 61, 73, 83, 109, 111, 118, 120
B. Schiller: 80, 91
Transglobe Agency: 18, 23, 46, 65, 104, 115

MERIAN

berichtet nicht in Ausschnitten, sondern zeigt das ganze Bild. 12 x im Jahr. Sorgfältig recherchiert und präsentiert. Mit aufwendigen Fotos und Texten: über Kunst und Architektur, Politik, Wirtschaft und Lebensart. Mit Insider-Informationen, vielen Tips und Adressen im Serviceteil „Wie Wo Was".